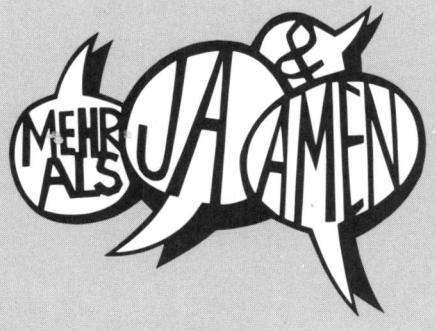

Für meine Enkelkinder

Margot Käßmann

Mehr

als Ja und Amen

Glaube gehört mitten ins Leben.

Mit Messerschnitten
von Martin Glomm

adeo

Inhalt

Die Perspektive wechseln

Innerhalb kürzester Zeit erreichen mich zahlreiche Schreckensnachrichten, sie stehen hier stellvertretend für viele andere schlimme Ereignisse: ein Flugzeugabsturz mit 162 Menschen an Bord vor der Insel Borneo. In der Adria fängt ein Fährschiff Feuer. Bei einer dramatischen Rettungsaktion werden 427 Menschen gerettet, aber mindestens elf Passagiere und zwei Helfer sterben. In Hessen verunglückt ein Reisebus mit Menschen, die in Leipzig Silvester feiern wollen – vier Menschen sterben, mehr als 40 werden verletzt. In einem Nachtclub in Istanbul kommen 39 Menschen bei einer Neujahrsfeier ums Leben. Brutale Milizen wie IS oder Boko Haram terrorisieren weiter Menschen in vielen Ländern. Unglück, Unfrieden und Leid bleiben Begleiter des Lebens.

Wie können wir damit umgehen? Da gibt es diejenigen, die resignieren: Es wird sich nie etwas ändern, was soll's? Andere ignorieren alles und sagen: Hauptsache, mir geht es gut, der Rest interessiert mich nicht. Vielleicht ist der allerbeste Vorsatz für ein neues Jahr, sich die Hoffnung nicht nehmen zu lassen, dass wir etwas verändern können.

Keiner von uns kann einen Flugzeugabsturz verhindern – aber wir können Mitgefühl zeigen, andere trösten, wenn sie Trost brauchen. Niemand kann allein Frieden schaffen – aber wir können für den Frieden eintreten. Keiner kann allen Flüchtlingen der Welt helfen – aber wir können laut und klar sagen, dass sie willkommen sind in unserem Land – ob sie nun Christen, Muslime oder nicht religiös sind.

Ein wenig Mut zur unbequemen Meinung täte gut! Kraft, den fremdenfeindlichen Parolen zu widerstehen, brauchen wir. Und ein Lebensgefühl, getragen von Dankbarkeit. Dafür, dass wir in einem Land leben, in dem all das in großer Freiheit möglich ist. Das ist wohl das Wichtigste: Dankbar sein, uns bewusst machen, wie gut und privilegiert wir in Deutschland leben – bei allen Problemen, die es sehr wohl gibt.

Wer im Hinterkopf hat, was die Bergpredigt beschreibt, nämlich dass die Barmherzigen, die Armen, die mit der Sehnsucht nach Gerechtigkeit und Frieden „selig" gepriesen werden, wer ein Bewusstsein dafür hat, dass wir Salz der Erde und Licht der Welt sein sollen, gestaltet die Dinge anders, hat besondere, durch lange Tradition bewährte Maßstäbe, die ihn oder sie leiten. Da geht es nicht zuerst um Sicherung, Wachstum, Mehrheiten, sondern um Solidarität, den Blick auf die Schwachen, die Suche nach Zukunftschancen für die Jungen. Die biblischen Texte zeichnen das Bild einer Kontrastgesellschaft.

Für viele ist es sehr beunruhigend, wie sich unser Land zunehmend spaltet. Testosterongesteuerte junge Männer aus Nordafrika greifen Frauen an. Selbst ernannte „rechte" Hooligans verwüsten einen ganzen Stadtteil in Leipzig. Bei Pegida-Demonstrationen fliegen nicht nur hasserfüllte Worte, sondern auch Fäuste. Jetzt geht es darum, unser Land in Frieden zusammenzuhalten und den Extremisten an den Rändern die Stirn zu bieten.

Dabei können religiöse Gemeinschaften eine große Rolle spielen. Jüdische Gemeinden in Deutschland haben Ende des letzten Jahrhunderts für viele Zugewanderte aus der Sowjetunion Perspektiven eröffnet. Christliche Gemeinden tun dies heute, jede vierte ist konkret engagiert. Und muslimische Gemeinden engagieren sich ebenso.

Im berühmten Gleichnis vom barmherzigen Samariter, den Jesus als Vorbild der Nächstenliebe vorstellt, fragt dieser Mann das

Opfer, das am Boden liegt, nicht nach seiner Nationalität, Sprache oder Religion, sondern hilft ihm. Und im Matthäusevangelium heißt es, Jesus habe erklärt, wo wir Fremde in Not aufnehmen, da beherbergen wir ihn selbst. Mir ist wichtig, dass wir als christliche Gemeinden nicht nur offen für Christen sind. Und ich bin mit Blick auf die aktuelle Lage überzeugt, dass wir all dem Gerede von extremistischen Islamisten über Ungläubige am ehesten etwas durch Offenheit und Gastfreundschaft entgegensetzen können. Wenn Muslime bei uns Zuflucht erleben, haben sie ein anderes Bild vor Augen, das sie wappnet gegen hassgetriebene Extremisten. Als im Oktober 2016 drei Syrer einen Landsmann, der als Terrorist gesucht wurde, gemeinsam festsetzten, betonten sie ihre Dankbarkeit gegenüber Deutschland, dem Land, das sie aufgenommen hat. „So was akzeptiere ich nicht, gerade hier in Deutschland, dem Land, das uns die Türen geöffnet hat", sagte einer der drei in einem Interview.[1]

Und als ich vor zwei Jahren im Libanon unterwegs war, sagte mir ein Pfarrer in Beirut: „Wir brauchen keine Schutzräume für Christen. Wir brauchen eine Stärkung der moderaten Kräfte in allen Religionen, um friedlich miteinander Zukunft zu gestalten." Das gilt auch in Berlin und in ganz Deutschland. Gerade religiös orientierte Menschen können dem Fundamentalismus etwas entgegensetzen, indem sie einerseits den Hasstiraden der Pegida-Anhänger, die behaupten, das christliche Abendland zu verteidigen, und andererseits auch den Islamisten, die behaupten, den wahren Glauben zu vertreten, mit einer klaren Haltung entgegentreten. Das mag jetzt wieder als Gutmenschentum abgetan werden – für viele so etwas wie das Unwort des Jahres. Dagegen halte ich, dass ich mich lieber als Gutmensch beschimpfen lasse, als ein Schlechtmensch

---

1 http://www.sueddeutsche.de/panorama/terrorverdacht-in-chemnitz-er-hat-versucht-uns-mit-geld-zu-bestechen-13199926, Süddeutsche Zeitung, Online, 11. Oktober 2016.

zu werden. Meines Erachtens können wir vor allem durch Begegnung von Juden, Christen und Muslimen einen Integrationsbeitrag leisten.

Ich glaube an Gott, auf dem Weg der Wahrheit, die ich gefunden habe. Aber ich werde verteidigen, dass andere Menschen andere Wege zu Gott finden – oder auch ganz ohne Religion leben. Das ist die wunderbare, hart errungene Religionsfreiheit in einer Demokratie. Dafür einzustehen, das ist heute gefordert. Und das hilft auch Geflüchteten als Orientierung, wenn sie sich in Deutschland beheimaten.

Wir können für die unterdrückten Menschen beten. Und wir können hier gastfreundlich sein zu den Flüchtlingen, die kommen – viele von ihnen sind Christen. Aber wir können uns auch bewusst machen, wie dankbar wir für die Religionsfreiheit in unserem Land sein sollten – und die meint auch die Freiheit, ohne Religion zu leben.

Glauben findet nicht im Abseits statt. Wie wir leben, im Alltag, in Familie, Nachbarschaft, am Arbeitsplatz und in der Gesellschaft, darin bewährt sich unser Christsein. Wir fühlen uns aufgefordert, den Mund aufzumachen für diejenigen, die ins Abseits gedrängt werden, deren Würde infrage gestellt wird, und uns einzusetzen für Gerechtigkeit, Frieden, die Bewahrung der Schöpfung. Deshalb kann die Kirche auch kein vom Alltag abgeschotteter Raum sein, in dem es vermeintlich um „das Eigentliche" geht. Das Eigentliche ist das Leben der Menschen, das sie aus Glauben leben und verantworten. Dafür schöpfen sie Kraft in Bibellektüre, Gottesdienst und Gebet, aber es findet mitten in der Welt statt.

Zeugnis der Reformatoren

Mich überzeugt an den Gedanken der Reformatoren besonders, dass sie das Leben mitten in der Welt nicht geringer achten als das Leben im Kloster oder im Zölibat. Als Martin Luther Katharina von Bora heiratete, war es ein Zeichen, dass auch Leben in einer Familie, mit Sexualität und Kindern, von Gott gesegnetes Leben ist. Für viele Reformatoren war der Schritt zur Ehe ein theologisches Signal. Die Kirchenhistorikerin Ute Gause erklärt, die öffentliche Heirat von bisher zölibatär lebenden Priestern und Mönchen und Nonnen sei eine Zeichenhandlung gewesen, die „etwas für die Reformation Elementares deutlich machen wollte: die Weltzuwendung und demonstrative Sinnlichkeit des neuen Glaubens"[2]. Nun wird ja den Evangelischen im Land eher unterstellt, dass sie weniger sinnlich seien als die römischen Katholiken oder die Orthodoxie. Die Reformatoren aber wollten gerade deutlich machen: Weltliches Leben ist nicht weniger wertvoll als priesterliches oder klösterliches. Es ging ihnen um die Umsetzung unseres Glaubens im Alltag der Welt.

Dafür ist von entscheidender Bedeutung das eigene Gewissen, das mich drängt, mein Handeln vor Gott zu verantworten. Das Gewissen ist die innere Stimme, die mir klarmachen kann, was richtig und was falsch ist. Natürlich gibt es hierüber vielfältigste Debatten und Diskussionen von Sokrates bis hin zur Psychoanalyse. Ist es die Religion, sind es die Wertvorstellungen der Eltern oder der Gesellschaft, die das Gewissen bestimmen und formen? Oder ist es die ganz praktische Vernunft, die es prägt: „Handle nur nach derjenigen Maxime, durch die du zugleich wollen kannst, dass sie ein allgemeines Gesetz werde" (Immanuel Kant). Mit Martin Luther wird das Gewissen zu einer entscheidenden Instanz. An der Bibel wird es geschärft und der einzelne Mensch

---

2 Ute Gause, Antrittsvorlesung, unveröffentlichtes Manuskript, S. 2.

muss sein Handeln davor verantworten. Keine kirchliche oder weltliche Autorität kann über dem Gewissen stehen.

Die Bibel als Quelle

Das Evangelium weist auf die Sorge für die Schwachen, Witwen und Waisen hin, auf Fremde, die unter uns wohnen, die zu schützen sind. Gerechtigkeit und Frieden sind in großen Bildern der Hoffnung gemalt. Diese Texte können nicht gelesen, über diese Texte kann nicht gepredigt werden ohne Bezug zur Realität unserer Zeit.

Das gilt zuallererst für den einzelnen Christen und die einzelne Christin. Wir sehen diese Welt als Gottes Schöpfung an, als sein Haus. Darin sind wir gemeinsam Haushalterinnen und Haushalter, verantwortlich in der einen Familie der Kinder Gottes. Deshalb können wir uns nicht zurücklehnen, solange wir nicht betroffen sind von all der Not und Zerstörung.

Als Christin kann ich nicht einfach resignieren, nach dem Motto: Ich kann doch ohnehin nichts tun, also halte ich mich aus allem raus und richte mich in meinem Leben so bequem wie möglich ein. Das ist einfach, macht weniger angreifbar und verschont uns vor Verletzungen. Es geht aber um eine Frage der Haltung! Wenn ich als Christin die Welt als Gottes Schöpfung und mich als sein Geschöpf betrachte, trage ich auch Verantwortung für diese Schöpfung. Wenn Gott jeden Menschen zum eigenen Bilde geschaffen hat, kann es mich nicht unberührt lassen, wie es anderen Menschen ergeht. Wenn Gerechtigkeit biblisch gesehen der Maßstab für gelingendes Zusammenleben ist, muss ich mich fragen, was ich für die Gemeinschaft tun kann. Wenn Leben in Fülle verheißen ist, werde ich darum ringen, mein Leben sinnvoll und in Fülle zu leben und dabei auch Sorge dafür zu tragen, dass genau das anderen in meinem Umfeld, aber auch darüber hinaus möglich ist.

Persönlich bin ich überzeugt, dass der christliche Glaube mir einen offenen Blick auf die Welt ermöglicht. Ich kann in aller Freiheit Menschen und die Welt anders als üblich wahrnehmen, weil ich sie als Geschöpfe Gottes sehe und nicht eingebunden bin in vermeintlich unüberwindbare Zwänge. Das gibt mir auch die Freiheit zu sehen, wo ich eingebunden bin in Lebensumstände und Gesellschaft. Ich habe ein Einkommen, mit dem ich das Studium meiner Kinder finanzieren konnte, eine Wohnung, freue mich, ein neues Kleid zu kaufen, essen zu gehen – und bin sehr dankbar dafür. Ich bin mir bewusst, wie privilegiert ich leben darf. Diese Lebensfreuden werden mir aber nicht abgesprochen im Glauben. Um Lebensfülle darf es doch gehen! Aber ich sollte auch Distanz genug haben, um zu fragen, was mein Leben im Kern ausmacht.

Der bewegendste Bibeltext zum Thema findet sich im Gleichnis vom Weltgericht beim Evangelisten Matthäus:

Denn ich bin hungrig gewesen und ihr habt mir zu essen gegeben. Ich bin durstig gewesen und ihr habt mir zu trinken gegeben. Ich bin ein Fremder gewesen und ihr habt mich aufgenommen. Ich bin nackt gewesen und ihr habt mich gekleidet. Ich bin krank gewesen und ihr habt mich besucht. Ich bin im Gefängnis gewesen und ihr seid zu mir gekommen.

(Mt 25,35–36)

Jesus stellt klar: Wo wir Fremde aufnehmen, Armen beistehen, Kranke besuchen, Gefangene unterstützen, da begegnen wir ihm selbst! Das ist letzten Endes eine sehr überraschende Antwort für Menschen, die heute nach Gott fragen. Geh hin zu denen, die am Rande stehen, da findest du Gott! Das wird nicht so gern gehört. Aber es wird immer wieder erlebt. Wenn ich Asylsuchende besuche und ihre Freude über die Wahrnehmung erlebe, bewegt mich das. Wenn ich die Hand eines kranken Menschen halte, spüre ich innere Ruhe. Wenn ich im Gefängnis erlebe, was es jemandem bedeutet, dass ich ihn mit Respekt anschaue, nehme ich etwas wahr von Gottes Zuwendung. Das sind doch Herausforderungen für uns heute!

Ich kann diesen Text, die Zehn Gebote, die Seligpreisungen, die Prophetenworte, die Gleichnisse Jesu nicht lesen, ohne sie auf meinen Kontext zu beziehen. „Die Kirche", das sind Christinnen und Christen, die miteinander leben, ihren Glauben bekennen und feiern wollen. Jeder Einzelne ist gefordert, auf der Grundlage des eigenen Glaubens Entscheidungen zu treffen – für das persönliche Leben wie für das Zusammenleben in der Gesellschaft, in der Welt. Und als Gemeinschaft wirken sie füreinander und nach außen. Das hat eine politische Dimension. Glaube gehört nicht, wie es manchmal von Kritikern gefordert wird, nur ins Privatleben oder hinter Kirchenmauern!

Oh ja, die Gebote, die biblischen Texte waren und sind politisch. Und: Ja, ich will in dieser Tradition die Welt verbessern, immer noch! Und ich begreife nicht, warum das Wort „Weltverbesserer" zum Schimpfwort geworden ist.

Kleine Schritte

Auch wenn nicht jeder Einzelne von uns Experte auf einem bestimmten Gebiet ist, auch wenn nicht jede Einzelne alle Zusammenhänge beschreiben kann: Wir können eintreten für das Leben, für ein Zusammenleben in Gerechtigkeit und Frieden. *„Gerechtigkeit und Frieden werden sich küssen"*, heißt es in der Bibel (vgl. Ps 85,11). Eine solche Vision können wir nicht abschaffen, indem wir sagen, das sei zu komplex oder allein mit Blick auf Gottes Zukunft nach dieser Zeit und Welt gemeint! All die Machbarkeitsexperten, Realitätsfanatiker und Bedenkenträger entwerfen doch keine Bilder der Zukunft, die wir dringend brauchen, um Mut zum Handeln zu finden in großen wie in kleinen Schritten.

Ein Sprichwort der Xhosa im Süden Afrikas lautet: „Wenn viele kleine Leute an vielen kleinen Orten viele kleine Dinge tun, können sie das Gesicht der Welt verändern." Und viele gehen solche Schritte: das Auto abschaffen, bewusst einkaufen, Unterschriften gegen Rüstungsexporte sammeln, sich bei der „Tafel" ehrenamtlich engagieren, im Hospizdienst tätig sein. Das ist nicht nichts, sondern viel. Aber genügt das? Für viele wirkt das wie eine Selbstentschuldigung. Können wir uns damit zufriedengeben? Treten wir energisch an gegen das Unrecht und all das Leid auf der Welt oder haben wir uns damit in unserer Wohlstandswelt ermattet abgefunden? Auf einem Symposium seiner Stiftung in Duderstadt wurde Peter Maffay gefragt, ob seine Initiative „Schutzräume für Kinder" nicht nur ein Tropfen auf den heißen Stein sei. „Ja", sagte er. „Aber was ist denn die Alternative? Nichts tun?" Die Antwort hat mir gut gefallen, weil sie gegen diesen Defätismus ankämpft: Ich kann doch nichts tun, mein Schritt ist zu klein. Doch, du kannst etwas tun! Dein kleiner Schritt ist Teil einer großen Veränderung, darum geht es.

Wir alle leben verwoben in die Welt und das Umfeld, in das wir hineingeboren sind. Wir alle stehen immer wieder vor individuellen ethischen Entscheidungen. Und auch vor der Herausforderung, zu einer Meinung, einem Standpunkt zu finden, den wir offen vertreten und nach dem wir handeln – politisch Stellung zu beziehen.

Unsere Welt wird von Menschen gestaltet, nicht von „Systemen". Es sind nicht anonyme Institutionen, die Entscheidungen treffen, sondern Menschen in diesen Institutionen, in Politik und Kultur, Wirtschaft und Kirche. Sie übernehmen Verantwortung, und deshalb lässt sich etwas ändern – jeder und jede an dem Ort, an dem wir leben und arbeiten. Da wird von „gierigen Banken" gesprochen. Aber eine Bank kann doch nicht gierig sein, es sind Menschen, die dahinterstehen. Es ist die Rede von „der

Wirtschaft", aber Wirtschaft ist kein Subjekt, es sind einzelne reale Personen, die sie gestalten. Wir können uns nicht ständig als Ausgelieferte in einem anonymen System betrachten. Wir sollten genau hinsehen und hinhören, selbst Verantwortung übernehmen und diejenigen zur Rechenschaft rufen, die für Fehlentwicklungen und Unrecht verantwortlich sind, sich bereichern, handeln und entscheiden, was nicht der Zukunft dient. Das ist beispielsweise bei jeder Wahl in einem demokratisch verfassten Staat möglich. Ich kann nicht fassen, dass bei Wahlen immer weniger Menschen zur Wahlurne gehen, sich dann aber pauschal beschweren über „die Politik".

Ermüdung angesichts der Herausforderungen?

Das Evangelium ist eine Ermutigung angesichts der scheinbar um sich greifenden Ermüdung oder auch Überforderung durch globalisierte Komplexität. Viele, die sich jahrelang engagiert haben – beruflich, gesellschaftlich, kirchlich, politisch – erscheinen erschöpft und überlastet. Oder sind die Probleme so vielfältig und verwoben, prasseln derart wuchtig im Stundentakt auf uns ein, dass der Rückzug ins Private als die einzig sinnvolle Lebensstrategie erscheint?

Eine Freundin sagte mir: „Ein Blick auf tagesschau.de und ich bin völlig erschöpft, weil ich nicht sehe, was ich am Zustand der Welt ändern könnte." Wo sind sie geblieben, die hoffnungsvollen Aufbrüche der Achtzigerjahre, als für viele in den christlichen Kirchen der konziliare Prozess für Gerechtigkeit, Frieden und die Bewahrung der Schöpfung ein Zeichen dafür war, dass wir alle an unserem Ort etwas tun können, um die Welt zu verbessern?

Eigentlich hätte diese Bewegung doch zu einer ganz großen Ermutigung führen müssen. Christinnen und Christen in der DDR haben ungeheuren Mut bewiesen, als sie diese Themen auf die Tagesordnung setzten. Oh ja, das war politisch – und umstritten.

Am Ende drang aus den Kirchen von Leipzig, Dresden und Ost-Berlin der Ruf „Keine Gewalt" auf die Straßen. Eine friedliche Revolution, die die Welt verändert hat, ist aus kleinen Friedensgebeten entstanden! Es ist merkwürdig, wie unterschiedlich das wahrgenommen wird. Auf einen Artikel hin, den ich über Rüstungsexporte im Magazin „Chrismon" veröffentlicht habe, schrieb mir der Präsident eines Landessozialgerichts, er sei aus der Kirche ausgetreten, da ihn störe, „dass sich immer wieder Repräsentanten der evangelischen Kirche zu politischen Themen äußern, die mit Kirche, Glauben, nichts zu tun haben". Genau das ist für mich das Missverständnis, habe ich ihm zurückgeschrieben. Wie könnten denn die Produktion von Waffen, die Investition in Gewalt und Krieg Christinnen und Christen unberührt lassen? Wie könnten wir sagen, wir folgen Jesus Christus nach, der die Friedensstifter selig genannt hat, und gleichzeitig erklären: Zu Waffen und Krieg wollen wir lieber nichts sagen?

Gutmensch oder reflektierender Bürger?
Immer wieder heißt es, die Probleme seien viel zu komplex, als dass die normalen Bürger sie durchschauen könnten. Das empfinde ich als arrogant. Und als eklatant undemokratisch. Wer noch etwas verändern will, wird heute gern und schnell belächelt. Es geht nicht um Besserwisserei oder gar moralische Zeigefinger, die so schnell und gern unterstellt werden. Ich verstehe das Evangelium nicht als Instrument der Moralisierung, sondern als großen Erfahrungsschatz und als offen für Prozesse, in denen wir in aller Freiheit fragen können und um Antworten ringen; es geht um Schuld und Vergebung, Streit und Versöhnung, Beharren und Irren. In meinem Leben habe ich oft genug erlebt, dass sich meine eigene Haltung verändern kann, denn durch das Gespräch mit anderen und durch Reflexion der überlieferten und der eigenen Erfahrung entstehen neue Sichtweisen. Hehre Positionen und in

Marmor gemeißelte Werte sind nicht dynamisch genug, um den Herausforderungen des Lebens zu begegnen.

Sehr deutlich wurde mir das erneut bei einem Seminar, das ich im Rahmen meiner Max-Imdahl-Gastprofessur an der Universität Bochum zum Thema „Gewissen schärfen" angeboten habe. Wir haben für jede Sitzung ein sozialethisches Thema vorbereitet und versucht, die gegensätzlichen Positionen zu argumentieren. Den Studierenden wurde bewusst: Bei vielen Fragen gibt es kein einfaches Ja oder Nein beziehungsweise kein Ja und Amen, sondern sie müssen bewegt, bedacht werden, es geht um individuelle Wahrnehmung und notwendiges Recht, das für alle gilt. Eine offene Diskussion ist notwendig, um eine eigene Position zu finden. Das braucht Interesse, Zeit, Bildung und eine Debattenkultur. Christinnen und Christen können unterschiedlicher Meinung sein, das hält unsere Kirche aus! Aber sie können nicht einfach Ja und Amen sagen, das ist zu wenig. Da mutet uns das Evangelium mehr zu.

Gewissen bestimmt Handeln

Wir brauchen Alternativen und ermutigende Beispiele! Menschen brauchen wir, die aufstehen, statt sich wegzuducken. Die noch etwas von Zukunftshoffnung wissen, statt in Resignation zu versinken. Der Rückzug allzu vieler aus dem politischen Feld gibt dieses frei für das Unwesen anderer. Als Beispiel: In einem Artikel schildert der SPIEGEL[3], wie ganze Landstriche in Sachsen von Neonazis terrorisiert werden. Selbst die Polizei scheint zu resigniert, um noch entschlossen einzugreifen. „Nur noch wenige Menschen wagen es, sich den Neonazis entgegenzustemmen"[4], schreibt der Verfasser des Artikels. Es kann doch nicht wahr sein, dass fast 72 Jahre nach dem Ende der Herrschaft des Nationalsozialismus

---

3 Maximilian Popp, „Florian, wir kriegen dich", in: „DER SPIEGEL" 24/2012, S. 30 ff.
4 Ebd., S. 32.

mit seiner menschenverachtenden Ideologie, die erst die Juden, dann ganz Europa und am Ende Deutschland selbst zerstört hat, hier kein Widerstand geleistet wird! Fast scheint es, dass eine ganze Ablenkungsmaschinerie von Medien und Konsum alles tut, um Menschen vom Denken und Handeln abzuhalten. Von einer „Karnevalisierung" der deutschen Gesellschaft sprechen Soziologen inzwischen. Und viele Medien machen fröhlich mit, statt für Rückgrat und Gewissen Sorge zu tragen. Nicht zu unterhalten, sondern zu mahnen, nicht zu verdummen, sondern aufzurütteln.

Ich denke aber auch an Initiativen wie die in Lüchow-Dannenberg gegen Atomkraft – sicher aus der eigenen Betroffenheit geboren, aber am Ende eine der treibenden Kräfte für den Atomausstieg. In diesem Zusammenhang entstanden zudem Ferienaktionen, in denen Familien Kinder aus der Region Tschernobyl aufnahmen. Mehrmals habe ich als Landesbischöfin die Kinder, die mit dem ersten Flug kamen, begrüßt. Eine große ehrenamtliche Initiative, die viel Kraft gekostet hat und in die Familien in Niedersachsen viel investiert haben. Engagement aber auch des Flughafens von Hannover bis hin zur Polizei, die direkt an die Maschine kam, um die etwas verängstigten Kinder freundlich mit Passkontrolle einreisen zu lassen. Und ein enormes Vertrauen der Eltern, die ihre Kinder ins fremde Deutschland schickten. Wenn ich auch beim Abschied dabei sein konnte, erlebte ich, was vier Wochen bewirken können: Glückliche Kinder, die gesunde Luft und gesundes Essen, viel Liebe und Betreuung erfahren hatten. Tränen des Abschieds gab es und zwischen vielen Familien sind Freundschaftsbande gewachsen. Hier haben Menschen hingeschaut und mit wenigen Mitteln Großes geleistet.

Gleichzeitig gab und gibt es auch großes Versagen. Die Mehrheit der Christinnen und Christen hat in der Zeit des Nationalsozialismus weggeschaut. Gewiss, Einzelne haben Widerstand geleistet gegen die menschenverachtende Ideologie des Staates, in kleinen und großen Schritten. Ihr Gedächtnis ist zu bewahren, denn sie sind Vorbilder[5], die uns heute ermutigen unter Umständen, in denen noch nicht einmal „Leib und Leben" gefährdet sind, für Frieden und Menschenwürde einzutreten. Sicher spielt bei der Frage, ob Kirche politisch sein darf, immer auch mit, dass sie auf fatale Weise politisch war, als etwa Reichsbischof Ludwig Müller mit der Macht paktierte. Eine Konstellation, die wir mancherorts auch heute auf der Welt sehen können. Und es spielt die sogenannte „Zwei-Regimenter-Lehre" beziehungsweise „Zwei-Reiche-Lehre" mit, ein Begriff, mit dem die Theologie des 20. Jahrhunderts versuchte, Luthers Überlegungen zur Obrigkeit zusammenzufassen. Die lange theologische Debatte lässt sich – natürlich extrem verkürzt – so zusammenfassen: Im Reich Gottes leben Menschen im Glauben gerechtfertigt. Im Reich der Welt gibt es Sünde und Schwert und Gewalt und Obrigkeit, der ein Christ sich freiwillig unterwerfen sollte. Die Debatte verdeutlicht die Spannung zwischen Aufbegehren und Unterordnung, der Klärung von kirchlichem und weltlichem Bereich, die viele Menschen des Glaubens erleben. In der Folge hat das immer wieder zu der Frage geführt, ob christlicher Widerstand gegen Unrecht legitim ist, im Sinne von *„Man muss Gott mehr gehorchen als den Menschen"* (Apg 5,29), oder ob Unterordnung unter staatliche Gewalt die angemessene christliche Haltung ist gemäß der Anweisung des Apostels Paulus: *„Jedermann sei untertan der Obrigkeit, die Gewalt über ihn hat. Denn es ist keine Obrigkeit außer von Gott; wo aber Obrigkeit ist, die ist von Gott angeordnet"* (Röm 13,1).

Wie ordnet sich ein Christ, eine Christin ein zwischen Respekt vor „der Obrigkeit" und der Freiheit des Glaubens, die das persönliche Gewissen prägt? Es gibt auf solche Fragen keine

---

5 Vgl. Margot Käßmann (Hrsg.), Gott will Taten sehen, München 2013.

einfachen Antworten. Aber eines ist sicher: Wenn wir aufhören, zu hoffen und zu träumen, wird sich nie etwas verändern.

Zwei biblische Beispiele

Leitend bleibt für mich als Christin, das eigene Gewissen an der Bibel zu schärfen und in meinem Alltag danach zu handeln, im Bewusstsein des eigenen Versagens, so gut ich es vermag, in Bezug auf Gott, meine Mitmenschen und mich selbst. Auf diese Weise setzt sich um, was Jesus als das höchste Gebot bezeichnet hat: *„Du sollst den Herrn, deinen Gott, lieben von ganzem Herzen, von ganzer Seele, von allen Kräften und von ganzem Gemüt, und deinen Nächsten wie dich selbst"* (Lk 10,27). Das ist ein Dreieck von Liebe, in dem ich mein Leben verantworten und gestalten kann. Das Buch Jesus Sirach zeigt hierfür einen guten Leitfaden: *„Folge dem, was dein Herz dir rät; denn du wirst keinen treueren Ratgeber finden"* (vgl. Jesus Sirach 37,13). Wenn ich das befolge, kann ich mein Gewissen erspüren, in mich hineinhören. Ich werde mich nicht ständig ablenken oder einschläfern lassen, sondern in dem Bewusstsein handeln, dass ich nicht perfekt bin und immer wieder an den eigenen Ansprüchen scheitere. Aber ich kann in Freiheit handeln, ohne Angst vor der Meinung anderer, vor Häme und Spott, vor Blogeinträgen oder Twitter-Schmähung. Mir scheint, dass viele Menschen heute mit Blick auf die mögliche Kommentierung handeln – bei Politikern ist es vielleicht der gefürchtete negative Kommentar in der Zeitung, bei anderen im Blog oder bei Facebook. Das bedeutet: Die mögliche Reaktion anderer bestimmt das Handeln und nicht meine innere Überzeugung.

Die Seligpreisungen können für mein Reden und Tun ein entscheidender Maßstab sein, der auch unabhängig davon macht, wie andere es beurteilen. Für mich sind sie einer der schönsten und eindrücklichsten Texte der Bibel:

*Selig sind, die da geistlich arm sind; denn ihrer ist das
Himmelreich.
Selig sind, die da Leid tragen; denn sie sollen getröstet
werden. Selig sind die Sanftmütigen; denn sie werden das
Erdreich besitzen.
Selig sind, die da hungert und dürstet nach der Gerechtigkeit;
denn sie sollen satt werden.
Selig sind die Barmherzigen; denn sie werden Barmherzigkeit
erlangen.
Selig sind, die reinen Herzens sind; denn sie werden Gott
schauen.
Selig sind die Friedfertigen; denn sie werden Gottes Kinder
heißen.
Selig sind, die um der Gerechtigkeit willen verfolgt werden;
denn ihrer ist das Himmelreich.
Selig seid ihr, wenn euch die Menschen um meinetwillen
schmähen und verfolgen und reden allerlei Übles gegen
euch, wenn sie damit lügen.*

(Mt 5,3–11)

Wie anrührend, aufrüttelnd diese wenigen Sätze nach 2000 Jahren noch sind! Selig, ja, glücklich sind also alle, die noch etwas anderes denken können als das Vorhandene, das, was immer schon so war. Selig, wer andere Maßstäbe hat und nicht Leistung, Durchsetzungsvermögen, Gewinn und Ellenbogen an die erste Stelle setzt. Das bleibt bis heute eine radikale Infragestellung der vorherrschenden Werte. Eine Kontrastgesellschaft zu dem, was wir sehen und vorfinden, wird hier gezeichnet. Eine Gesellschaft, die lieben und trösten kann, Rücksicht nimmt, sich verständigen will.

Der ehemalige Bundeskanzler Helmut Schmidt hat einmal gesagt, mit der Bergpredigt könne man keine Politik machen. Warum eigentlich nicht? Warum können wir nicht einmal infrage stellen, was angeblich nicht hinterfragbar ist: die Macht der Wirtschaft und des Geldes, die ewige Angst um das Wachstum und den Euro! Das ganze Machtgebaren überhaupt: Wer hat die Atomwaffe, wer mehr Abwehrraketen? Letzten Endes sind wir eine Angstgesellschaft – wir haben Angst vor Machtverlust, Angst vor reduziertem Wohlstand, Angst vor der Zukunft. Die Seligpreisungen geben Zukunftszuversicht. Das bedeutet etwas für jeden und jede von uns ganz persönlich: Ich kann mich so verhalten, so handeln, dass sich etwas verändert. Aus Gewissensgründen und in Verantwortung! Da halte ich es gern mit dem Sänger Xavier Naidoo, der in einem seiner Lieder davon singt: „Bitte hör nicht auf zu träumen von einer besseren Welt".

Es ist gut und wichtig, dass es Politikerinnen und Politiker gibt, die Kompromisse schließen, das Machbare möglich machen. Aber es ist auch gut und wichtig querzudenken, über den Tag und den Kompromiss hinaus nach Denkanstößen zu fragen, die nicht gleich mit dem Machbarkeitsargument zerschmettert werden. Die Texte der Bergpredigt geben dafür eine Grundlage, die seit 2000 Jahren Menschen anregt, die scheinbar unerschütterlichen Gegebenheiten zu hinterfragen und andere Maßstäbe zu sehen.

Fazit

„Eine andere Welt ist möglich" – für mich beschreibt diese Aussage die Freiheit des Glaubens, über die Zwänge des Alltags, über meine Gewohnheiten hinauszudenken, Fragen zu stellen, nicht alles als gegeben hinzunehmen. Wenn ich von der Bibel her denke, fühle ich mich ermutigt zu fragen, Hoffnung zu entwickeln. Ich fühle mich in Verantwortung gestellt für meine Kinder und Enkel, für nachfolgende Generationen – denn ich lebe nicht nur für mich selbst und den Augenblick! Wie hinterlassen wir eine Welt, in der sie in Frieden und mit einem „Genug" leben können?

Wo kann ich mich einmischen, um einen Beitrag dazu zu leisten?

Nein, einfach ist es nicht. Die Komplexität der Probleme und Herausforderungen ist schwer zu durchdringen. Aber wenn uns die Fülle der Informationen überfordert, kann das doch nicht heißen, dass wir uns ermattet zurückziehen und uns mit dem „Wie es ist" abfinden müssen. Es ist möglich, sich kundig zu machen, frei und neu zu denken, sich eine Meinung zu bilden, sie zu vertreten und auch Konsequenzen im Handeln zu ziehen. Was das heute aus christlicher Perspektive bedeuten kann, möchte ich im Folgenden in zehn Kapiteln beleuchten. Es geht dabei weder um ein politisches Konzept noch um eine wissenschaftliche Abhandlung oder um eine sozialethische Vorlesung.

Mir geht es um eine Ermutigung zur Einmischung: An meinem Ort – deshalb führe ich möglichst viele Beispiele aus der eigenen Erfahrung an. Auf der Grundlage meines Glaubens – daher verweise ich immer wieder auf biblische Zusammenhänge. Im Kleinen wie im Großen – aus diesem Grund versuche ich, Alltagsgeschichten zu erzählen, die beides verbinden. So kann Widerspruch entstehen gegen das landläufige „Es ist nun mal so und lässt sich nicht ändern". Oh doch, wir können, ja, du kannst die Welt verbessern! Jeder Mensch hat eine Gabe, die er einbringen kann in die Gemeinschaft, sagt der Apostel Paulus. Jeder Mensch hat einen Beruf im Sinne von Berufung, sagt Martin Luther. Die besenschwingende Magd ebenso wie der regierende Fürst können mitten im Alltag ihren Glauben umsetzen …

Manchmal müssen wir mit der Vision der Bergpredigt einfach auf den Kopf stellen, was so pragmatisch und unveränderbar erscheint wie „Wachstum" und „Sicherheit", damit neue Kreativität entsteht. Ja, diese Vision zeichnet eine Kontrastgesellschaft, die uns herausfordert, gegen den Strich zu denken. Das kann Kräfte freisetzen, froh und auch frei machen. Für jeden und jede von uns kann das nur ein kleiner Schritt sein, ein Einsatz, eine Entscheidung. Aber das kann beitragen zu einem großen Ganzen. Konstruktive Störfaktoren können Weltverbesserer sein, die offensiv nachfragen, mutig neue Wege gehen und sich durch Pragmatiker nicht irritieren lassen. Sie müssen nicht ermattet über all die „Du musst" oder „Du sollst" resignieren, sondern können fröhlich ihren Lebensweg gehen, weil sie von der Einladung wissen, bewusst zu leben. Dann macht Leben nicht nur Spaß, sondern auch Sinn. Und ist: mehr als Ja und Amen.

1. Freier, als du denkst

Für mich ist und bleibt Martin Luther beeindruckend, wie er da vor dem Reichstag in Worms steht: „Ich stehe hier, ich kann nicht anders, Gott helfe mir. Amen." Ob er es wörtlich so gesagt hat, ist umstritten, aber seine Haltung bleibt über die Jahrhunderte hinweg einzigartig. In dem Film „Luther" mit Joseph Fiennes in der Hauptrolle wird sein Ringen um diese Position gut dargestellt: Er hatte Angst, Selbstzweifel, war voller Fragen. Er hat gelesen, die Glaubenserfahrungen der Bibel für sich abgewogen, in der Nacht vor seinem Auftritt auf dem Reichstag in Worms hat er intensiv gebetet. Und dann gab es diesen Punkt, an dem für ihn klar war: „Doch, das ist meine Position! Ich bin mit mir innerlich im Reinen."

Das ist Freiheit, denke ich. Und es ist eine Freiheit, von der Christinnen und Christen heute konfessionsübergreifend wissen.

Luthers Freiheitsgedanke

Der Gedanke der Freiheit war und ist für die Kirche der Reformation von zentraler Bedeutung. In seinem Text „Von der Freiheit eines Christenmenschen" hat Martin Luther das auf bis heute bemerkenswerte und anregende Weise in einem unübertroffenen Textdokument ausgeführt. Es gibt diese Schrift in zwei Fassungen: Eine ist auf Deutsch geschrieben und bis heute eindrücklich klar und direkt. Die lateinische Fassung wirkt komplizierter. Mit ihr sollte Luther auf Bitten von Karl von Miltitz, dem sächsischen Kammerjunker des Papstes, auf die Bannandrohungsbulle aus Rom reagieren und dezidiert zeigen, dass er auf dem Boden des Glaubens seiner Kirche steht.

Der Konflikt eskalierte und es kam zu jener Konfrontation auf dem Reichstag in Worms. Am 18. April 1521 stellte sich Martin

Luther mit seiner im Bibelstudium gefundenen Glaubens- und Gewissensfreiheit auf dem Reichstag zu Worms in Widerspruch zu Kaiser und Papst und verteidigte seine Schriften. Seine Rede beendete er mit den Worten: „Wenn ich nicht durch Schriftzeugnisse oder einen klaren Grund widerlegt werde – denn allein dem Papst oder den Konzilien glaube ich nicht; es steht fest, dass sie häufig geirrt und sich auch selbst widersprochen haben –, so bin ich durch die von mir angeführten Schriftworte überwunden. Und da mein Gewissen in den Worten Gottes gefangen ist, kann und will ich nichts widerrufen, weil es gefährlich und unmöglich ist, etwas gegen das Gewissen zu tun. Gott helfe mir. Amen."[6]

Mir ist sehr wohl bewusst, dass Martin Luther viele Facetten hatte, dass seine Äußerungen über Juden ein fataler Irrweg waren[7]. Er hat die Bauern auf schreckliche Weise verraten, eine sogenannte Hexenverbrennung befürwortet und die Täufer verachtet, ja, zu ihrer Verfolgung beigetragen. Aber jene innere Haltung, dieser Mut aufzustehen, sich aufzubäumen, anderer Meinung zu sein, den bewundere ich zutiefst. Es hätte ihn das Leben kosten können – das Risiko ist er eingegangen, weil sein Gewissen ihn dazu bewegt hat.

Wo regt sich mein Gewissen? Was kann ich verantworten in meinem Leben, Reden, Handeln? Wann muss ich mich einmischen und darf nicht länger schweigen? Wer verantwortlich leben will, wird sich diese Fragen immer wieder stellen und bei der Auseinandersetzung mit den alten überlieferten Glaubenserfahrungen und im Gespräch mit anderen Antworten und auch eine Freiheit zum Handeln finden.

„Ich stehe hier, ich kann nicht anders, Gott helfe mir. Amen." – Das ist eine Haltung aus der Freiheit eines Christenmenschen

---

6 Freie Übertragung nach: Martin Luthers Schriften, Kritische Gesamtausgabe Band 7, S. 876 f., Weimar 1897.
7 Sehr gut aufgezeigt in: Thomas Kaufmann, Martin Luthers „Judenschriften", Göttingen 2011.

heraus. Und genau diese hat bis heute nichts von ihrer Aktualität, von ihrer Brisanz verloren. Mit ihr haben Christinnen und Christen aller Konfessionen in der Vergangenheit immer wieder angesichts von lebensfeindlichen Ideologien und brutaler Unterdrückung ihre innere Freiheit bewahrt. Manche haben aus Glaubensüberzeugung ihr Leben riskiert.

Ich erinnere mich an einen Besuch in Südindien, wo mir der Pastor seine fünf (!) Kirchen zeigte, die er mit seinen Gemeinden baute. Er hatte Angst, denn diese Gotteshäuser waren nicht willkommen; die Gemeinden waren klein und furchtsam. Aber sie waren überzeugt: Wenn wir in einer Kirche zusammenkommen, Gottes Wort hören, miteinander singen und beten und lernen, als Gemeinde Christi zu leben, werden wir der Angst widerstehen und Sinn in unserem Leben finden. Das ist mutig. Viel mutiger, als ich es bin …

Solche Freiheit berührt zuallererst Glaubensfragen. Das zu denken, war ein ungeheurer Durchbruch. Niemand kann mir sagen, was „richtiger" Glaube ist, sondern ich selbst muss lesen, denken, fragen – das macht es manches Mal anstrengend, gewiss. Aber aus eben diesem eigenen Denken und Fragen, aus der Auseinandersetzung entsteht die Freiheit des Gewissens, die sich dann als verantwortliche Freiheit im persönlichen und öffentlichen Leben äußert. Wenn ich selbst eine Position errungen, vielleicht gar erlitten habe, dann finde ich auch den Mut, gegen Kritik und Anfechtung daran festzuhalten. Gerade deshalb ist beispielsweise kritische, ja, historisch-kritische Exegese kein Angstfaktor, sondern hilfreich. Ich darf verstehen wollen, sagt unser Glaube. Ich darf zweifeln und fragen und muss nicht Vorgefertigtes „schlucken". So entsteht mutiger Glaube, der Anfechtungen durchstehen, auf einen heilsamen Weg bringen und da auch bleiben kann.

Vorgefertigtes nicht „schlucken" und vorgegebene Formeln nicht „nachbeten", darum geht es. Gleichzeitig haben die alten liturgischen Formeln ihren Sinn: Sie nehmen mich hinein in Glaubenserfahrungen von Generationen vor mir und entlasten mich bei der Formulierung von Glaubensäußerungen. Freiheit im evangelischen Sinne ist nie der Libertinismus, mit dem Freiheit heute allzu oft verwechselt wird, sie ist nie die Trivialisierung von Traditionen, Werten und Standpunkten. Nein, zuallererst geht es um Freiheit in Glaubens- und Gewissensfragen, die sich entwickeln im Studium der Bibel, im Dialog mit Gottes Wort, das wir in den biblischen Glaubenszeugnissen finden. Daraus entwickelt sich Weltverantwortung. Freiheit im evangelischen Sinne ist auch nie liberal im Sinne von absoluter Individualität, sondern sie weiß sich bezogen auf die gemeinsame biblische Grundlage und die Gemeinschaft, in der wir leben.

Die biblischen Zeugnisse sind für mich immer wieder Orientierung. Auch in diesem Buch ziehe ich sie zur Argumentation heran. Dabei ist mir bewusst: Aus dem Zusammenhang gerissene biblische Verse können allenthalben benutzt werden, um dies oder das zu begründen. Es geht darum, sie im Kontext zu begreifen – im Kontext ihrer Entstehung, aber auch im Kontext unseres gegenwärtigen Lebens. Mir liegt daran, die Glaubenserfahrungen, die uns die Bibel überliefert, mit unserer Glaubenserfahrung heute in einen Dialog zu bringen, ohne biblische Texte zur „Moralkeule" mutieren zu lassen. Eine lebendige Auseinandersetzung ist das Ziel! Wie kann Glaube heute relevant werden und wie helfen uns dabei die Zeuginnen und Zeugen des jüdischen Glaubens, wie die Erfahrungen der ersten Christinnen und Christen?

Eine junge Studentin an der *Candler School of Theology* erzählte mir, dass ihre Eltern sie nur sehr ungern zum Studium geschickt hätten. Sie gehört zur *Southern Baptist Convention*, einer sehr konservativen Südstaatenkirche in den USA. Die junge Frau hatte sich durchgesetzt, und einige Wochen später, als wir uns beim Essen in der Mensa trafen, berichtete sie mit leuchtenden Augen von ihren Entdeckungen: „Stell dir vor, all das wusste ich überhaupt nicht über die Bibel", sagte sie strahlend. Sie hatte einen großen Hunger nach Wissen, und ich bin überzeugt, das wird ihren Glauben nicht infrage stellen, sondern vertiefen.

Im Galaterbrief macht Paulus am Thema „Beschneidung" deutlich, welche Freiheit er meint (Gal 5, 1–6). Das Thema ist heute auf ganz eigene Weise wieder aktuell geworden. Eine ethische Herausforderung zwischen Religionsfreiheit und Kindesrecht, in der ich es äußerst schwierig finde, Stellung zu beziehen. Wir können als Christinnen und Christen nur sagen, dass Paulus eines meint: Nicht religiöse Gesetze müssen wir befolgen, sondern Gottes Lebenszusage macht uns frei. Den Galatern schreibt er: Ihr braucht solche Zeichen nicht! Ja, ihr sollt respektieren, was andere in ihrer Religion praktizieren. Aber nichts, was ihr tut, kein Ritual, das ihr befolgt, macht euch vor Gott zu einem guten Christen, einer guten Christin. Das ist auch heute inmitten der neueren Diskussion zu diesem Thema wegweisend.

Ich befürchte jedoch, dass heute mitunter neuer Druck zur Gesetzlichkeit erzeugt wird. Ja, Rituale sind wichtig für religiöse Praxis und auch den Zusammenhalt. Aber Rituale dürfen nicht zum Gesetz werden! Wochenlang schweigen, regelmäßig beten und den Gottesdienst besuchen, ‚7 Wochen ohne' – das sind gute spirituelle Ausdrucksmöglichkeiten, aber keine Belege für Glauben. Das Evangelium ist kein Moralkodex. Es geht um Leben im Alltag der Welt mit Haltung, Verantwortung und dem Prüfen des eigenen Gewissens.

Für mich ist Luthers Haltung in Worms vor weltlicher und kirchlicher Macht *das* Symbol christlicher Freiheit. Es ist eine innere Grundüberzeugung, die sich vor Gott verantwortet, die eigenen Gewissensentscheidungen an der Bibel misst und sie dann konsequent umsetzt. Es ist eine Freiheit, die für Luther das Ergebnis eines Bildungsvorgangs ist. Er hat die Bibel in die deutsche Sprache übersetzt, damit Menschen selbst lesen und verstehen dürfen, ihr Gewissen schärfen und nicht angewiesen sind auf Bilder und Übermittlung durch andere. In seinem Brief an „den deutschen Adel christlicher Nation" hat er Schulen für Jungen und – damals höchst innovativ – Mädchen aller sozialen Schichten gefordert, damit sie selbst lesen können, was uns überliefert ist. So entsteht christliche Verantwortung; an selbst errungenen Erkenntnissen orientiert sich christliche Haltung.

Sich auflehnen

„Der Führer lebt" meldete das Radio vor mehr als 70 Jahren. Bei allen, die gebangt hatten, weil sie beteiligt waren an der Vorbereitung des Attentats auf Adolf Hitler durch Claus Schenk Graf von Stauffenberg oder davon wussten, breiteten sich Enttäuschung, Entsetzen und Angst aus. Mehr als zweihundert Beteiligte wurden hingerichtet. Auch Ehefrauen wurden inhaftiert, verloren Hab und Gut. Auch nach 1945 wurden die Kinder der Widerstandskämpfer noch lange als „Verräterkinder" stigmatisiert.

Das Attentat vom 20. Juli gilt heute als bedeutendster Versuch, sich aufzulehnen gegen das nationalsozialistische Terrorregime. Beteiligt waren vor allem Offiziere, die zunächst Hitlers Politik befürwortet hatten, aber angesichts der Gewaltverbrechen, die sie erlebten, entschlossene Gegner wurden. Ob der sogenannte Tyrannenmord gerechtfertigt war, darüber haben sie gestritten, und das bleibt eine aktuelle Frage bis heute, wenn wir an Osama bin Laden oder Gaddafi denken. Einige wie Dietrich Bonhoeffer sahen die Tötung Hitlers als einzigen Weg, das Morden zu beenden. Andere wie Helmuth James Graf von Moltke wollten sich an das fünfte Gebot halten: „Du sollst nicht töten". Hingerichtet wurden sie am Ende alle, weil sie sich klar gegen das Regime gestellt hatten.

Freya von Moltke und Helmuth James Graf von Moltke hatten den Mut, in Kreisau an ein Europa der Gerechtigkeit, der Demokratie und des grenzüberschreitenden Miteinanders der Nationen zu denken, während Vertrauen zerstört war und alles in Schutt und Asche fiel. Sie ließen sich weder von der Ideologie des Nationalsozialismus verführen, noch von der Angst vor dem Terrorregime lähmen. Bis zuletzt: Da konnte ein Richter Freisler noch so tönen – Helmuth James Graf von Moltke fühlte sich gehalten von der Liebe seiner Frau, von der gemeinsamen Vision und von Gottes Zuwendung. Was ist das für eine Freiheit, sich nicht von dem lähmen zu lassen, was scheinbar unabwendbar ist, sondern darüber hinauszudenken!

Es war aber auch die Freiheit zu lieben, die sie sich bewahrten, als sie durch Verhaftung und schließlich Hinrichtung getrennt wurden. Die Lektüre des Briefwechsels der beiden ist sehr anrührend, und als Freya von Moltke 2007 beim Gottesdienst aus Anlass des 100. Geburtstages von Helmuth James Graf von Moltke in Berlin anwesend war, konnten wir alle etwas spüren von der tiefen Verbundenheit über all die Jahrzehnte, ja, über den Tod hinaus. Die Liebe zweier Menschen zueinander war spürbar, eine Liebe, die auch von gemeinsamem politischen Denken, geteilten Visionen, Hoffnungen und gesellschaftlichen Zielen geprägt war.

Es gab auch anderen Widerstand, sehr viel früher. Ich denke an Elisabeth Schmitz, eine Lehrerin in Berlin. Sie verfasste 1935 ein Memorandum, das ein beeindruckendes Dokument einer Frau ist, die hellwach beobachtet und erkennt, wie der nationalsozialistische Ungeist um sich greift. So schreibt Elisabeth Schmitz über „Die Lage der Kinder": „In einer kleinen Stadt werden den jüdischen Kindern von den anderen immer wieder die Hefte zerrissen, wird ihnen das Frühstücksbrot weggenommen und in den Schmutz getreten! Es sind christliche Kinder, die das tun, und christliche Eltern, Lehrer und Pfarrer, die es geschehen lassen!"

Mich beeindruckt, wie sie mit einem glasklaren Blick auf die Lage der Juden, das Verbrechen, das an ihnen begangen wurde und auf das Versagen der Kirchen hinweist – und schon drei Jahre vor der Reichspogromnacht! Das Unrecht konnte schon früh gesehen werden, das berührt mich an ihrem Text besonders.

Gedenktage wie der zur Reichspogromnacht führen uns immer wieder vor Augen, dass wir wachsam sein müssen. Dass wir aus der Vergangenheit lernen und überlegen sollten, wo es heute gilt, hellwach zu sein und Unrecht nicht zu übersehen. Natürlich lässt sich das Leben in einem demokratischen Staat nicht vergleichen mit der Situation zu Zeiten der nationalsozialistischen Diktatur. Allein: Sich nicht „in die Verantwortungslosigkeit hineinschläfern lassen", wie Friedrich Siegmund-Schultze das einmal formuliert hat, das ist auch heute geboten.

Eine dritte Freiheit sehe ich darin, das Vergangene hinter sich lassen, neu anfangen und in Frieden zurückschauen zu können. Freya von Moltke beschreibt in ihrer Biografie eine Freiheit, die sich nicht im Grämen erdrücken lässt. Eine Freiheit, die nicht durch Vergeltungsdrang eingeengt wird. Eine Freiheit zur Versöhnung – mit der eigenen Biografie und mit anderen Menschen. 1945 nach Südafrika zu gehen – das war kein leichter Schritt. Die Rückkehr in „Adenauers Deutschland", wie die Biografie die Jahre von 1956 bis 1960 überschreibt[8], war eine Enttäuschung, die Jahre in den USA aber waren offensichtlich ein Segen. Eine eigenständige Frau, die schließlich große Lebensenergie in ihr Anliegen steckte: die „Vergangenheit mit der Zukunft zu verknüpfen". So entstand das neue Kreisau – ein Ort, an dem sich heute Jugendliche aus Deutschland und Polen und darüber hinaus begegnen.

8 Vgl. Frauke Geyken, Freya von Moltke: Ein Jahrhundertleben 1911–2010, München 2010.

Diese drei Dimensionen der Freiheit – die Unabhängigkeit vom Zeitgeist, die Grenzen überschreitende Liebe zu einem Mitmenschen und das Loslassen von Lebenslasten –, die ich bei den Moltkes sehe, können wir auch heute umsetzen. Da geht es zunächst um den unabhängigen Blick auf die Welt. Ein Blick, der sich nicht vom Zeitgeist beeinflussen lässt, sondern versucht, von der Bibel her zu schauen und auch zu beurteilen, was geschieht. Geht es um den Aufbau der Gemeinschaft oder um Selbstsucht? Bin ich bereit, Beziehungen ernst zu nehmen und mit anderen zu ringen – um Miteinander, Vertrauen, Liebe, Solidarität? Und schließlich ist entscheidend, ob ich loslassen kann und neue Wege zu gehen vermag, auch wenn es schwerfällt, alte zu verlassen.

Freiheit ist vielfältig und oft ein Wagnis, damals bei den Moltkes, aber auch heute. Ich denke an ein Paar in meiner ersten Gemeinde. Sie übernahmen den elterlichen Hof und entschieden sich, den Betrieb in ökologische Landwirtschaft umzuwandeln. Das war ein harter Weg! Eltern und Schwiegereltern meldeten Zweifel an, im Dorf wurde kritisch und kontrovers diskutiert, ökonomisch war es eine Berg- und Talfahrt. Aber sie waren überzeugt, so für ihre Kinder verantwortlich zu handeln, sie haben es in ihrer Beziehung durchgestanden, und am Ende konnten sie nach vielen schweren Jahren sagen: Es war gut so. Die emotionale, körperliche und ökonomische Belastung war schwer zu tragen. Nicht alle haben die Kraft, ja, auch die tiefe innere Freiheit und die gegenseitige Liebe, solche Herausforderungen durchzustehen!

Luthers Freiheitsbegriff hat in der Tat große Konsequenzen nach sich gezogen. „Freiheit, Gleichheit und Brüderlichkeit" als Parole der französischen Revolution hat im Gedanken der Freiheit eines Christenmenschen durchaus Wurzeln. Am Ende ist der Bogen bis zur Aufklärung zu spannen: Wage es, selbst zu denken! Die Kirchen haben diese Entwicklung nicht gerade befürwortet; manche verstehen die Aufklärung bis heute als „Verfall", so etwa die russisch-orthodoxe Kirche, die den Kirchen der Reformation immer wieder Liberalisierung und angebliche Anpassung an den Zeitgeist vorwirft. Aber selbst denken, selbst urteilen – das sind reformatorische Errungenschaften! Wir können sie befürworten, denn christlicher Glaube meint nicht Angst vor dem Denken, sondern Ermutigung dazu! Daraus folgen Glaubensfreiheit und Religionsfreiheit, aber auch politische Freiheit, Meinungs- und Pressefreiheit. Freiheit ist ein für den christlichen Glauben entscheidender Begriff, der aber auch in anderen Kontexten und Religionen immer wieder neu Bewegung erzeugt. Wir konnten das im sogenannten Arabischen Frühling sehen. Menschen standen im Norden Afrikas für ihre Freiheit auf: Redefreiheit, Pressefreiheit, Bewegungsfreiheit, gleiche Freiheit für Männer und Frauen. Die Sehnsucht nach Freiheit lässt Mutlose mutig werden, treibt Verzagte auf die Straße, bringt Ängstliche zum Aufbegehren.

Die Frage wird sein, ob Christinnen und Christen sich ihres Erbes bewusst genug sind, um energisch für die Freiheit einzutreten – für die eigene, aber auch für die Freiheit des anderen. Es geht zuallererst um die Freiheit des Glaubens, sich von den gesellschaftlichen Vorgaben zu lösen. Der Zöllner, zu dem Jesus kommt, kann die Angst um „das Haben" verlieren. „Der Ruf", „die Beurteilung", „der Status", sie werden zweitrangig, weil Gott uns Status, Ruf und Lebenszusage gibt. Das ist Freiheit.

In der Konsequenz geht es um Freiheit des Gewissens. Sie bringt Religionsfreiheit und Meinungsfreiheit mit sich, weil ich anderen zugestehen kann, dass sie anderer Meinung sind. Ich kann die Angst davor verlieren, dass „meine Wahrheit" von anderen nicht geteilt wird, und ihnen das Recht zugestehen, andere Wege zu finden. Für mich ist Jesus Christus „der Weg, die Wahrheit und das Leben", aber ich habe die Freiheit zu sehen, dass andere Menschen andere Wege und Wahrheiten für sich sehen. Das lateinische Verb „tolerare" meint „ertragen". Es geht um ein

Aushalten von Verschiedenheit, um die Freiheit, meinen Glauben zu bekennen, ohne Angst, dass andere Überzeugungen meinen Glauben und mich selbst infrage stellen.

Heute gehe ich an einem jüdischen Kindergarten oder an einer Synagoge vorbei und sehe mit Schrecken, dass sie durch Polizei geschützt werden müssen. Das kann doch nicht wahr sein, dass wir noch immer nicht gelernt haben, in Frieden in unserem Land zusammenzuleben!

Der Vorsitzende des Zentralrates der Muslime, Aiman Mazyek, hat einmal gesagt: „Ich bin ein Jude, wenn Synagogen angegriffen werden, ich bin ein Christ, wenn Christen beispielsweise im Irak verfolgt werden und ich bin ein Moslem, wenn eine Moschee angegriffen wird."

Als Christin ist mir bewusst, wie entsetzlich viele Christen in der Welt verfolgt werden, im Irak, in Indonesien, in etlichen Ländern Afrikas. Genau deshalb werde ich mich dafür einsetzen, dass Menschen anderer Religion in unserem Land frei ihren Glauben praktizieren dürfen.

Mich bedrückt, dass Religion immer stärker als Faktor der Konfliktverschärfung gesehen wird. Da zerstören Fundamentalisten, was über lange Zeit an Vertrauen aufgebaut wurde. Wir brauchen endlich eine Gemeinschaft der religiösen Menschen, die klar macht: Wir lassen uns nicht missbrauchen für Macht, Gier und Gewalt! Wir stehen zusammen auf für Respekt und Menschenwürde.

Es gibt leider religiösen Irrsinn in der Welt. Aber es gibt auch viele Beispiele von Menschen, die sich über Grenzen hinweg die Hände reichen und gegenseitig für die Freiheit des anderen eintreten. Von denen sollten wir viel mehr sprechen.

Die Taufe als Quelle der Freiheit

Luthers sogenannte reformatorische Entdeckung hat die Frage nach den individuellen und politischen Freiheiten mit sich gebracht. Aber sie war nur die Konsequenz der Frage nach einer ganz anderen Freiheit. Martin Luther fühlte Enge, Angst; die Frage, wie er sein Leben so leben könnte, dass es vor Gott „gerecht" wäre, also Sinn hätte, trieb ihn um.

Es ist ein Psalmvers, der Luther auf die Spur seiner Entdeckung bringt: *„da ist keiner, der Gutes tut"* (Ps 14,1). Er begreift, dass niemand, was immer er auch tut, dem eigenen Leben Sinn gibt und vor Gott ein irgendwie bedeutsames, eindrucksvolles, „gerechtfertigtes" Leben führt. In der Folge seiner Psalmen-Vorlesung zwischen 1518 und 1521 entwickelt Martin Luther immer klarere theologische Grundsätze. So fragt er, ob es nicht eine völlige Verfremdung, ja, eine „babylonische Gefangenschaft" der Kirche sei, wenn etwa das Abendmahl zu einer Art guten Tat wird und der Priester sogar Verstorbene gegen Bezahlung von Sünden freisprechen kann. Für Luther wird immer klarer: Nicht Menschen müssen sich die Lossprechung von Sünden verdienen, sondern die Taufe ist das zentrale Ereignis und Sakrament. Hier sagt Gott einem Menschen Gnade, Liebe, Zuwendung, Lebenssinn zu. Und alles Scheitern, alle Irrwege des Lebens können das nicht rückgängig machen. Gehen wir zur Taufe zurück, brauchen wir keine Buße, kein Bußsakrament. Wir sind erlöst, wir sind längst Kinder Gottes. *„Baptizatus sum* – ich bin getauft" – in den schwersten Stunden seines Lebens hat Martin Luther sich das gesagt und darin Halt gefunden.

Nach einer Predigt in Dresden kam eine Frau zu mir und erzählte, dass sie auf dem Weg zum Glauben sei, sich der Gemeinde verbunden fühle. Aber sie habe Angst vor diesem letzten Schritt: der Taufe. Sie habe in ihrem Leben so viele Fehler gemacht, da gebe es so viele Unzulänglichkeiten, sie traue sich eigentlich nicht, so vor Gott zu treten. Mich hat das sehr berührt, weil es ja eigentlich Luthers Frage ist: Wie kann ich vor Gott überhaupt bestehen? Ich habe versucht, sie in dieser kurzen Begegnung zu ermutigen: Nicht sie muss auf irgendeine Weise „perfekt" leben, sondern sie kann ihr Leben mit all den Tiefen und Erfahrungen von Scheitern getrost und ermutigt leben, weil das alles in der Taufe aufgefangen ist von Gottes tiefer Lebenszusage. Und es werden gerade ihre Lebenserfahrungen sein, die das Leben in der Gemeinde bereichern werden.

Befreiende Sichtweisen

Nicht im Perfekten, sondern im Verletzlichen sind wir Gott nah. In unseren schwersten Stunden können wir auf unser Gottvertrauen und auf das Vertrauen in Mitmenschen setzen. Nicht Karriere, Konsum und „Kohle" sind entscheidend, sondern Bindung, Beziehungen und Bibel. Wenn wir hier investieren, sind wir langfristig viel stabiler als alles, was irgendein Markt oder eine Börsennotierung uns vermeintlich an Sicherheit zusagen können. Salopp gesagt: Auf der „Drei-B-Basis" kann Vertrauen wachsen, in Gott und auch ins Leben.

Luthers Doppelsatz ist dafür besonders eindrücklich: „Der Christenmensch ist ein freier Herr aller Dinge und niemandem untertan. Der Christenmensch ist ein dienstbarer Knecht aller Dinge und jedermann untertan." Über die Jahrhunderte hinweg ist das eine Kurzbeschreibung eines Spannungsverhältnisses. Da wird gerungen um die rechte Balance.

Die Freiheit eines Christenmenschen ist einerseits ganz ohne Voraussetzung, schlicht von Gott geschenkte Freiheit. Und doch ist sie nicht ohne Folgen. Niemandem untertan – wie wichtig ist das auch heute! Ganz gleich, was die Menschen sagen, egal, wo ich auf der Hierarchieleiter eingestuft werde – Gott sagt mir Lebenssinn zu. Der sterbende alte Mann ist nicht weniger wert als der millionenschwere Fußballprofi. Das schöne Model auf dem Laufsteg zählt nicht mehr als das schwerstbehinderte kleine Mädchen. In solcher Glaubenssicht der Welt zählt ein Mensch jüdischen Glaubens nicht weniger als ein Christ, und ein Muslim ist aus dem Blickwinkel des Glaubens betrachtet nicht weniger Geschöpf Gottes mit eigener Würde als ein Mensch ohne religiöse Überzeugung. Jeder Mensch hat eine eigene Würde, weil jeder einen Schimmer des Ebenbildes Gottes in sich trägt. Gott sagt mir Bedeutung zu, nicht die Erfolgskategorien dieser Welt. Das ist Luthers Erkenntnis. Und sie wirkt befreiend, auch heute!

Aber die Freiheit eines Christenmenschen beinhaltet eben auch, allen untertan zu sein. Nein, nicht duckmäuserisch und angepasst wie in Heinrich Manns Roman „Der Untertan", sondern mit Empathie engagiert für den Nächsten und deshalb interessiert an der Welt. So können Christinnen und Christen heute an ihrem Ort wirken: klar und weltoffen, für Gerechtigkeit und Frieden und Schöpfungsbewahrung. Weil sie innerlich frei sind, können sie gegen den Zeitgeist handeln – sie wissen sich dennoch untertan der Sache des Reiches Gottes mitten in der Welt.

Christliche Freiheit, von der Paulus spricht, und reformatorische Freiheit, von der Luther redet, sie sind hochaktuell. Kein alter Schinken von gestern, sondern eine Frage von Gewissen, Verantwortung und Haltung. Für Paulus, für Luther, für die Moltkes und für uns heute ganz gewiss auch.

Ich wünsche mir mehr Mut zu neuen Blickwinkeln, mehr Aufmerksamkeit für aktuelles Geschehen und die Fähigkeit, eine reflektierte Haltung zu entwickeln. Ich hoffe darauf, dass wir die Kraft haben, uns von den Erfolgskategorien zu lösen, die uns derart bedrängen.

Gebildeter Glaube

Es geht um errungene Freiheit! Sie will erarbeitet sein, erlesen sozusagen oder auch erdacht. In der Apostelgeschichte wird folgende Begebenheit erzählt:

Und siehe, ein Mann aus Äthiopien, ein Kämmerer und Mächtiger am Hof der Kandake, der Königin von Äthiopien, welcher ihren ganzen Schatz verwaltete, der war nach Jerusalem gekommen, um anzubeten. Nun zog er wieder heim und saß auf seinem Wagen und las den Propheten Jesaja. Der Geist aber sprach zu Philippus: Geh hin und halte dich zu diesem Wagen! Da lief Philippus hin und hörte, dass er den Propheten Jesaja las, und fragte: Verstehst du auch, was du liest? Er aber sprach: Wie kann ich, wenn mich nicht jemand anleitet? Und er bat Philippus, aufzusteigen und sich zu ihm zu setzen.

(Apg 8,27b–31)

Philippus erläutert dem Kämmerer, dass der Prophet Jesaja auf Jesus hinweist. Der Mann aus Äthiopien erkennt dies als wahr an, lässt sich taufen und *„zog aber seine Straße fröhlich"* (8,39b). Das ist eine sehr interessante Passage, finde ich. Ein Mensch interessiert sich für die Bibel und beginnt selbst zu lesen. Ein anderer hilft ihm zu verstehen. Der Mann erkennt die Bedeutung des Gelesenen und Gehörten und wagt das Vertrauen in den Glauben an Jesus Christus, lässt sich taufen und zieht fröhlich weiter auf dem Weg seines Lebens …

Dass ein solches Bibellesen heute die Ausnahme ist, ist vor allem im Heimatland der Reformation ein Trauerspiel! Luther hat die Tragweite von Selbstlesen und Hören erfahren und deshalb die Bibel in die deutsche Sprache übersetzt, um allen die eigene Auseinandersetzung mit dem Text zu ermöglichen und nicht nur den Gebildeten, die der lateinischen Sprache mächtig sind.

Manche seiner Universitätskollegen haben dies abschätzig als unwissenschaftlich angesehen. Aber lesen dürfen, nachfragen, andere um Rat bitten, miteinander um Antworten ringen – das ist die Grundlage christlichen Lebens seit jenem Reisenden, von dem die Apostelgeschichte berichtet.

Wenn mich jemand fragt, wo oder wie denn anzufangen sei, rate ich: Lesen Sie erst einmal das Markusevangelium. Dieses schildert kurz und knapp die Geschichte Jesu. Danach folgen am besten Matthäus und Lukas. Wer alle drei Evangelien gelesen hat, versteht: Hier wird die gleiche Geschichte berichtet, wenn auch mit unterschiedlichen Akzenten. Auf dieser Grundlage wird auch das Johannesevangelium dann mit seinem ganz eigenen Blick wahrnehmbar. Danach kann die Apostelgeschichte folgen, in der Lukas von den ersten Gemeinden erzählt, schließlich die Briefe des Paulus, teilweise schwere Kost. Und dann natürlich gern und mit Lust und Liebe die Vätergeschichten im ersten Buch Mose oder die Propheten des hebräischen Teils der Bibel. Fang an! Lies selbst. Und dann schau, was diese Texte in dir bewegen, welche Fragen sie aufwerfen, wer dir Rat geben könnte, mit wem du dich austauschen magst. Ich bin überzeugt, eine Frage löst eine andere aus, das können spannende Gespräche werden!

Mich fasziniert immer wieder, wie wichtig Bildung für alle Reformatoren war. Melanchthon war Lehrer aus Leidenschaft. Ulrich Zwingli lernte Griechisch, um das Neue Testament im von Erasmus von Rotterdam editierten Urtext lesen zu können. Er selbst besaß die für damals sehr große Zahl von 100 Büchern und gründete in seiner Glarner Pfarrei 1510 eine Lateinschule. Und dann das Genfer Kolleg, von Johannes Calvin gegründet, das die reformierte Bildungsbewegung in viele Regionen Europas brachte!

Das war und bleibt reformatorisches Anliegen: denken, reflektieren, nachdenken, verstehen können, fragen dürfen. Stattdessen wird der Religion bis heute die Haltung unterstellt: nicht fragen, schlicht glauben! Fundamentalismus – ob jüdischer, christlicher, islamischer oder hinduistischer Prägung – mag Bildung und Aufklärung nicht. Jedweder Ausprägung von Fundamentalismus stellt sich eine Kernbotschaft der Reformation entgegen: selbst denken! Frei bist du schon durch die Lebenszusage Gottes. Im Gewissen bist du niemandem untertan und unabhängig von Dogmatik, religiösen Vorgaben, Glaubensinstanzen. Vielleicht ist einer der wichtigsten Beiträge der Reformation, dass es ihr um gebildeten Glauben geht, einen Glauben, der verstehen will, nachfragen darf, auch was das Buch des christlichen Glaubens betrifft, die Bibel. Es geht nicht um Glauben allein aus Gehorsam, aus Konvention oder aus spirituellem Erleben. Sondern es geht um das persönliche Ringen um einen eigenen Glauben.

Wenn ich an das diesjährige Reformationsjubiläum denke, wird das eine der zentralen Botschaften sein: Luther weniger als Tröster der Deutschen oder Nationalheld wie bei früheren Gedenkfeiern, sondern Luther und die anderen Reformatoren als Denkende, die Glauben und Verstand vereinen und auf genau diese Weise jedem Fundamentalismus trotzen, sei er religiöser oder ideologischer Natur. Vielleicht ist das mit Blick auf das Reformationsjubiläum die zentrale Botschaft: Es geht nicht um Glauben als Moralinstanz, sondern als radikale Freiheit zur Einmischung in die Welt.

Luther regte in seinem Brief an den „christlichen Adel deutscher Nation" die Volksschule für alle an. Er wollte, dass jeder Mensch gebildet sein kann, gleich welcher Herkunft, gleich welchen Geschlechts. In einem Land, in dem heute junge Leute ohne Schulabschluss chancenlos sind, ist das eine hochaktuelle Botschaft! Gerade erst wird wieder belegt, wie eng soziale Herkunft und Bildungsabschluss in Deutschland zusammenhängen. „Laut dem jüngsten OECD-Bericht haben 22 Prozent der jungen

Menschen in der Bundesrepublik nicht das Bildungsniveau ihrer Eltern. Nur 20 Prozent der Jüngeren schafften einen höheren Bildungsabschluss, als ihn Vater oder Mutter besitzen."[9] Selbst lesen können, die Heilige Schrift in der eigenen Sprache studieren oder auch in der Originalsprache der Verfasser. Verstehen, nachdenken, sich eine Meinung bilden – das war damals revolutionär. Und vielleicht müssen wir sagen, dass das über 30 Jahre nach der Einführung des Privatfernsehens heute auch wieder revolutionär ist! Es scheint sich alles zu verflachen, auch im sogenannten öffentlich-rechtlichen Fernsehen, für das wir alle GEZ-Gebühren zahlen. Und: Wer liest denn noch, geschweige denn die Bibel ...

Gut, manchen erscheint das Christentum in seiner reformatorischen Variante dadurch anstrengend, zumal in einer Medienwelt schwer vermittelbar. Wo kommen wir denn hin, wenn jeder nachfragen und sich eine eigene Meinung bilden soll? Da ist die glasklare Meldung schnell dahin. Aber diesen Preis müssen die Kirchen der Reformation zahlen. Vielfalt und Freiheit sind ihre Grundlagen. Sie haben längst gezeigt, dass das Wort öffnet, hin zum eigenen Fragen, Denken, Interpretieren, Stellung nehmen. Allerdings nicht *anonym*, ohne zum eigenen Wort zu stehen, wie es heute in Blogs so oft geschieht, sondern offen, frei und mit Namen, selbstbewusst. Und: Mit Respekt für andere Meinungen und nicht in menschenverachtendem Ton, wie er dort manches Mal ebenso herrscht. Eigenes *Denken* sollte es aber in der Tat sein. Oh ja, das kann am Ende möglicherweise auch politisch sein, provokativ, vielleicht sogar einseitig.

---

9 Vgl. dpa 11. September 2012.

Vor einiger Zeit erreichte mich eine Mail, die mit dem unfreundlichen „Sie verf… Kirchenziege" begann und sich in diesem Ton weiterentwickelte. Es war eine wüste Beschimpfung unter der Gürtellinie, bei der mir sämtliche Verfehlungen der Kirche vorgeworfen wurden und ich als bescheuerte Weltverbesserin verächtlich belacht wurde. Der Mail selbst war nicht zu entnehmen, wer der Schreiberling war.

Nur, wie es manchmal so ist im Leben und im Tempo des elektronischen Zeitalters immer wieder passiert: Da entstehen Unachtsamkeiten. Der Herr hatte – für ihn dummerweise – vergessen, ganz unten auf der Mail seine persönliche Adresse zu löschen, mit der er aufforderte, falsch geleitete Mails unverzüglich zu löschen. Peinlich, peinlich …

Meine Mitarbeiterin hatte eine grandiose Idee: Wir haben die Mail ausgedruckt und auf offiziellem Briefpapier einen höflichen Brief an den Mailwüstling geschrieben: „Sehr geehrter Herr XY, folgende Mail hat uns unter Ihrem Namen erreicht. Hierüber wollte ich Sie umgehend informieren, damit Sie wissen, für welche im Ton vulgären Mails Ihr Name benutzt wird. Ich denke, Sie sollten dem nachgehen, es könnte ja sein, dass noch andere derartige Mails in Ihrem Namen herausgehen. So etwas ist ja rufschädigend." Und was passierte? Ich erhielt einen äußerst höflichen Brief zurück, dass Herr XY diesen Vorfall außerordentlich bedaure und umgehend juristisch dagegen vorgehen werde, dass derart inakzeptable Schreiben in seinem Namen versandt werden.

Offen gestanden bin ich überzeugt, dass diese Mail von dem Herrn stammte. Der Vorgang aber zeigt: Wenn Menschen meinen, durch Anonymität geschützt zu sein, lassen Sie „die Sau raus". Ein Blick in Blogs genügt. Es ist unfassbar, wie Menschen da über andere ablassen, urteilen, mit welchem Vokabular sie sich äußern. Schauen sie dem anderen in die Augen, müssen sie selbst zeigen, wer sie sind, dann würden sie das gewiss nicht tun.

Vieles am Internet schätze ich sehr. Du kannst sehr schnell Informationen finden und manches online erledigen, was früher viel Zeit erfordert hat. Aber es gibt definitiv auch einen Kulturverlust und der liegt in der anonymen Kommunikation. Da rotzen sich Menschen geradezu aus. Sie sprechen über andere in einer Tonlage, die sie niemals wagen würden, wenn sie jemandem dabei ins Gesicht schauen müssten. Da werden andere verächtlich gemacht, geradezu gemobbt, und manche Schreiberlinge scheinen alles hinter sich zu lassen, was sie je an anständigen Umgangsformen hoffentlich gelernt haben. Manchmal denke ich: Hättest Du Dir ein bisschen Zeit genommen, bevor Du „senden" gedrückt hast, wäre es besser gewesen.

Wie wäre es mit: Erst denken, dann senden? Oder nur das zu schreiben, was ich einem anderen auch von Angesicht zu Angesicht sagen würde? Das würde sicher den Stil der Kommunikation erheblich verbessern. Im achten Gebot heißt es: „Du sollst nicht falsch Zeugnis reden wider deinen Nächsten". Im Kleinen Katechismus erklärt Martin Luther das so: „Wir sollen unseren Nächsten nicht belügen, verraten, verleumden oder seinen Ruf verderben, sondern sollen ihn entschuldigen, Gutes von ihm reden und alles zum Besten kehren". Das klingt ziemlich aktuell, finde ich.

Sinnsuche

Es gibt offenbar eine verbreitete Angst, das Leben könne keinen Sinn haben. Da gilt nicht länger der Satz, mit dem der Philosoph René Descartes die Aufklärung einleitete: „Ich denke, also bin ich." Sondern: „Ich bin im Fernsehen, also bin ich." Und dafür setzen sich Menschen sogar Demütigungen aus, die vielleicht ihre Bekanntheit steigern im Sinne von „bekannt und belächelt", aber kaum Ruhm im positiven Sinne von „geschätzt und gerühmt". Daran hat das Internetzeitalter einen gewichtigen Anteil. Jochen

Mai schreibt: „Aus dem Bonmot ‚*Es geht nicht darum, was du weißt, sondern wen du kennst*‘ hat das Web längst eine neue Ableitung geformt. Sie lautet: ‚*Es geht nicht darum, wen du kennst, sondern darum, wer dich kennt.*‘"[10] Ich denke an den vermeintlichen Ruhm der DSDS-Stars. Mehr als 35 000 Menschen haben sich für manche Staffeln beworben! Für die meisten scheint es eher unklug zu sein, sich derart zu präsentieren und so der Lächerlichkeit preiszugeben. Ähnliches gilt für das sogenannte Dschungelcamp. Dass ein Mensch meint, durch Kakerlakenschlucken, Nacktheit oder ein Sichbewerfenlassen mit Fäkalien zu Ruhm zu gelangen, hat mit Klugsein nichts, aber auch gar nichts zu tun. Ruhm in der Mediengesellschaft ist also ganz offensichtlich ein zweischneidiges Schwert, eine hoch ambivalente Sache, der ein Mensch sich besser entziehen sollte. Das wäre in der Tat klug, denn Freiheit oder Lebenssinn findet er so ganz offensichtlich nicht.

Das hebräische Verb für „Gott lobsingen" heißt *hallel*. Davon leitet sich der Begriff „Halleluja" ab. Und das ist wohl die zentrale Aussage der Bibel: Es geht darum, Gott zu rühmen! Für jemanden, der mit Glauben wenig anfangen kann, ist das sicher schwer zu verstehen. Vielleicht lässt es sich so erklären: Wenn ich auf Gott schaue, werde ich selbst weniger wichtig. Es lenkt meinen Blick weg von der ständigen Konzentration auf mich selbst. Ich freue mich daran, dass Gott mir das Leben schenkt, in dieser Welt erfahrbar ist und meinem Leben Sinn gibt, der mich auch durch das Sterben hindurchtragen kann. Das befreit von diesem ewigen Auf-mich-selbst-Bezogensein. Und es kann auch meinen Blick auf die Gesellschaft verändern. Ich blicke anders hin, habe die Kontrastgesellschaft der Bergpredigt im Sinn, die ganz andere Prioritäten setzt als Ruhm und Glamour.

10 Jochen Mai, „Ruhmsicht – Sind Ranglisten der Rassismus der Zukunft?", http://karriere-bibel.de/ruhmsucht-sind-ranglisten-der-rassismus-der-zukunft.

Unser Leben, das Handeln der Kirche, prachtvolle Gotteshäuser – das alles dient nicht dem Ruhm oder Ansehen der Menschen, der Institution, des Architekten oder Geldgebers, sondern: *soli deo gloria*, allein der Ehre und dem Ruhm Gottes. Wir finden Sinn, indem wir Gott rühmen! Das schenkt auch Freiheit: Ich muss den Sinn nicht in mir, meinem Erfolg oder Ruhm suchen, sondern finde ihn darin, dass ich einstimmen kann in das Lob Gottes, der mein Leben geschaffen hat.

Dazu passt, dass Jesus nicht gerade eine Erfolgstruppe um sich geschart hat. Bei einer Castingshow für vermeintliche Superstars oder Supertalente wären wohl so ziemlich alle durchgefallen. Die Söhne des Zebedäus ringen darum, wer Jesus am nächsten ist. Simon Petrus wird leugnen, Jesus gekannt zu haben, und Maria Magdalena hat einen zweifelhaften Ruf. Aber genau diesen fehlbaren Menschen sagt Jesus Sinn zu. Genau diese Menschen werden im Glauben an ihn innere Freiheit und Kraft finden. Das wird ihre Freiheit gegenüber allen Anfeindungen ausmachen. Folgen wir nach! Wir müssen nicht die Tollsten, Erfolgreichsten, Schönsten sein, sondern wir können uns als Christinnen und Christen mit all unseren Schwächen erhobenen Hauptes in diese Tradition stellen.

Vor einigen Jahren wurde jemand telefonisch zu mir durchgestellt. Als ich mich gemeldet hatte, sagte er: „Ich wollte Ihnen nur sagen, dass ich der Messias bin!" Nach kurzem überraschten Schweigen sagte ich: „Oh, der ist aber meinem Glauben nach schon mit Jesus in die Welt gekommen!" Er darauf: „Und wer bin ich dann?" „Wie wäre es mit: ein Nachfolger Jesu?", schlug ich vor. Der Mann war offenbar zufrieden und sagte: „Danke, das geht auch." Und dann legte er auf.

Jesus nachzufolgen scheint immer noch eine überzeugende Lebenshaltung zu sein …

Zu Geld sind diejenigen, die Jesus nachfolgten, nicht gekommen. In den Seligpreisungen steht auch nicht, dass Geld glücklich macht. Das aber ist heute das für die meisten Menschen erstrebenswerte Lebensziel: Geld verdienen und konsumieren können. Natürlich ist es wichtig, meine Familie, mich selbst ernähren und versorgen zu können. Problematisch wird es, wenn darin Sinn gesucht wird und die Vorstellung herrscht: Der Mensch ist, was er verdient. Eine zentrale Symbolfigur für eine solche Einstellung ist Josef Ackermann, der einmal sagte: „Als ich zur Deutschen Bank kam, hatte ich zwei Millionen Mark. Wenn ich heute ein vergleichbares Gehalt hätte, würde ich jeden Respekt verlieren. Man würde sagen: ‚Der hat keinen Marktwert.‘"[11] Da macht der Marktwert den Menschen, und wer nicht mithalten kann, wird nicht respektiert. Ein für mich eher gruseliges Weltbild!

In den USA habe ich eine Kirche besucht, deren Bischof drei Millionen Dollar Jahresgehalt erhält und die ihren Missionserfolg durchaus in Einnahmen und Kirchenbauten misst. Als das kritisch hinterfragt wurde, war die Antwort: „But Jesus was rich himself." Aber bei Jesus geht es definitiv nicht um Geld und Macht! Es geht darum, sich selbst zu finden und Gott zu finden. Oder Gott zu finden und so zu sich selbst zu finden und den eigenen Lebenssinn zu erkennen. Oder zu erkennen, dass Gott mich schon gefunden hat, bevor ich zu suchen anfing. Das macht frei. Und so kannst du erleben: Du bist freier, als du denkst! Da fangen Fischer einfach an zu predigen und Frauen werden zu Gemeindeleiterinnen. Das ist von Anfang an im Christentum so.

---

11 „Null Toleranz für Grauzonen", in: „DIE ZEIT", Nr. 22, 24. Mai 2007, http://www.zeit.de/2007/22/Interview-Ackermann.

Freiheit hat viele Aspekte. Es geht natürlich um die äußere Freiheit, die schon genannten Freiheitsrechte. Sie wollen wahrgenommen und verteidigt werden. Viele wünschten sich unsere Freiheit, passen wir also gut auf sie auf!

Dann ist da die innere Freiheit. Mögen andere denken, was sie wollen, Medien berichten, wie sie mögen: Ich weiß, wer ich bin, und Gott weiß es auch. Mir scheint, diese Freiheit geht immer öfter verloren. Da reden Menschen mit Blick darauf, wie ihr Reden medial aufgenommen werden könnte. Da versuchen einige, geschickt so zu agieren, dass sie nirgendwo anecken. Bloß keine öffentlichen Auseinandersetzungen, lieber kein zu klarer Standpunkt, denn es könnte zu Anfeindungen führen. *„Zur Freiheit hat uns Christus befreit"* (Gal 5,1) – ein kleiner Satz des Apostels Paulus mit einer großen Wirkung. „Von der Freiheit eines Christenmenschen" – ein kleines Traktat Martin Luthers mit immensen Folgen. Bürgerliche Freiheiten und Menschenrechte – mit Kraft und Opfern errungen und von vielen Menschen erhofft. Wer darüber nachdenkt, welche Freiheit er oder sie hat, wer liest und ringt und findet, dass er oder sie innerlich frei ist, findet Haltung. Und Menschen mit Haltung brauchen wir in unseren Kirchen, unserer Gesellschaft, unserer Welt.

Ja und Amen zu sagen ist allzu leicht. Sich anpassen oder wegducken ebenso. Ich bin überzeugt, unser Glaube fordert mehr von uns: Lies nach! Denk selbst! Zieh die Konsequenzen und übernimm Verantwortung für dein Leben und unsere Welt. Das ist nicht Druck, sondern macht Sinn. *„Meine Zeit steht in deinen Händen"*, heißt es in Psalm 31. Das meint doch: Aus Gottes Hand erhalte ich Lebenszeit geschenkt. Wie lang sie währen wird, weiß ich nicht. Aber ich will sie nutzen in Gottvertrauen und für die Gemeinschaft. Auch wenn ich an Gottes Geboten ebenso wie an meinen eigenen Ansprüchen so manches Mal scheitern mag, geht doch dieser Sinn nicht verloren. Ich bin frei zur Gestaltung und frei zum Neuanfang. Am Ende möchte ich diese Lebenszeit zurück in Gottes Hand legen können mit dem Gedanken: Ich habe die mir geschenkte Freiheit so gut und verantwortlich wahrgenommen, wie es mir möglich war.

2. Von der Last der Erwartungen

Manchmal entsteht der Eindruck, es würde eine Art Dauer-erschöpfung um sich greifen. Alle Menschen scheinen permanent beschäftigt, es ist schwer, Zeit füreinander zu finden – glücklich wirken wenige. Viele sind offenbar erdrückt von Erwartungen: Beruflich wird Höchstleistung erwartet, Mails türmen sich stündlich und sind nur schwer zu ignorieren, die Familie braucht Zeit, und Zeit ist knapp, sogar für sich selbst. Das kenne ich auch selbst sehr gut: Die SMS wartet auf Antwort, am Text für die Predigt sollte ich intensiver arbeiten, meine Mutter müsste ich längst besucht haben, und meine Freundin wartet auf einen Anruf. Dazu kommt, dass ich gerne mehr lesen würde, mir natürlich bewusst bin, dass die Seele auch mal baumeln muss, und ich möchte öfter joggen gehen. Gleichzeitig gibt es die Alltagsnormalität: Die Blumen wollen gegossen sein, der Kühlschrank ist schon wieder leer, und ich müsste dringend meine Wohnung putzen, ganz abgesehen davon, dass ich beim letzten Umzug die Bücher einfach so ins Regal gesteckt habe und nichts mehr finde, weil sie noch immer unsortiert sind. Nicht zuletzt muss ich aufpassen, dass ich keinen Geburtstag verpasse, ich möchte eigentlich sinnvoll schreiben, und auch das Tagebuchführen hatte ich mir doch eigentlich fest vorgenommen. Wie habe ich das alles nur bewältigt, als ich noch Schulkinder im Haus hatte?

Mit einer Freundin sprach ich neulich darüber, wie geregelt die Sonntage in unserer Kindheit waren. Nach dem Frühstück ging es in die Kirche, nach dem Mittagessen gab es einen Spaziergang, und nachmittags wurde Kaffee getrunken. Das begann um 15 Uhr, der Kuchen wurde am Samstag gebacken; die eine oder andere Tante kam vorbei – ohne vorherige Verabredung! Wir saßen einfach zusammen. Keiner sprang auf, um schnell mal zu telefonieren, eine SMS zu schicken oder Mails abzurufen. Was haben wir nur mit all der uns zur Verfügung stehenden Zeit gemacht? Niemand hatte das Gefühl, sie wäre vertan. Es wurden meist keine tiefgründigen Gespräche geführt; es war schlicht Kaffeezeit. Irgendwie war das auch Schonzeit, wie so manche Rituale sie ermöglicht haben: keine Wäsche waschen am Sonntag oder „zwischen den Jahren", kein Kino in der Passionszeit, schlafen gehen um 22 Uhr, denn „der Schlaf vor Mitternacht ist der beste", wie meine Mutter uns immer wieder gesagt hat.

Heute würde viele in einer solchen Situation Unruhe befallen. Wir verabreden uns von 15 bis 16 Uhr auf einen Kaffee und tragen das Tage, ja, Wochen vorher in den Terminkalender ein. Auch in den Restaurants bimmelt und schnurrt während des Essens oft ein Handy nach dem anderen. Immer muss etwas offenbar *sofort* erledigt oder beantwortet werden. Die Waschmaschine läuft, der Trockner wird bestückt, wann immer es nötig scheint. Während Menschen früher einen Brief geschrieben haben, ihn zum Briefkasten brachten und dann in Ruhe auf eine Antwort warteten, bekomme ich heute nach zwei Stunden eine empörte Mail, warum um Himmels willen ich noch nicht auf die Anfrage reagiert habe. Das Lied „Muss nur noch kurz die Welt retten" von Tim Bendzko bringt das wunderbar auf den Punkt.

Balance suchen

Sosehr wir bei dem Lied auch lächeln mögen, oft ist solches Leben längst Realität. Es gibt Menschen, die für ihren Beruf, ihre Sache den ganzen Tag engagiert sind – völlig absorbiert von dem, was sie tun. Viele sind so im Schaffens- oder Aktivitätsrausch, dass sie nicht mehr wissen, wofür sie eigentlich Tag und Nacht arbeiten. Sie merken gar nicht, wie die eigene Lebenszeit ihnen durch die Hände rinnt, sie die wichtigsten Dinge im Leben, die sich eben nicht kaufen lassen, verlieren: Beziehungen, Liebe, Zuwendung, Vertrauen. Zeit darf nicht mehr „vertrödelt" werden – ein altmodischer Begriff, ich weiß! Doch so verlieren wir den Rhythmus zwischen Schaffen und Ruhen. Genau diesen Rhythmus hat das dritte biblische Gebot im Sinne: „Du sollst den Feiertag heiligen." Es ist kein Verbot, sondern das Angebot für ein anderes Leben, eines, das Prioritäten setzen kann und heilsame Rhythmen kennt, ja, etwas wie Muße kennt.

In dem Gebot geht es nicht zuallererst darum, dass Gott diesen Tag braucht, damit wir ihn loben und ehren. Nein, es geht um den Menschen, der Zeit braucht, um sich auf das Wesentliche im Leben zu besinnen. Es geht um den Menschen, der Zeit benötigt, in der er nicht arbeitet, sondern der Seele Raum gibt, frei ist von Druck, sich mit Freunden trifft, nachdenkt, spazieren geht, Leerlauf zulässt. Und ja, auch zum Gottesdienst geht, sich einbringt in das Lob Gottes rund um die Erde, ohne dass ein irgendwie gearteter Zweck dahintersteckt. Eine Gesellschaft, die um eines vermeintlichen Wirtschaftswachstums willen solche Rhythmen abschaffen will, wird irgendwann einem kollektiven Burn-out-Syndrom erliegen, wird vor Erschöpfung und Verlust von Sinn und Ziel zusammenbrechen.

Vor einiger Zeit habe ich genau das erlebt. Ein Kollege, der immer so stark, souverän, geradezu unerschütterlich schien, ließ „die Flügel hängen". Bei ihm konntest du noch im Urlaub abends Mailantworten erhalten und er war stolz auf diese Dauererreichbarkeit. Aber dann war Schluss. Er konnte nicht mehr, hat von einem Tag auf den anderen alles fallen lassen müssen. Ihm fehlte die Kraft zum Weitermachen. Und das war bitter für ihn und schwer zu tragen für sein Umfeld.

Ich muss zugeben: Mir fällt Muße auch schwer. Keine Mails abrufen, das Handy abschalten – ich will das allerdings auch nicht schon wieder als Zwang ansehen, nach dem Motto: Aber im Urlaub darfst du den PC nicht anwerfen! Eine Balance scheint mir erstrebenswert, eine Gelassenheit, die weiß, dass nichts, was ich tue, und nichts, was ich heute versäume, gleich „die Welt rettet" – oder eben nicht.

Schaden an der Seele

Eine Therapeutin sagte mir, „Burn-out" sei ein Begriff, den es nur im Deutschen gebe – absurderweise ein Anglizismus! Letzten Endes sei Burn-out eine Depression. Wer Burn-out habe, werde in unserer Gesellschaft als gestresster Vielarbeiter anerkannt, wer dagegen depressiv sei, müsse mit Verachtung und Ausgrenzung rechnen. Gerade das aber ist doch deprimierend! Warum darf niemand klarmachen, dass er dem Druck nicht mehr standhält, Schwäche zugeben? Wer das tut, muss mit einer gewissen Verachtung rechnen.

Die „Macher" rasen um den Globus, scheinen 24 Stunden am Tag zu arbeiten, bewegen Millionen Euro locker hin und her über die Märkte der Welt. Und doch wirken sie oft haltlos, wurzellos. Ich sehe sie im Fernsehen und frage mich: Welcher Mensch steckt dahinter? Welche Gefühle, Lebensziele hat er? Was treibt ihn wirklich an, was macht diesen Menschen im Innersten aus? Wo sieht er Sinn?

Ein Wort Jesu zielt genau auf diese Fragen: *„Denn wer sein Leben erhalten will, der wird es verlieren; wer aber sein Leben verliert um meinetwillen, der wird's erhalten. Denn welchen Nutzen hätte der Mensch, wenn er die ganze Welt gewönne und verlöre sich selbst oder nähme Schaden an sich selbst?"* (Lk 9,24–25). Ein Politiker, sehr exponiert, immer unter Druck, hat mir einmal gesagt, dieser Bibelvers hätte für ihn oft die notwendige Bremsfunktion. Was will ich eigentlich? Wer bin ich? Was treibt mich wirklich an? Der Kornbauer agiert angesichts der Anforderungen ökonomisch gesehen sinnvoll: Scheunen erweitern, Möglichkeiten schaffen. Aber er verliert den Blick auf sein Leben.

Schaden an der Seele – das wäre ja Depression oder eine andere der vielen seelischen Erkrankungen, die immer mehr Menschen betreffen. Vielleicht ist es aber auch schon die Daueranspannung und damit gleichzeitig Dauererschöpfung, die um sich zu greifen scheint. Da sind zum einen die vielen Anforderungen an unser Leben. Das gilt sicher besonders in der sogenannten „Rush Hour" zwischen Mitte zwanzig und Mitte vierzig, wenn wir beruflich gefordert sind, eine Familie gründen, Eltern begleiten sollen. In diesen Jahren hatte ich manchmal den Eindruck, nur weitermachen zu können, wenn ich nicht anhalte. Einmal pausiert, dann findest du keine Kraft mehr, das Tempo wieder aufzunehmen. Der Tagesablauf berufstätiger Eltern kennt keine Pause. Kinder sind eine Daueranforderung an deine Präsenz und Kraft. Und wer Angehörige versorgt oder pflegt, kann nicht einfach mal unterbrechen. Dabei ist es doch wunderbar, Kinder zu erziehen und für Eltern Zeit zu haben! Aber wir müssen und dürfen auch sehen, dass es viel Kraft kostet.

Vielleicht ist es erst einmal wichtig, die eigene Erschöpfung wahrzunehmen. Mir selbst zuzugestehen, dass ich nicht mehr kann. Und mich auf die Suche nach einer Kraftquelle zu machen.

Eine Frau erzählte mir neulich, sie sei auf einer Tagung gewesen und ihr Mann habe an dem Wochenende die Kinder versorgt. Sie sei so glücklich gewesen, intellektuell gefordert, Frühstück am gedeckten Tisch, abends nicht auf die Uhr schauen, sondern mit anderen bei einem Glas Wein ohne Druck plaudern. Wenn sie sich das ehrlich anschaue, müsse sie sagen, sie habe keine Lust gehabt, nach Hause zu fahren. Aber das dürfe sie natürlich niemandem erzählen. Warum eigentlich nicht? Warum sind diese Bilder, denen wir meinen entsprechen zu müssen, so stark?

Erschöpfung und Leistungsdruck

Als meine Kinder klein waren, lebte meine Mutter eine halbe Stunde Autofahrt entfernt und war gerade in den Ruhestand getreten – ein Segen für mich! Wenn ich völlig verzweifelt war, weil ich nicht wusste, wie ich beispielsweise die Sonntagspredigt zustande bringen oder mit meiner Doktorarbeit weiterkommen sollte, kam sie und nahm mir für drei, vier Stunden die Kinder ab. Das war wie ein Glückshormon! Die Tür zumachen können und wissen: Den Kindern geht es gut, du kannst dich jetzt ganz entspannt an den Schreibtisch setzen. Und meine Mutter sagt bis heute, dass sie glücklich war, das leisten zu können.

Eine solche Großmutter braucht eigentlich jede Mutter – oder auch gern einen Großvater! Es geht darum, dich einmal zurückziehen zu können. Danach hast du auch wieder Lust zum Legobauen oder Bilderbücher vorlesen. Der Gottesdienst hatte früher eine solche Rückzugsfunktion: Frauen durften einfach nur still sitzen. Aber der Rückzug war eben auch Konzentration, Kraftquelle, Stärkung der Seele, Erleben von Gemeinschaft! Auch heute kann ein Gottesdienst das bewirken: sich tragen lassen von Musik und alten Versen, sich anregen lassen von Texten und ihrer Interpretation. Weit weg sein von Alltagszwängen oder gerade diese bedenken und neu sortieren. Liturgie und Gottesdienst sagen auch: Ich kann mich fallen lassen in eine Tradition, die mich hält und trägt, ohne Entscheidungen, ohne Kampf, ohne Diskussion. Und so kann ich gestärkt zurückgehen in den Alltag der Welt.

Die Erschöpfung rührt aber eben daher, dass unser Leben ganz über Leistung definiert wird. Nur wer viel leistet, ist angesehen, beziehungsweise nur, wer an einem bezahlten Arbeitsplatz viel leistet.

Als eine junge Frau aus meinem Bekanntenkreis sich um eine Wohnung bewarb und erklären musste, dass sie keine feste Stelle hat, sondern nur einen Praktikumsplatz, hieß es, das könne sie gleich vergessen. Aus Sicht des Vermieters verständlich, aber für die junge Frau mit einem hervorragenden Studienabschluss ein Schlag ins Gesicht. Denn langfristig abgesicherte Stellen gibt es immer weniger, wenn alles outgesourct oder zum Projekt gemacht wird. Und wer eine feste Stelle hat, wird alles tun, um sie zu behalten. Da gibt es einen enormen Zwang mithalten zu müssen, länger zu arbeiten als vereinbart, „total" engagiert zu sein. Ein Hamsterrad, in dem nicht allzu viele Fragen erlaubt sind. Für viele, gerade junge Leute, ist es ein Schlag ins Gesicht, der sie deprimiert: Wir werden nicht wirklich gewünscht, gebraucht, unsere Ausbildung, unsere Leistung ist nichts wert.

Und es gibt eine Art Druck, für die Stärkung unseres Selbstwertgefühls auch noch fortwährend zu sagen, wie voll der eigene Kalender ist. „Keine Zeit" – das ist fast ein Indiz für Bedeutsamkeit geworden. Wer kann denn schon sagen: „Ach, ich hab nicht viel zu tun, mir geht es gut"? In einer Fernsehsendung ließ ein Politiker, der sterbenskrank war, seinen Terminkalender einblenden, wohl um zu zeigen, dass er trotz Krankheit voll leistungsfähig war. Mich hat das irritiert, ja es tat mir weh – vielleicht hätte seine Familie jetzt intensive Zeit mit ihm gebraucht. Oder er intensiv Zeit für sich selbst?

Wer muss sich durch Hyperaktivität beweisen? Auf einer Fahrt im ICE habe ich kürzlich erlebt, wie ein Mann von Bochum bis Hannover in sein Handy krakeelte. Er erledigte einen Anruf nach dem anderen, ein Stressgespräch folgte aufs nächste. Der ganze Großraumwagen wusste inzwischen, um welche Verträge es ging, welcher Zeitdruck da war, was beschleunigt werden musste. Allein vom Zuhören bekam ich Stress. Auch mit einigen Metern Abstand war es kaum auszuhalten. Wir anderen fingen an, ironische Bemerkungen zu machen, lauter zu reden. Der Megatelefonierer merkte jedoch nichts, sondern telefonierte laut weiter. In

Hannover stieg ich entnervt von so viel und derart lauter Hyperaktivität in einen anderen Großraumwagen um …

Leistung definiert in unserer Gesellschaft offenbar den Menschen. Und gleichzeitig wird das ganze Leben ökonomisiert. Es muss sich alles rechnen. Und alles muss perfekt sein. Eine junge Frau erzählte mir, ihre Ehe sei daran gescheitert, dass sie dem Perfektionsdruck ihres Mannes nicht entsprechen konnte. Sie sollte eine bessere Stelle haben, schlanker sein, mehr Sport treiben, besser sein im Bett und größere Brüste haben. Das heißt, auch das Aussehen und das Beziehungsleben werden zum Stressfaktor. Selbst dort soll alles perfekt laufen: richtige Figur, entsprechende Kleidung, sportlich sein, gebildet, Zeitung lesen, mithalten können, interessant sein im Kollegenkreis – dafür reichen aber 24 Stunden am Tag eigentlich nicht. Auf diese Weise entsteht Dauererschöpfung. Und manche müssen sich eingestehen: „Ich kann einfach nicht mehr!"

Die neuen Medien erhöhen den Druck noch zusätzlich. George Orwell hätte sich wohl nicht träumen lassen, wie sehr sein Roman „1984" Wirklichkeit werden würde. Nicht nur „Big brother is watching you", alle überwachen dich. Einmal sah ich eine Reklame für ein neues Handy. „Du fragst: ‚Wo ist Tom?' Und dein Handy sagt: ‚Ich glaube, Tom ist gerade hier!'" Da gruselt es mich! Ich möchte nicht, dass jeder weiß, wann und wo ich bin. So sehr ich mich freue, wenn mir das Handy in Berlin den Weg weist, so schnell schalte ich die Ortungsfunktion danach auch wieder aus.

Viele Menschen tragen selbst dazu bei, dass Orwells Horrorvision von der totalen Transparenz beziehungsweise Überwachung Wirklichkeit wird. Sie schreiben bei Facebook (fast) alles über ihr Leben und stellen Bilder ein, die ich allenfalls im engen Freundeskreis zeigen würde. Und all das schaut sich dann ein potenzieller Arbeitgeber vor der Einstellung an. Was ist das

für ein Mitteilungsbedürfnis, das nicht mehr zwischen „privat"
und „persönlich", zwischen „intim" und „öffentlich" unterscheiden kann?

Ein besonderes Problem ist, dass „öffentliche" Personen Persönliches nicht ganz aus der Öffentlichkeit heraushalten können.
Aber Privates schon. Meine Brustkrebserkrankung und unsere
Scheidung konnte ich nicht geheim halten: Eine Bischöfin kann
nicht zwei Monate alle Termine absagen, ohne das zu erklären.
Und sie kann auch nicht ihren Mann kommentarlos „verschwinden" lassen. Die Landeskirche hat damals die Fakten als Pressemeldung mitgeteilt, aber über die Umstände der Scheidung etwa
habe ich nichts erzählt. Und die Reporterin, die versuchte, am
Tag meiner Krebsoperation in mein Zimmer zu kommen, hat die
Krankenhausleitung dankenswerterweise hinausbefördert ...

Es ist daher zu überlegen, ob wir dulden wollen, dass Menschen
unter dem Vorwand der Transparenz „durchleuchtet" werden. Inzwischen erleben wir, dass fast jede Person öffentlich vernichtet
werden kann, wenn Journalisten sie aufs Korn nehmen oder eine
Art „Jagdfieber" entwickeln. Eine merkwürdige Entwicklung,
die einen bedrückenden Blick nicht nur auf die Medien, sondern
auch auf die Gesellschaft insgesamt wirft.

Es scheint, die Gesetzgebung kommt kaum schnell genug hinter der technologischen Entwicklung her, um die Privatsphäre
zu schützen. Inzwischen überfliegen Drohnen auch Privatgelände und nehmen unerlaubt Fotos auf. Da braucht es neue Standards – aber vielleicht auch schlicht Respekt vor der Privatsphäre
des anderen.

Seelenfrieden finden
Ich denke, der zitierte Ausspruch von Jesus – „Denn wer sein Leben erhalten will, der wird es verlieren" – ist eine Einladung, aus
diesem Hamsterrad auszusteigen. Ich muss mich doch fragen, was

dieses Leben mit meiner Seele macht! Wenn es in der Bergpredigt heißt: „Selig sind, die reinen Herzens sind", dann hat das auch damit zu tun, dass wir mit uns im Reinen sind, denke ich. Kann ich mich frei machen von all dem Druck, der sich mir auf Herz und Gemüt legt, verdunkelt, wer ich sein will, was mir wichtig ist, ja, wer ich bin und wo mein Leben entscheidenden Halt findet? Ein reines Herz, das klingt naiv. Wie das alte Kindergebet: „Ich bin klein, mein Herz ist rein, soll niemand drin wohnen als Jesus allein." Sicher, darüber lächeln wir. Oder stöhnen auch über solche Texte, die einen Hauch von Kitsch haben. Allzu herzig klingt das. Aber ein reines Herz haben, das kann ja auch etwas anderes bedeuten. Nicht verschlagen sein. Nicht in allem nach dem eigenen Vorteil suchen, auch in Beziehungen nicht. Das Leben in innerer Freiheit und mit Mitgefühl leben. Vor Gott stehen können und sagen: „Groll und Hass empfinde ich nicht, da ist mein Herz rein."

Wer so leben kann, ist selig, glücklich, denke ich. Der gehört nicht länger zu diesen Getriebenen und findet Seelenfrieden! Der kann die innere Balance spüren. Weil mir von Gott Lebenssinn zugesagt ist, muss ich nicht mehr zu den Getriebenen gehören, die diesen Sinn in Ruhm, Macht, Bedeutung, Anerkennung und Geld suchen. Und deshalb kann ich die Zeit anders sehen. Meine Lebenszeit.

Solche Lebensweisheit hat der Prediger schon vor 3000 Jahren unter der Überschrift „Alles hat seine Zeit" zusammengefasst:

Ein jegliches hat seine Zeit, und alles Vorhaben unter dem Himmel hat seine Stunde: geboren werden hat seine Zeit, sterben hat seine Zeit; pflanzen hat seine Zeit, ausreißen, was gepflanzt ist, hat seine Zeit; töten hat seine Zeit, heilen hat seine Zeit; abbrechen hat seine Zeit, bauen hat seine Zeit; weinen hat seine Zeit, lachen hat seine Zeit; klagen hat seine Zeit, tanzen hat seine Zeit; Steine wegwerfen hat seine Zeit, Steine sammeln hat seine Zeit; herzen hat seine Zeit, aufhören zu herzen hat seine Zeit; suchen hat seine Zeit, verlieren hat seine Zeit; behalten hat seine Zeit, wegwerfen hat seine Zeit; zerreißen hat seine Zeit, zunähen hat seine Zeit; schweigen hat seine Zeit, reden hat seine Zeit; lieben hat seine Zeit, hassen hat seine Zeit; Streit hat seine Zeit, Friede hat seine Zeit. Man mühe sich ab, wie man will, so hat man keinen Gewinn davon. Ich sah die Arbeit, die Gott den Menschen gegeben hat, dass sie sich damit plagen. Er hat alles schön gemacht zu seiner Zeit, auch hat er die Ewigkeit in ihr Herz gelegt; nur dass der Mensch nicht ergründen kann das Werk, das Gott tut, weder Anfang noch Ende.

Da merkte ich, dass es nichts Besseres dabei gibt als fröhlich sein und sich gütlich tun in seinem Leben. Denn ein Mensch, der da isst und trinkt und hat guten Mut bei all seinem Mühen, das ist eine Gabe Gottes. Ich merkte, dass alles, was Gott tut, das besteht für ewig; man kann nichts dazutun noch wegtun. Das alles tut Gott, dass man sich vor ihm fürchten soll. Was geschieht, das ist schon längst gewesen, und was sein wird, ist auch schon längst gewesen; und Gott holt wieder hervor, was vergangen ist.

(Pred 3,1–15)

„Ein jegliches hat seine Zeit" – dieser Gedanke kann Gelassenheit lehren. Für mich ist es eine Frage des Glaubens, dass ich meine Lebenszeit bewusst betrachte. Ich sehe sie als geschenkte Zeit, die ich verantwortungsbewusst verbringen möchte. Und es ist eine Frage der Lebensweisheit, ob es mir gelingt, heilsame Unterbrechungen in den Alltag einzubauen, in denen ich einen Schritt zurücktrete und mich frage, was mich eigentlich antreibt. Nur mit Abstand finde ich Klarheit über Schritte, die das Alltagschaos wieder in sinnvolle Bahnen lenken.

Die Jahreszeiten feiern

Während es gerade noch warm genug ist, dass die letzten sehr Tapferen sich in den Schlachtensee in Berlin oder in die Ostsee wagen, werden Kastanien gesammelt, und langsam verfärben sich die Blätter. In Kindertagesstätten werden aus Eicheln Streichholzmännchen gebastelt. Fast wehmütig genießen viele die letzten warmen Sonnenstrahlen im Freien. Eine herrliche, ganz besondere Jahreszeit. Haben wir uns eigentlich genug gefreut an den herrlichen Sonnentagen? Wie heißt es in der schönen Ballade von Theodor Fontane über Herrn von Ribbeck auf Ribbeck im Havelland: „Und kam die goldene Herbsteszeit und die Birnen leuchteten weit und breit...".

Aber in den Regalen der Supermärkte finden wir jetzt schon Spekulatius und Lebkuchen, selbst erste Nikoläuse werden schon gesichtet. Ein Bekannter sagt mir, er spüre oftmals schon jetzt den ersten Weihnachtsstress, weil er ja langsam anfangen müsse zu überlegen, was er wem schenken könnte. Im Radio hörte ich zur gleichen Zeit einmal allen Ernstes, wie ein Moderator die nachfolgende Sendung wie folgt ankündigte: „Noch 99 Tage bis Weihnachten – wir haben die Geschenkideen!"

Weshalb können wir nicht den Herbst als eine besondere Zeit wahrnehmen und genießen, bevor wir uns auf Weihnachten vorbereiten?

Eine andere Unsitte ist Halloween. „Hat Halloween den Reformationstag besiegt?", wurde ich einmal gefragt. Oh nein, die Frage ist doch, worum es geht! Bei Halloween ist Kommerz pur das Thema. Und es gibt scheinbar kein Entkommen: Halloweendeko, Halloweenkostüme, Halloweenparty, Halloweenfilme werden allüberall angepriesen. Diesen Spuk kennen wir erst seit etwas mehr als 20 Jahren bei uns. 1991 gab es in Deutschland ein so großes Erschrecken über den Irakkrieg (das gab es damals noch!), dass

Karnevals- und Fastnachtsfeiern abgesagt wurden. Die Spielwarenindustrie hat daraufhin überlegt, wie sie die Verluste wieder reinholen könnte. Da war Halloween die zündende Idee für Geschäft zwischen Sommer und Advent. Ab 1994 wurde gezielt die Werbetrommel dafür gerührt – und das sehr erfolgreich. Inzwischen ist Halloween für die deutsche Süßwarenbranche das drittwichtigste Fest nach Weihnachten und Ostern. 2002 war ein Umsatz von 12 Millionen Euro erreicht, zehn Jahre später waren es bereits 30 Millionen Euro. Ein gigantisches Geschäft.

„All Hallow's Eve" ist im Ursprung ein christliches Fest, das irische Auswanderer in die USA mitbrachten, um Allerheiligen zu feiern und der Heiligen zu gedenken.

Ich denke, Katholiken stimmen mir zu, dass die Auswüchse von Halloween wenig mit ihrem Gedenktag zu tun haben. Inzwischen gibt es Auflagen, die Halloweenpartys um Mitternacht zu beenden, weil der Klamauk ausartet. Die Aufforderung „Süßes oder Saures" bleibt dann nicht lustig, sondern wird zur Bedrohung. Ein älterer Mann wurde zusammengeschlagen, weil Jugendliche mit seinen Gaben nicht zufrieden waren, ein anderer verprügelt, weil er sich über das heftige Klingeln um 21:30 Uhr beschwert hatte. Scheiben werden eingeschlagen, Autos zerkratzt, Busfahrer mit Eiern beworfen – im Namen des Geisterkultes. Sogenannte Gruselclowns tun inzwischen ein Übriges. Da hört der Spaß wahrhaftig auf.

Wer etwas gegen Halloween sagt, wird zum Spaßverderber. Soziologen sprechen inzwischen von einer Karnevalisierung der deutschen Gesellschaft, nach dem Motto: Gut ist nur, was mir Spaß macht.

Da hat es der Reformationstag schwer. Martin Luther hatte durchaus Spaß am Leben. Aber er hat gerungen um den Sinn des Lebens und um seine Beziehung zu Gott. Der Reformator kannte tatsächlich Angst vor dem Teufel und vor Hexen. Seine

Erkenntnis war, dass wir diese Angst überwinden können! Das hat er als tiefe Befreiung erlebt. Umso absurder erscheint es mir, dass nun am Reformationstag diese Angst zum Hauptthema wird. Geister, Teufel, Hexen – das Mittelalter ist vorbei!

Nein, den Spaß will ich nicht verderben. Aber im Ernst: Luther und die Reformation sind Kulturgut. Wenn der Reformationstag 2017 in ganz Deutschland Feiertag ist, wird das Datum hoffentlich allen bewusst. Wir erinnern an Martin Luther und sein Ringen darum, die Kirche seiner Zeit zu erneuern. Zu Heiligen erklärte er Menschen, die wissen, dass sie in ihrem Leben ganz auf Gott angewiesen sind. Dabei mussten sie nicht besonders makellos sein.

Christliche Fest- und Feiertage

Zur Bedeutung von christlichen Fest- und Feiertagen gibt es einiges zu sagen: Inzwischen sind Advents- und Weihnachtsmärkte nicht nur laut und total kommerziell geworden, sondern es gibt Bestrebungen, sie in „Winterfeste" umzubenennen, damit Nichtchristen nicht abgeschreckt werden. Manchmal denke ich, das wäre vielleicht sogar sinnvoll, denn mit Advent im ursprünglichen Sinne des Wortes hat der Rummel, den es vielerorts gibt, nichts mehr zu tun. In Nordrheinwestfalen sollte auch der Martinstag in „Sonne-Mond-und-Sterne-Fest" umbenannt werden, damit er für alle offen ist. Aber die Geschichte von dem Mann, der seinen Mantel teilte, kann doch kein Affront sein! Was machen wir dann mit dem Nikolaus? Wird der zum „Coca-Cola-Mann"? Auch hier geht schon alles durcheinander, denn mit Nikolaus von Myra, der einer Legende nach drei arme Mädchen mit Gold beschenkte, hat die „Hohoho" rufende Figur, die den Weihnachtsmann spielt, wenig zu tun.

Ganz clever hat sich ein Bäcker in Wien gezeigt, der einen „Nikohasi" auf den Markt gebracht hat. Das ist eine Art

Schokoladenhase mit Nikolausmütze. Na, ist doch super! Dann verschwimmt alles und jeden Tag ist Nikolaus und Ostern. Alles egal, alles gleich. Vorfreude ist dann allerdings passé, gemeinsame Rituale und Traditionen auch, von Inhalten ganz zu schweigen. Worauf freuen, wenn es alles immer gibt? Und warum will eigentlich niemand mehr warten? Warten und die Vorfreude haben doch etwas Wunderbares. Bei aller Liebe: Advent ist im Dezember und Weihnachten am 24. Dezember!

Der Begriff Advent kommt aus dem Lateinischen und bedeutet schlicht Ankunft. Die Adventszeit ist eine Zeit der Vorbereitung auf die Ankunft Gottes, auf die Geburt des Jesus von Nazareth. Diese Vorbereitung wurde früher als Fastenzeit oder auch „geschlossene" Zeit begangen, in der nicht groß gefeiert werden sollte. Und es haben sich auch sehr schöne Adventsbräuche entwickelt. Allen voran der Adventskranz, den der Theologe Johann Hinrich Wichern erfunden hat, aber auch der Adventskalender. Und natürlich die Adventsmärkte. Gemütlich und besinnlich sollten sie sein und der gemeinsamen Vorbereitung auf Weihnachten dienen – mit Gesang, Glühwein und kleinen Geschenken. Ich mag den Advent sehr, mit seinen althergebrachten Ritualen. Aber sie sind beliebig, ja leer, wenn sie eben nicht mehr besonders sind. Also: Standhaft bleiben und warten, bis wir das erste Licht am Adventskranz anzünden. Das wird gut tun. Und das macht Sinn. Denn Rituale geben dem Leben Form und Halt.

Wir sollten unsere eigene Kultur, unsere Rituale und Rhythmen selbst ernst nehmen, wenn wir anderen sagen, wir wollen sie integrieren. Wohin denn, wenn keiner mehr weiß, was Tradition ist und um welche Inhalte es geht?

Zum anderen: Das christliche Weihnachtsfest ist ja nun gerade kein weltfremder Kitsch, zu dem es oft gemacht wird: Engelein singen und Glöckchen läuten. Nein! Die Bibel erzählt, dass Maria das Kind unter erbärmlichen Umständen zur Welt gebracht hat. Vorbei kamen Hirten, das waren damals Tagelöhner. Und gleich nach der Geburt ging es auf die Flucht vor einem mordenden Diktator. Die Geschichte ist hochaktuell! Wenn wir sie den Flüchtlingen heute erzählten, würde sich mancher darin wiedererkennen, denke ich.

In der Adventszeit bereiten wir uns vor auf das Fest, bei dem wir feiern, dass Gott diese Welt nicht allein lässt. Das ist eine Botschaft, die wir gut brauchen können. *„Das Licht scheint in der Finsternis"* (Joh 1,5). Und so zünden wir wacker Lichter an, mitten in der Dunkelheit, ganz real und da, wo wir anderen beistehen.

Wenn wir alle Traditionen über Bord werfen, verlieren wir auch den Halt. Warum sollte jemand mit Interesse nicht von der Advents- und Weihnachtstradition erfahren, auch wenn er nicht Christ ist? Da erzählen Leute begeistert, wie sie in der Türkei oder auf den Philippinen fremde Feste mitgefeiert haben, meinen aber, es sei unzumutbar, wenn bei uns jemand unsere Feste mitfeiert. Zwei Drittel der Menschen in unserem Land sind Christen. Zudem ist unser Land geprägt von der christlichen Kultur. Sie verstehen doch Geschichte, Architektur, Literatur in Deutschland gar nicht, wenn sie keine Ahnung davon haben. Tradition tut gut!

Ärzte sprechen inzwischen davon, dass die Weihnachtszeit eine „psychosoziale Belastung" sei! Und eine Umfrage des evangelischen Magazins Chrismon hat ergeben, dass viele Menschen – auch Kinder – Angst vor Streit an Weihnachten haben. Wie traurig ist das denn! Martin Luther hat gesagt, er sei ein „Weihnachtschrist", und wie er liebe ich dieses Fest. Die viel zu überspannten Erwartungen aber werden zur Überforderung: In der Familie soll es harmonisch und entspannt sein, die Geschenke müssen passen und die Gans muss perfekt gegart serviert werden.

Den einen geht das viele Essen auf die Nerven, den anderen die Familie. Ein Nachbar erzählte mir, er sei heilfroh, wenn er endlich wieder zur Arbeit gehen könne. Einer Bekannten graute vor dem ersten Feiertag, weil sie da ihre Mutter besucht und die wieder fragen wird, warum sie keine Kinder habe. Familien haben Angst, dass der hell ersehnte Weihnachtsfriede platzt, wenn alle aufeinanderhocken. Und bei manchen wird gegiftet, weil der ganze Patchworkplan nicht funktioniert. Es sind schlicht nicht plötzlich alle schön und glücklich wie in der Werbung im Fernsehen. An solchen Erwartungen können Familien nur scheitern. Ich erinnere mich an ein Weihnachtsfest, bei dem unser Hund, während wir in der Kirche waren, die Schiebetür geöffnet und sich über sämtliche wunderbaren Schokoladen-Keks-Teller hergemacht hatte. Erst waren alle schockiert, dann haben wir gelacht. Ein anderes Weihnachten flog das gesamte Mensch-ärgere-dich-nicht-Spiel gegen die Wand, weil sich jemand eben doch so richtig geärgert hat. Das ist heute eine gern erzählte Geschichte in vielen Variationen.

Feiertage sind schöner, wenn sie nicht unter so großem Erwartungsdruck stehen. Wenn jemand mal allein sein will, ist das nicht gleich eine Absage an das Miteinander. Und wenn die Jungen keine Lust haben auf Kaffee und Kuchen, auch gut.

Festzeiten sind eine wunderbare Möglichkeit, sich ohne Stress zu begegnen. Es muss nicht gleich ein Drei-Gänge-Menü und supergut gelaunte Menschen geben, die glücklich lächeln und sich allerbestens verstehen. Da denke ich an Evelyn Hamann, die im Sketch ständig sagt: „Und jetzt machen wir es uns richtig gemütlich" – aber nichts ist gemütlich bei den Hoppenstedts! Ich kann nur sagen: Entspannt euch! Schraubt die Erwartungen runter! Wir erinnern uns doch eher an die Sachen, die schiefgegangen sind, und können hinterher darüber lachen!

Und ich möchte Sie einladen: Gehen Sie in einen Weihnachtsgottesdienst! 8,5 Millionen Menschen tun das in unserem Land. Sie hören Jahr für Jahr wieder diese uralte Geschichte: „Es begab sich aber zu der Zeit, dass ein Gebot von dem Kaiser Augustus ausging ...".

Vor Jahren saß ein etwa 10-jähriger Junge in meiner Nähe auf den Treppenstufen des Altars und stöhnte hörbar auf: „Oh Mann, die Story kenne ich schon!" Ich habe ihm zugeflüstert: „und du wirst sie im Leben immer wieder hören. Heute mit deinen Eltern. Eines Tages vielleicht mit deiner Liebsten. Oder dann als Vater, vielleicht als Großvater. Und immer wird sie etwas für dich bedeuten. Weihnachten ist wie ein roter Faden in unserem Leben."

Entschleunigung

Alle klagen ständig über Hetze. Aber wir können nicht mal mehr anhalten und sehen, was jetzt und hier schön ist. Stattdessen denken wir darüber nach, was Übermorgen sein wird.

Alle Ratgeber betonen heute, wie wichtig Rhythmen sind für unser Leben. Das berüchtigte Burnout-Syndrom, unter dem vor allem Manager leiden, kommt angeblich daher, dass Menschen den Rhythmus von Schaffen und Ruhen verloren haben. Aber langsam leiden wir unter einem kollektiven Burnout! Andauernd soll es verkaufsoffene Sonntage geben, damit wir bloß nicht zur Ruhe kommen. Manchmal frage ich mich, wie wir früher überlebt haben von Samstag 13 Uhr bis Montagmorgen um 8, als alle Läden in dieser Zeit geschlossen hatten. Ich erinnere mich daran, wie besonders diese Zeit war, weil aller Verkehr, alles Rennen zur Ruhe kam. Der Bürgersteig wurde gefegt, der Sonntagskuchen gebacken und am Sonntag war Ruhe. Für Gottesdienst, Essen, Kaffeetrinken und Spaziergang. Ich weiß, früher war nicht alles besser. Aber mehr Ruhe gab es schon.

Entschleunigung ist möglich, wenn ich es schaffe, erst einmal abzubremsen. Nein, ich muss nicht bei Facebook posten, wo ich mich gerade befinde. Und ich muss auch nicht ständig verfügbar sein, muss das Handy nicht auch noch mit ins Bad nehmen. Es genügt, wenn ich die Mail in drei Tagen beantworte. Ich kann eine Einladung auch ohne schlechtes Gewissen absagen oder einen Text zwei Tage später abgeben als geplant.[12]

Es kostet Mut, genau hinzuschauen: Welche Ansprüche habe ich selbst? Wo will ich mich abgrenzen, wo muss ich mich auch „raushalten", um meine Seele nicht zu verlieren? Wo muss ich Kompromisse machen? Wo barmherziger sein mit mir selbst und anderen? Es geht um den Mut, Nein zu sagen und Widerstände zu ertragen. Und am Ende geht es um Lebenslust.

Mich beeindruckt über all die Jahrhunderte, Jahrtausende hinweg das Bild von dem Gelähmten, der von seinen Freunden durch das Dach eines Hauses zu Jesus getragen wird. Deutlich wird: Die Freunde und auch Opfer nehmen sich Zeit, sind bereit, sich für ihn zu engagieren. Meine Schwester erzählte aus dem Religionsunterricht, dass ihre Schülerinnen und Schüler die Szene als Standbild nachstellten und spürten, dass sie als Freundinnen und Freunde die Hand ausstrecken, ja, den Freund sogar ein Stück tragen mussten.

Die Erwartungen an uns selbst, die Erwartungen anderer, die wir spüren, können aber auch zur Überbelastung führen, die dann gar nichts mehr möglich macht. Das betrifft unser persönliches und berufliches Umfeld, aber auch gesellschaftspolitische Entscheidungen. Wer meint, alles „politically correct" erledigen zu können, wird scheitern. Niemand von uns kann die Welt allein grundlegend verändern. Aber wir können bremsen und schauen, was wir mit unserem Leben erreichen wollen. Wo kann ich einen

---

12 Empfehlung: http://www.entschleunigung-lange.de.

Beitrag leisten, der nachhaltig und relevant ist? Wir können über gegenseitige Erwartungen sprechen und sagen, was wir leisten können, wo aber auch unsere Grenzen liegen. Mir persönlich fällt es schwer, Nein zu sagen. Da ist ein Charity-Event – ich könnte dabei sein. Aber der Druck ist derzeit zu groß. Da wünscht sich eine Organisation, dass ich Schirmherrin werde – aber ich habe schon allzu viele Schirmherrschaften übernommen. Da habe ich einen Termin abgesagt, und mit Nachdruck wird mir deutlich gemacht, welche Enttäuschung das auslöst – sofort meldet sich mein schlechtes Gewissen. Eine Initiative sucht Menschen, die Zeit schenken – müsste ich eigentlich, finde ich, aber wenn ich ehrlich bin, ist es mir zu viel. Nein sagen ist schwer.

Es ist wichtig, auf die eigenen Bedürfnisse zu achten. Da gab es zum Beispiel schon so lange einen großen Karton, den ich sortieren wollte. Es wurde ein langer Abend für mich, denn ich habe alte Briefe gefunden, die mich sehr berührt haben. Briefe meiner Eltern, die sie mir geschrieben haben, als ich mit 16 für ein Jahr in den USA war. Telefonieren „nach Übersee" war damals sehr teuer. Also haben sie mir treu jede Woche geschrieben, schilderten, was zu Hause so alles vor sich ging, und legten immer mal einen 10-Dollar-Schein bei, verbunden mit der Mahnung, im nächsten Brief zu schreiben, ob das Geld angekommen sei. Und es gab auch ein paar Liebesbriefe, mehr als 40 Jahre alt! Schöne Erinnerungen wurden wach.

Meine Eltern sind längst verstorben, mein Vater noch in jenem Jahr, meine Mutter Anfang des Jahres 2014. Aber diese Briefe haben sie mir noch einmal ganz nahegebracht. Wie schön ist das! Wie ein kostbares Geschenk betrachte ich diese Briefe heute. Sie kommen nicht einfach zurück in die Kiste, ich werde sie viel mehr wertschätzen!

Wie ist es heute? Mit meinen Töchtern und Freunden bin ich viel in Kontakt, aber über WhatsApp, SMS, Mail oder Skype.

Aber auch wenn wir in enger Verbindung stehen und Nähe möglich ist – niemand hebt diese Nachrichten auf. Sie verschwinden irgendwann im Äther, im Netz.

Ein Brief ist etwas sehr Kostbares. Aber wer schreibt noch mit der Hand? Wenn ich mich daran versuche, ärgert mich, dass meine Handschrift inzwischen so miserabel ist. Hauptsächlich tippe ich ja am Computer, am Tablet, am Handy. Das wäre doch ein schönes Vorhaben für besondere Zeiten: Briefe schreiben, so richtig von Hand. Das geht nicht so flott wie mailen. Du musst vorher überlegen, wie du die Sätze formulieren möchtest, es gibt keine „Delete"-Taste. Sätze werden deshalb Wort für Wort abgewogen, denn sie bleiben auf dem Papier konserviert. Welches Papier nehme ich und welchen Umschlag? Am Ende muss ich noch die Adresse auf den Umschlag schreiben – und damit rechnen, dass es durchaus ein paar Tage dauern kann, bis der Brief beim Empfänger ankommt. Die Antwort wird – wenn sie denn hoffentlich kommt – auch nicht in ein paar Minuten da sein. Das ist doch eine wunderbare Entschleunigung.

Vergeben und Vergessen?

„Ich entschuldige mich aufrichtig bei allen Opfern und Angehörigen der Opfer der von Uwe Mundlos und Uwe Böhnhardt begangenen Straftaten", hat Frau Tschäpe im Dezember 2015 verlesen lassen. Mich empört dieser Satz aus drei Gründen.

Das „aufrichtig" ist Frau Tschäpe in keiner Weise abzunehmen. Keines der Opfer und ihrer Angehörigen hat je einen Funken Empathie dieser Frau wahrgenommen. Da weint ein Vater um seinen Sohn, erzählt, wie er in seinen Armen verblutet ist – Frau Tschäpe schaut ihn nicht einmal an. Da sitzt eine junge Frau, die von einer Bombe sehr schwer verletzt wurde – sie war in einer Christstollendose versteckt! Frau Tschäpe zuckt mit keiner Wimper. Aufrichtiges Mitgefühl sieht wahrhaftig anders aus.

Und: Die Angeklagte schiebt die Straftaten einfach weg, als habe sie damit nichts zu tun. Das kann sich doch niemand vorstellen, dass drei Menschen mehr als zehn Jahre in einer kleinen Wohnung zusammenleben, miteinander in Urlaub fahren, Weihnachten feiern und nichts von Bedeutung voneinander wissen? Da liegt zufällig eine Waffe herum, und es wird lediglich darum gebeten, sie im Bettkasten verschwinden zu lassen. Manches Märchen ist da glaubwürdiger, aber über die Glaubwürdigkeit hat allein das Gericht zu entscheiden – und das ist gut so.

Vor allem aber ist dieser Satz nicht akzeptabel, weil ein Mensch sich niemals selbst entschuldigen kann. Ich kann andere um Vergebung meiner Schuld bitten. Ich kann sie bitten, mir Vergebung zuzusprechen, aber selbst frei sprechen kann ich mich nicht. Ich kann nur versuchen mit meiner Schuld zu leben. In der christlichen Tradition wird Versöhnung möglich, wenn die Opfer gehört werden und die Täter ihre Schuld bekennen. Niemand aber darf Opfer drängen, Schuld zu vergeben. Manchmal ist ihnen das nicht möglich, weil sie derart tief verletzt sind. Dann kann in unserem Glauben noch immer Gott vergeben, aber das steht allein in Gottes Hand – und das ist gut so!

Als Uli Hoeneß Anfang des Jahres 2016 vorzeitig aus der Haft entlassen wurde, schimpften viele, da werde deutlich, dass „die da oben" von der Justiz privilegiert behandelt werden. Aber wozu ist eine Verurteilung denn gedacht? In Deutschland reden wir nicht von Gefängnisstrafe, sondern von Freiheitsstrafe. Den Verurteilten wird die Freiheit genommen, sich zu bewegen, den eigenen Tagesablauf zu bestimmen. Sie werden bestraft für eine Tat, die andere Menschen oder die Gemeinschaft geschädigt hat.

In unserem Rechtssystem steht aber nicht der Gedanke der Strafe im Vordergrund, sondern der der Resozialisierung. Die Zeit im Gefängnis oder der Bewährung soll für den Täter die

Möglichkeit bieten, sich mit der eigenen Schuld auseinanderzusetzen und einen Weg zurückzufinden in die Gemeinschaft. Selbst einem Mörder wird diese Chance zugestanden. Das ist für die Opfer oft schwer zu ertragen. Das Menschenbild, das dahinter steht, hat seine Wurzeln in der christlichen Überzeugung: Ein Mensch kann sich ändern.

In den USA sind die Gedanken von Rache und Abschreckung vorherrschend. Mehr als zwei Millionen Amerikaner sind inhaftiert, jeder 45. Bürger, 2,2 Prozent der Bevölkerung! Die Rückfallquote aber liegt bei 67,5 Prozent. Das heißt doch: Drakonische Strafen verändern die Menschen nicht.

In einer Jugendvollzugsanstalt habe ich erlebt, wie die jungen Männer erst einmal lernen mussten zu erkennen, was sie verbrochen haben. Dann wurden die Ursachen der Tat bearbeitet, die meist im familiären und sozialen Umfeld liegen. Anschließend wurde ihnen eine Ausbildung ermöglicht und ein Übergang in ein geregeltes Leben. Das macht Sinn!

Sicher, manchmal hadern wir mit Urteilen oder den Zuständen in Gefängnissen. Aber dass unsere Justiz sich nicht in Abschreckung und Strafe verbeißt, sondern Menschen einen Neuanfang zutraut, das ist gut so. Wir sollten Straftätern diese Chance auch geben.

In der Bibel heißt es: *„Das Alte ist vergangen, siehe, Neues ist geworden"* (2. Kor 5,17).

Es geht um die Freiheit, mit Belastung, Versagen und auch eigener Schuld umzugehen. Wir sagen als Bürgerinnen und Bürger dieses Landes: Wer Schuld vor Gericht verantwortet hat, Strafe abgebüßt, Versöhnung mit den Opfern der eigenen Tat gesucht hat, der oder die hat einen Neuanfang verdient. Aber ist das der Fall? Vor einigen Jahren war ich zu einer Talkshow eingeladen, bei der reißerisch angekündigt wurde, ein Mörder würde am Tisch sitzen. Es handelte sich um einen vierfachen Familienvater, der als Jugendlicher seine Freundin erschlagen hatte. Zunächst hatte ich ein beklemmendes Gefühl, aber mich hat überzeugt, wie jemand hier vor Gott, vor den Eltern des Opfers, vor seinen Liebsten und vor der Öffentlichkeit zu seiner Tat stand. Er hat sich nicht versteckt, nicht vorschnell auf biblische Gebote der Vergebung berufen. Aber er strahlte eine innere Freiheit aus. Weil er sich selbst im Spiegel ansehen konnte, zu seiner Tat stand, sie bitter bereute, seine Schuld ausgesprochen und einen neuen Anfang gesucht hatte.

Das ist viele Jahre her, aber es hat mich sehr nachdenklich gemacht. Mir liegt daran, dass die Opfer im Vordergrund stehen. Das ist in Missbrauchsfällen so, wie sie auch im kirchlichen Kontext schrecklicherweise aufgedeckt werden, bei Vergewaltigung, die im Krieg, aber auch im häuslichen Alltag stattfinden, oder auch mit Blick auf die entsetzlichen Erfahrungen, die Kinder auch in kirchlichen Heimen in Deutschland in den Fünfziger-, Sechziger- und Siebzigerjahren erleiden mussten. Die Opfer sind zu schützen, sie brauchen Raum, ihre Geschichten zu erzählen und ihre Wunden heilen zu lassen – auch ohne öffentlich reißerische Berichterstattung. Es braucht geschützte Räume, Vergangenes auszusprechen, anzuklagen und so Zukunftsperspektiven zu finden. Die Opfer stehen an allererster Stelle.

Und gleichzeitig sollten wir uns als Bürger und Christinnen fragen: Sind wir wirklich bereit, auch mit Tätern, die ihre Schuld bekennen, einen Neuanfang zu wagen? Erzbischof Desmond Tutu hat das für mich nachdrücklich klargemacht: Versöhnung ist möglich, wenn Opfer Raum bekommen, ihre Geschichte zu erzählen, und Täter die Freiheit finden, Schuld zu bekennen. Freiheit ist hier keine Frage von Gefängnis oder nicht, sondern eine Frage der inneren Haltung. „Ob ich mit mir im Reinen bin", mich wieder anschauen kann im Spiegel – das war eine Frage, die ich bei Opfern und bei Tätern gehört habe, die für sie entscheidend war mit Blick auf die Frage, ob sie die Kraft haben, ihre Zukunft zu gestalten. Das ist auch eine Herausforderung für die Gesellschaft, in der sie beide leben.

Damit ein Zusammenleben in einer immer komplexer erscheinenden Welt gelingen kann, braucht es nicht nur Richter oder Wächter, sondern Haltung. Eine von Werten, von guten Tugenden geprägte Haltung des Herzens: Klugheit, Dankbarkeit, Höflichkeit, Besonnenheit, Humor, Demut, Barmherzigkeit, Maß und Muße, um nur einige zu nennen. Und in der Tat, Menschen mit solchen Grundhaltungen sind überzeugend, nicht korrumpierbar, innerlich frei. Wie Willy Brandt, der niederkniete und wusste, dass ihm das Kritik einbringen würde – es war aber eine Haltung des Herzens. Wie Aung San Suu Kyi, die sich dem Militärregime nicht beugte – das war Tapferkeit. Wie Nelson Mandela, der nicht zum Kampf gegen „die Weißen" aufrief, als er endlich aus dem Gefängnis freigelassen wurde, sondern zur Versöhnung – das war Besonnenheit. Solche Menschen imponieren uns, weil sie innerlich frei sind vom Urteil der anderen. Weil sie Maßstäbe kennen, die größer sind als die Schlagzeile des Tages.

Im Juli 2015 war eine Delegation aus Namibia zu Gast in Deutschland. Sie forderte mit Unterstützung deutscher Organisationen, dass der Völkermord an den Herero, Nama, Damara und San von Deutschland anerkannt wird. Herero, Nama, Damara und San? Wer sind die und was wollen sie? Es geht um eine spannende Geschichte und um eine schreckliche Tragödie. Auch Deutschland war einmal Kolonialmacht. Erst vor 100 Jahren, am 9. Juli 1915, endete die deutsche Kolonialherrschaft im heutigen Namibia. Die dortigen Einwohner, vor allem die Herero, begannen 1904, sich gegen die brutale Unterdrückung zu wehren, und griffen Bahn-linien, Handelsniederlassungen und Militärstationen an. General-leutnant Lothar von Trotha sollte die Abwehr leiten und ging mit 14 000 Soldaten gegen die Aufständischen vor. Bei der berühmt-berüchtigten Schlacht am Waterberg wurden die Herero in die Wüste getrieben. Die meisten von ihnen verdursteten dort. Von Trotha sagte: „Innerhalb der deutschen Grenze wird jeder Herero mit oder ohne Gewehr, mit oder ohne Vieh erschossen, ich neh-me keine Weiber und Kinder mehr auf, treibe sie zu ihrem Volk zurück oder lasse auf sie schießen." 80 000 Menschen starben …

Was soll das mit der Vergangenheit, denken Sie vielleicht. Und ja, es heißt, die Deutschen können das nicht als Völkermord an-erkennen, weil es damals noch keine UN-Völkermordkonvention gab. Aber wem würde das schaden? Ich denke, es würde uns freier machen, die Fehler, ja Verbrechen der Vergangenheit offen aus-zusprechen. Wir können doch nicht den Völkermord an den Ar-meniern vor 100 Jahren anprangern, wenn wir selbst nicht zu un-serer Geschichte stehen.

Bundestagspräsident Norbert Lammert hat anlässlich des Be-suchs der Delegation die deutschen Kolonialverbrechen im heu-tigen Namibia als „Völkermord" bezeichnet. Endlich! Das war ein gutes Zeichen und ein wichtiger Schritt in Richtung Versöh-nung.

Prioritäten setzen

In einem Bericht über Globalisierungsgewinner auf verschiede-nen Kontinenten wird von einer Familie aus Shanghai berichtet. Die 33-jährige Technikerin Lu Wei hat es mit Mann und Kind „ge-schafft". Sie haben ein gutes Einkommen, eine schöne Wohnung und können sich eine Reise nach Europa leisten. Lu Wei sagt: „Ich bin ganz zufrieden, aber ehrlich gesagt: Die große Leidenschaft ist mein Beruf jetzt nicht. Doch Arbeit ist auch nicht alles im Leben. Mir sind andere Dinge – Glück, Gesundheit, unsere Familie – wichtiger als viel Geld." Eine tiefgründige Erkenntnis. Ob Lu Wei sie freimütig äußern kann, weil sie in einem Land lebt, in dem ein solcher Aufstieg zu privatem Wohlstand noch eher die Ausnahme ist?

Dauererschöpfung und Burnout dürfen doch nicht das Leben bestimmen! Das Glücklichsein, das die Seligpreisungen zusagen, lebt vom Kontrast, vom Gegenhalten, von einem anderen Blick auf mich selbst, auf die Zusammenhänge, auf die Gesellschaft. Einmal innehalten und fragen: „Wie würde ich mein Leben, rückwärts gesehen, gerne gelebt haben?", das kann helfen, Entscheidungen zu treffen. Es muss nichts bleiben, wie es ist. Wir müssen nicht beim Ja und Amen stehen bleiben. Wir können die Spirale der beruflichen Belastung durchbrechen, indem wir Prioritäten setzen und Nein zu sagen lernen. Dann eben weniger Karriere, aber mehr Leben. Es ist möglich, unsere Beziehungen zu erneuern. Vergangenes kann bewältigt werden, wir können über Verletzungen und Schuld sprechen und neu anfangen. Und ja, wir können Freiräume schaffen, die Spirale der Dauererschöpfung durchbrechen: Morgen früh ist ein Spaziergang angesagt. Und den Samstag verbringe ich auf dem Sofa, koche mir einen Tee und lese einfach nur ein Buch. Sonst nichts.

Am Ende der biblischen Josefsgeschichte sind die Brüder beunruhigt darüber, ob Josef nach dem Tod des Vaters nun doch noch Rache dafür üben wird, dass sie ihn verraten und verkauft haben, für all das Leid, für das sie verantwortlich sind. Er sagt:

Ihr gedachtet es böse mit mir zu machen, aber Gott gedachte, es gut zu machen, um zu tun, was jetzt am Tage ist, nämlich am Leben zu erhalten ein großes Volk. So fürchtet euch nun nicht; ich will euch und eure Kinder versorgen. Und er tröstete sie und redete freundlich mit ihnen.

(1. Mose 50, 20–21)

Die Brüder waren unruhig, in Erwartung von Zorn und Vergeltung. Josef hatte jedoch die Freiheit zu einem neuen Blick gewonnen. Eine schreckliche Familientragödie konnte ein gutes Ende nehmen, weil jemand vergeben konnte, die Vergangenheit mit anderen Augen anschaute und so für sich innere Freiheit gefunden hat. So wurde Versöhnung möglich, weil Schuld geklärt war. Die wechselseitigen Zumutungen, Verletzungen, Belastungen wurden bewältigt, Neuanfänge wurden möglich, und die Spirale des „Wir können nichts mehr ändern oder gar wiedergutmachen" wurde durchbrochen. Es gab Vergebung von Schuld und Neuanfang ohne Angst. Wie ermutigend, wie tröstlich!

Alles ist vergeben

Das brutale Attentat auf die Redaktion von Charlie Hebdo hat uns alle umgetrieben. Da wurden Menschen ermordet, die mit einem vielleicht etwas rauen Humor Religion – nicht nur den Islam, sondern auch das Christentum – „auf die Schippe genommen" haben. Das ist unfassbar!

„Alles ist vergeben" stand auf der Ausgabe von Charlie Hebdo, die Anfang des Jahres 2015 in einer Auflagenhöhe von drei Millionen Exemplaren ausgeliefert wurde. Darunter ist auf grünem Hintergrund – der „Farbe" des Islam – ein weinender Prophet Mohammed zu sehen.

Da stockt einem doch der Atem. Kann wirklich alles vergeben werden? 17 Tote! Christen, Juden, Muslime und Menschen ohne

Religion wurden niedergemetzelt – angeblich im Namen von Religion. Wer könnte das vergeben? Und erst recht nur eine Woche nach den Anschlägen!

In allen Religionen ist Vergebung ein großes Thema. Jesus bittet, so erzählt es der Evangelist Lukas (23,34), sterbend am Kreuz: *„Vater, vergib ihnen; denn sie wissen nicht, was sie tun!"* Dieser Satz hat Weltgeschichte gemacht. Ein Unschuldiger bittet um Vergebung für die Täter.

So wie Jesus Gott bittet zu vergeben, ist in unserer Tradition Vergebung in der Tat die Sache Gottes. Im Vaterunser heißt es: „Und vergib uns unsere Schuld". Aber der Satz geht weiter: „wie auch wir allen vergeben, die an uns schuldig geworden sind". Ja, das wollen wir: vergeben. Aber das ist nicht so einfach! Niemand kann einem Opfer Vergebung aufdrängen. Das wäre furchtbar, denn zerreißt ihr Leid nach Missbrauch, Vergewaltigung, Gewalt sie oft ein Leben lang. Ihre Klage muss Raum, Zeit und Gehör finden!

Vergeben können ist sehr schwer. Und doch zeigt die Erfahrung: Wer sich in Hass und Groll verstrickt, in der Vergangenheit festbeißt, gerät in eine Spirale von Bitterkeit. Wer vergeben kann, lebt freier. Aber das kann nicht verordnet, das kann nur selbst durchlebt werden.

Ein Muslim und ein Jude haben mir einmal in einem Gespräch erklärt, in ihrer Religion sei es so, dass Gott nur vergeben könne, wenn auch das Opfer vergibt. Ein interessanter Gedanke! Liegt dann aber nicht auch Druck auf dem Opfer zu vergeben? Oder ist der Täter dann stärker auf das Opfer angewiesen als im Christentum, um Vergebung zu erfahren, muss sich also mit der Tat auseinandersetzen?

Es lohnt sich, darüber nachzudenken. Das gilt nicht nur mit Blick auf den furchtbaren Terror. Das gilt auch im Alltag: Darf die geprügelte Ehefrau dem Mann vergeben? Kann ich vergeben, was mir angetan wurde durch Gewalt, einen Wohnungseinbruch, eine Ungerechtigkeit?

Mich persönlich hat der Titel der Zeitschrift Charlie Hebdo damals sehr bewegt. Ja, ich bin Christin, und ich habe gelesen, dass Muslime sich wiederum irritiert fühlen, weil der Prophet Mohammed nach ihren Regeln nicht abgebildet werden darf. Aber dass er weint über das, was in seinem Namen an brutalster, Leben zerstörender Gewalt gegen Männer, Frauen und Kinder getan wird, die in Frieden leben wollen, das ist doch anrührend – das verändert das Bild von ihm. Und zu schreiben „Alles ist vergeben" – das ist eine enorme Geste der Freiheit. Weil sie sagt: Wir werden euren Hass nicht mit Hass beantworten. Wir werden eure Gewalt nicht mit Gewalt beantworten. Wir zeichnen dagegen an. Und wenn die Zeichner von Charlie Hebdo so agieren, die Kalaschnikows im Bild gegen Bleistifte austauschen, ist das für mich nicht Karikatur. Das ist Prophetie.

Ich mag Karikaturen. Wenn sie andere betreffen natürlich lieber, als wenn meine Kirche oder gar ich selbst ihr Gegenstand sind, das ist klar. Indem sie überzeichnen, stellen sie oft einen Missstand bloß. Das ist natürlich nicht immer lustig für die Betroffenen, aber das muss im Namen der Freiheit ausgehalten werden, denn Religion wird ja in der Tat immer wieder missbraucht!

Auch Christen tun sich nicht immer leicht mit Karikatur – das Team von Charlie Hebdo wurde auch von der Kirche verklagt. Ich denke aber auch an den „Christus mit der Gasmaske" von George Grosz, der als 21-Jähriger den Ersten Weltkrieg erlebt hatte. Schockiert zeichnete er den Gekreuzigten als Opfer seiner Zeit. Am Rand steht: „Maul halten und weiter dienen". Es kam zu einem Blasphemie-Prozess. Grosz floh 1933 in die USA, seine Werke wurden unter den Nationalsozialisten als „entartete Kunst" dargestellt.

Aber das war doch keinesfalls Blasphemie! Grosz hat Jesus gezeigt als einen, der mitleidet mit den Soldaten, die im Ersten Weltkrieg so entsetzliche Sinnlosigkeit und Zerstörung erlebten. Jesus der Mitleidende mit den Opfern der Geschichte – dafür steht das Kreuz. Und genau das hat Grosz zum Ausdruck gebracht. Letzten Endes kann keine Karikatur das christliche Gottesbild beleidigen, weil die schlimmste Karikatur schon stattgefunden hat. Nämlich als Gott selbst, so glauben wir, gekreuzigt wurde unter dem ironischen Schild: INRI – Jesus von Nazareth, König der Juden.

Keine Karikatur kann das toppen. Und niemals dürfen daher Christinnen und Christen gewaltsam eine Karikatur Gottes, dem sie sich anvertrauen, zum Anlass nehmen, um gewalttätig zu sein. Ich kenne genügend Muslime und Juden, die das ähnlich sehen. Wir leben als Menschen, die sehr unterschiedlich an Gott glauben, Gott sei Dank, in einer freien Welt. Und das bedeutet auch die Freiheit, Glauben und Institutionen des Glaubens zu kritisieren, ja zu karikieren.

Inzwischen gibt es auch Attentate von IS-Sympathisanten in Deutschland. Und es stehen Drohungen im Raum, dass man den Terror überallhin tragen möchte. Politik, Polizei und Geheimdienst unternehmen viel, um weitere Angriffe zu verhindern. Aber absolute Sicherheit garantieren kann man natürlich nicht. Wie auch. Dann könnte man keine Sportveranstaltungen mehr durchführen, keine Konzerte besuchen, mit keinem Zug mehr fahren. Überall und jederzeit könnte ein Verrückter ein Messer oder eine andere Waffe zücken. Aber wollen wir aus lauter Angst in unseren Wohnungen bleiben? Dann hätten die Terroristen ihr Ziel erreicht.

Wie stolz waren wir, dass sich die Franzosen nicht haben unterkriegen lassen, sondern zu Millionen auf die Straße gegangen sind für die Freiheit. Wir dürfen uns nicht ängstigen lassen und unsere Freiheit selbst einschränken. Denn das ist das Großartige an Europa: Wir dürfen frei reden, es gibt Freiheit zu glauben oder auch nicht zu glauben, Freiheit zur politischen Meinung. Diese endet da, wo sie die Freiheit des anderen nicht respektiert. Vielleicht ist diese Freiheit schon zu selbstverständlich geworden, als dass Menschen den Mut hätten, sie zu verteidigen. Das aber sollten wir tun. Jeden Tag.

Das gilt ebenso mit Blick auf das Attentat auf den Berliner Weihnachtsmarkt 2016. Es gibt keine absolute Sicherheit, das wissen wir. Und wenn ein junger, von Hass getriebener Mann andere töten will, dann wird es schwer bleiben, ihn vollkommen zu kontrollieren. In jedem Sicherheitsnetz passieren immer wieder Fehler.

Mir hat imponiert, dass Berlin sich wieder als Stadt der Freiheit bewiesen hat und trotz Schock und Trauer, in aller Solidarität mit den Opfern, den Weihnachtsmarkt nach drei Tagen wieder eröffnet hat. So nimmt Berlin den Terroristen die Macht, unsere Freiheit einzuschränken.

Nous sommes uni – Wir sind vereint, stand im November 2015 an der französischen Botschaft in Berlin. Kurz zuvor hatte es eine Welle von terroristischen Attentaten in Paris gegeben. Es wäre gut, wenn wir uns in all dem Entsetzen über den Terror, inmitten all der Informationsflut auch für einen Moment der Stille vereinen. Es ist ein bewährtes christliches Ritual, das Leid, die Angst und all unsere Fragen vor Gott zu bringen.

Ich glaube an die Kraft des gemeinsamen Gebetes. Eine durchbetete Welt ist eine andere, weil sie etwas von Gottvertrauen weiß, inmitten von Erschütterung und Ratlosigkeit. Und weil sie den Glauben weitergibt: Wo Menschen mit ihren Worten und Erklärungen am Ende sind, nimmt Gott doch wahr, was wir brauchen.

Deshalb habe ich damals in einer Zeitung dazu ermutigt, eine Kerze für alle Opfer des Terrors auf der Welt anzuzünden und zu beten – das gilt auch für Berlin:

Großer Gott, fassungslos sehen wir, wie Terror unendliches Leid über Menschen bringt. Angst und Unsicherheit greifen um sich. Wir fragen uns, wie Frieden kommen soll in diese tosende Welt.

Gib den Menschen Trost und Kraft, die Angehörige verloren haben, die verletzt sind, die Entsetzliches erleben mussten, und auch denen, die ihnen beistehen. Hilf, dass sie spüren: Wir weinen mit ihnen und beten für sie.

Gib den Verantwortlichen in der Politik Weisheit, die richtigen Entscheidungen zu treffen für die Menschen und für den Frieden. Stärke die Sicherheitskräfte, Polizistinnen und Polizisten, die sich bemühen, weiteren Terror zu verhindern.

Lass uns vereint sein als Menschen in Europa, die die Freiheit unserer Gesellschaft lieben. Hilf, dass wir nicht verführt werden zu Feindbildern, Hass und Ausgrenzung, sondern Einigkeit bewahren und gemeinsam für die Würde jedes Menschen einstehen.

Lass nicht zu, Gott, dass Dein Name missbraucht wird für Terror und Mord. Hilf, dass Religionen sich dazu nicht verführen lassen, sondern die Liebe zu allen Deinen Geschöpfen sichtbar machen. Gib uns den Mut, dass Juden, Christen und Muslime im Miteinander und entschlossen für den Frieden eintreten.

In der Stille bringen wir vor Dich Gott, was uns im Herzen bewegt.

Nimm Du unser Gebet auf und lass die Welt Deinen Segen erfahren. Dir vertrauen wir uns an angesichts von Tränen, Verzweiflung und Leid in diesen Stunden der Unruhe und der Angst. Amen.

3. Der Bauplan der Welt

Eine Kirchenvorsteherin sagte mir vor einiger Zeit: „Ich kann die Geschichte vom barmherzigen Samariter nicht mehr hören! Die ist so ausgelutscht! Gibt es nicht auch noch andere Geschichten zu diesem Thema in der Bibel?" Und in der Tat, die Botschaft ist so klar und überzeugend, dass jener Samariter Allgemeingut geworden ist. Und der Begriff „Barmherzigkeit" bleibt untrennbar mit ihm verbunden. Was aber ist Barmherzigkeit in unserer Zeit? Handelt es sich dabei um eine alte muffige Tugend, die durch „zivilgesellschaftliches Engagement", „praxisrelevante Zuwendung" oder „intensive care" ersetzt werden kann?

Das Gleichnis bleibt, so denke ich, auch nach 2000 Jahren in seiner Klarheit überzeugend. Ein Schriftgelehrter fragt Jesus:

Wer ist denn mein Nächster? Da antwortete Jesus und sprach: Es war ein Mensch, der ging von Jerusalem hinab nach Jericho und fiel unter die Räuber; die zogen ihn aus und schlugen ihn und machten sich davon und ließen ihn halb tot liegen. Es traf sich aber, dass ein Priester dieselbe Straße hinabzog; und als er ihn sah, ging er vorüber. Desgleichen auch ein Levit: Als er zu der Stelle kam und ihn sah, ging er vorüber. Ein Samariter aber, der auf der Reise war, kam dahin; und als er ihn sah, jammerte er ihn; und er ging zu ihm, goss Öl und Wein auf seine Wunden und verband sie ihm, hob ihn auf sein Tier und brachte ihn in eine Herberge und pflegte ihn. Am nächsten Tag zog er zwei Silbergroschen heraus, gab sie dem Wirt und sprach: Pflege ihn; und wenn du mehr ausgibst, will ich dir's bezahlen, wenn ich wiederkomme. Wer von diesen dreien, meinst du, ist der Nächste gewesen dem, der unter die Räuber

gefallen war? Er sprach: Der die Barmherzigkeit an ihm tat.
Da sprach Jesus zu ihm: So geh hin und tu desgleichen!

(Lk 10,29b–37)

Was das Gleichnis immer wieder so aktuell macht, ist das Wegschauen von Priester und Levit. Gewiss, sie mögen gute Gründe
gehabt haben – vielleicht religiöse, weil sie sich nicht unrein machen wollten. Vielleicht standen sie unter Zeitdruck, vielleicht waren sie aber auch nur genervt von der möglichen Belästigung, die
das alles nach sich ziehen könnte. O ja, ich schaue auch manchmal
weg, wenn der dritte Zeitungsverkäufer in die Berliner U-Bahn
kommt, seine Lebensgeschichte erzählt und um Geld bittet. Oder
ich drücke mich vor dem Besuch, obwohl ich weiß, ich sollte die
schwer demenzkranke Bekannte längst besucht haben, weil mir
die Zeit davonläuft. Es gibt viele gute Entschuldigungen, damals
wie heute. Das Gleichnis ermahnt jedoch zum Hinschauen und
zum Handeln. Der absolut nicht zuständige Mann aus Samarien
investiert Zuwendung, Zeit und Geld, um einen ihm völlig Fremden zu versorgen, schlicht weil dieser Mensch Hilfe braucht. Um
den nahen Nächsten kümmern wir uns gern und schnell, beim
fernen Nächsten fällt uns das schwer.

Was aber ist Barmherzigkeit? Was meint dieser Begriff, der so
abgedroschen zu klingen scheint? In Johann August Eberhards
„Synonymisches Handwörterbuch der deutschen Sprache" von
1910 heißt es [Grundschrift] „*Barmherzigkeit* zeigt die Bereitwillig-
keit, Leidenden zu helfen, in ihrer Quelle, in dem zu einem dauern-
den Zustande, zu einer festhaftenden Eigenschaft gewordenen
Mitgefühl, *Erbarmen* die Wirkung dieses Gefühls in einzelnen Fällen an. Die *Barmherzigkeit* bewegt uns, mit einem Unglücklichen
Erbarmen zu haben, und der *Barmherzige* kann keinen Leidenden
sehen, ohne *Erbarmen* mit ihm zu haben. *Barmherzigkeit* verhält
sich also zu *Erbarmen* wie die Tugend zur Übung derselben."

Barmherzigkeit ist demnach eine Eigenschaft, eine ethische Grundhaltung. Und die spielt für Christinnen und Christen eine entscheidende Rolle. Jesus hat in seinen Gleichnissen immer wieder vom Reich Gottes gesprochen. Diese Gleichnisse sind sein *Markenzeichen*, würden wir heute sagen. Er hat seine Jüngerinnen und Jünger gelehrt zu beten: Dein Reich komme! Die Gleichnisse sollen deutlich machen: Auch wenn noch verborgen ist, wie Gott unter uns wirkt, das Reich Gottes ist doch schon mitten unter uns erfahrbar. Das Reich der Himmel berührt unser Leben. Jesus verkündigt, dass schon hier und jetzt erfahrbar wird, wie einst in Gottes Zukunft alle Tränen abgewischt sein werden. Der Theologe Fulbert Steffensky hat das folgendermaßen weitergedacht: „Der Himmel, der kommt, wird zum Bauplan der Welt, die ist. Er ist nichts völlig anderes, er ist die Musik, die hier schon angestimmt werden soll. Gottes Wille soll geschehen im Himmel wie auf Erden, wie die Bitte des Vaterunsers sagt. Himmel heißt, eine Arbeit auf der Erde zu haben. Die große Würde des Menschen: Er ist nicht nur nacktes Spatzenjunges, das den religiösen Schnabel aufsperrt und auf die tägliche Gnadenfütterung Gottes wartet. Der Mensch ist Mitarbeiter und Koautor des Himmels. Der Mensch ist Autor des Trostes, der Gerechtigkeit, des Friedens in der Welt."[1]

Daraus, denke ich, können wir aktuelles barmherziges oder sagen wir: diakonisches beziehungsweise karitatives Handeln gut ableiten.

Gottesbild und Gotteserfahrung

In Kirchen in aller Welt beginnt der Ostersonntags-Gottesdienst, indem Priester, Pfarrerin oder Bischof rufen: „Christus ist auferstanden!" Und die Gemeinde antwortet: „Er ist wahrhaftig auferstanden!"

Manchen hierzulande kommt das inzwischen fremd vor. Aber es ist für mich mit Christinnen und Christen in aller Welt ein Ruf der Hoffnung gegen alles Leid und allen Tod. Ostern ist nicht ein Fest von Küken, Eiern, Häschen und Schokolade. Es ist ein Fest des Lebens!

Das ist mir an diesen Tagen besonders wichtig. Nach den Terroranschlägen von Brüssel, Würzburg, Ansbach und Berlin – all dem Erschrecken, der Trauer, dem Leid, ist vielen die Feierlaune gründlich vergangen. Aber Ostern in christlicher Tradition meint nicht, Leid und Tod bunt zu übermalen, sondern sich trotzig all dem Leid und auch dem Tod in den Weg zu stellen. „Tod, wo ist dein Stachel?", schreibt der Apostel Paulus geradezu provozierend. Ich weiß, für Menschen, die ihre Liebsten verloren haben, für Kranke, die mit einer schweren Krebsdiagnose leben müssen, für Flüchtlinge, die frierend in einem Lager hocken, klingt das fast wie eine Verhöhnung. Ihr Leid ist sehr real. Aber gerade diese Angst nimmt Gott ernst, sagt der christliche Glaube. So ernst, dass Gott selbst nicht dem Leid ausweicht, sondern gekreuzigt wird. Und dann kommt das große *Aber*. Nein, der Tod hat nicht das letzte Wort! Das spürten die Menschen am ersten Ostermorgen wie auch heute. Da keimt Hoffnung. Das Leben wird nicht besiegt.

Ich glaube, dass es Leben nach dieser Welt in Gottes Zukunft geben wird, in der Gewalt und Tod ein Ende haben werden. Und ich bin überzeugt, dass wir davon hier eine Spur legen, wann immer wir Menschen in Not beistehen, andere trösten, Sterbende begleiten. Das sind kleine Formen der Auferstehung jeden Tag auf dieser Welt.

„Gott wird abwischen alle Tränen von ihren Augen, und der Tod wird nicht mehr sein, noch Leid noch Geschrei noch Schmerz wird mehr sein." (Offb 21,4)

Der Gott, den Jesus Christus uns nahebringt, ist ein Gott, der sich dem Menschen nähert. Gott, der bei seiner Geburt „keinen Raum" in unserer Welt findet. Der Gott, den Jesus uns zeigt, ist ein Gott, der weint und lacht, der liebt und leidet und schließlich am Kreuz elend stirbt. Ich kann ihn nicht in Prunk und Pracht, in Gold und Gloria sehen. Ich finde ihn, wenn ich den jungen Mann in der U-Bahn wahrnehme, der wirklich „kaputt" ist, da, wo eine Frau sich prostituiert, um ihre Familie irgendwie über die Runden zu bringen, bei dem Landwirt, der nicht mehr weiter weiß, weil sein Hof nicht die notwendigen Erträge erbringt. Wo immer ein Schimmer von Erbarmen, Zuwendung, Menschlichkeit für Menschen in solcher Not erkennbar wird, scheint etwas durch von Gottes Liebe.

Die Bibel weiß von Problemen mit einem solchen Gottesbild. Es läuft menschlichen Vorstellungen von der Gottheit Gottes zuwider. Kein Wunder, dass die Leute Jesus schon zu Lebzeiten aufforderten, Zeichen seiner Macht zu geben – Steine in Brot zu verwandeln, sich vom Felsen zu stürzen, vom Kreuz herabzusteigen. Es ist die Versuchung des Teufels. Im Lukasevangelium heißt es, dass dieser zu Jesus sagte: *„Bist du Gottes Sohn, so sprich zu diesem Stein, dass er Brot werde"* (4,3). Jesus widersteht der Versuchung. Aber in der Kirchengeschichte wurden immer wieder machtvolle Gottesbilder gesucht, wurde auch die Kirche selbst zu einem Ort der Macht, und Amtsträger der Kirche wurden mit Insignien von Macht ausgestattet. Das Kreuz wird immer wieder zum Triumphalismus missbraucht, auch wenn es ganz offensichtlich ein Zeichen der Ohnmacht und Demut ist. Allein der Begriff „Kreuzzug" zeigt das fundamentale Missverständnis, aber ebenso manches mit Diamanten besetzte Kreuz im kirchlichen Kontext.

Der Gott, den Jesus uns nahebringt, braucht keine Insignien von Macht und Besitz. Jesus lässt ihn erkennbar werden, wenn er ihn in Gleichnissen als liebenden Vater schildert, als sorgenden Weingartenbesitzer. In dem Menschen Jesus selbst, der sich nicht scheut, von einer kranken Frau berührt zu werden oder mit einem Zöllner zu essen, der als hilfloser Säugling zur Welt kommt und als verurteilter Verbrecher stirbt, zeigt sich für Christinnen und Christen Gott. Und so ist er auch in Menschen präsent, die auf der Flucht sind, die Opfer von Krieg, Rassismus, Gewalt und Folter werden. Unser Gott ist oft verhüllt in die Tränen von Menschen. Im Tod Jesu nimmt Gott für Christinnen und Christen eine Gestalt an, in der er kaum noch als Gott erkennbar ist. Die Gestalt des Knechtes, des Geschlagenen, des Ausgelieferten. Beim Anblick des gefolterten, mit einer Dornenkrone verhöhnten Jesus formuliert Pilatus die Wahrheit: *„Seht, welch ein Mensch!"* (Joh 19,5).

Der Gott, von dem Jesus erzählt, ist nicht fern von unserer Welt, nicht fern „droben überm Sternenzelt". Bei ihm gibt es keine Unterscheidung zwischen dem Weltlichen und dem Eigentlichen. Alles ist eigentlich bei ihm: gelungenes Leben und zerstörtes Leben; Glück und Unglück; Gesundheit, Lebensfreude und Krankheit, Siechtum, ja, selbst der Tod.

Das ist der Inhalt der Botschaft Jesu an uns Menschen: Gott ist nicht mehr getrennt von seiner Schöpfung, sondern er ist mittendrin im Leben und auch im Leiden der Menschen. Gott ist da, wo eine kranke Frau in ihrer Wohnung Pflege und Versorgung durch Nachbarn erhält. Gott wird erfahrbar, wo ein vereinsamter alter Mann im Krankenhaus Besuch von der Grünen Dame bekommt. Gott ist präsent, wo eine Sterbende von ehrenamtlichen Hospizmitarbeiterinnen begleitet wird. Gott kennt Leiden und ist bei den Leidenden. Und die sie begleiten, können es erfahren.

„Wenn ich all die Bilder sehe, fliehende Menschen, Kämpfe in der Ukraine, das Morden in Syrien, dann frage ich mich, wo ist Gott?" sagte mir eine Frau. Ich habe ihr geantwortet, dass nach meinem Verständnis Gott nicht Leid schickt: Hier einen Krieg, dort eine Krebserkrankung, hier einen Tsunami und dort den Verlust eines lieben Menschen. Nein, Gott gibt Menschen die Kraft, mit dem Leid zu leben. Menschen, die Gott vertrauen, haben oft erlebt, dass Gott sie durch das Leid trägt. Eine Geschichte erzählt, dass ein Mann gemeinsam mit Gott auf sein Leben zurückblickt. Es ist an den Spuren zu sehen, wie Gott neben ihm ging. Dann ist der Mann empört und sagt: „Siehst Du, Gott, in den schwersten Tagen warst du nicht da, genau in den Zeiten bleibt meine Fußspur allein." Und Gott sagt: „Na eben, in den Zeiten habe ich dich getragen." Ein gutes Bild. Und deshalb sehe ich Gott, wenn ich etwa die schreienden Kinder sehe auf der Flucht in Angst vor prügelnden Soldaten. Da ist Gott, mitten unter ihnen. Und wir begreifen nicht, dass auch Gott wohl Ohnmacht kennt.

Aber Gott fragt ja auch nach dem Menschen. Gleich am Anfang der Bibel finden wir zwei Fragen Gottes. Zuerst: *Adam, wo bist du?"* (1. Mose 3,9). Und Adam versteckt sich, weil er nicht zugeben will, dass er Gottes Gebote übertreten hat. Wenig später fragt Gott: *„Kain, wo ist dein Bruder Abel?"* (1. Mose 4,9). Aber Kain, der Abel gerade aus Eifersucht erschlagen hat, antwortet: *„Ich weiß nicht; soll ich meines Bruders Hüter sein?"* Kain will sich aus der Verantwortung stehlen.

Was also ist die Antwort auf die Frage nach Gott? Wir werden Gott nie ganz begreifen, aber wir können vertrauen, dass Gott Menschen, die Leid tragen, zur Seite steht. Wir können beten dafür, dass Gott ihnen Kraft und Hoffnung schenkt. Es wäre aber allzu leicht, alles Leid Gott zuzuschieben. Wenn wir nach Gott fragen, müssen wir auch zulassen, dass Gott nach uns fragt, nach unserer Verantwortung für unsere Mitmenschen.

Gleichzeitig werden wir Gott nie völlig begreifen. Was heißt das, „Gott ist Mensch geworden"? Wie kann es so viel Leid in einer von Gott geschaffenen Welt geben? Gott bleibt verborgen, er ist der *deus absconditus*, der verborgene Gott, sagt Martin Luther. Wir können Gott nicht in unsere Kategorien zwingen, aber wir können Gott wahrnehmen, wenn wir uns anderen zuwenden, davon ist christlicher Glaube überzeugt. Es gibt keine vollkommene

Erkenntnis Gottes, denn dann wäre Gott eine Kategorie des Menschen.

„Ihr sollt den Schwachen nicht bedrücken", heißt das biblische Schutzgebot verkürzt, und der Bibel folgend wäre der dafür entscheidende Grund: „denn er ist wie ihr"! Wenn das Gebot ohne den begründenden Zusatz bekräftigt und proklamiert wird, verführt es geradezu dazu, die Pointe zu verfehlen! Die Schwachen laufen Gefahr, auf ihre Schwachheit festgelegt und geradezu in die passive Rolle hineingedrängt zu werden. Sie sind dann nur Objekte unserer Hilfe, ausgeschlossen von eigener Aktivität und Selbstbestimmung, während die vermeintlich Starken sich auf ihre Stärken festlegen (lassen). So werden die Schwachen zu einem Objekt von Sorge und Fürsorge. Damit würde, der Sache und dem Gebot völlig unangemessen, ein „Wir" konstituiert, zu dem die Schwachen nicht mehr dazugehören. So entsteht Exklusion!

Diakonie aber sieht im hilfsbedürftigen Menschen den Nächsten, sieht den anderen auf Augenhöhe. Mich hat das beim Besuch des „Fairkauf"-Kaufhauses in Hannover sehr beeindruckt. Das Konzept sieht vor, dass Menschen, die Überfluss haben, ihre Kleidung, Bücher, Geschirr, Möbel dorthin bringen können. Die Sachen werden dann für einen geringen Preis verkauft. Aber sie werden verkauft, nicht erbettelt. Der Kunde kann sich etwas leisten, hat eine eigene Würde. Und es ist kein Armenkaufhaus, denn es mischen sich zum Teil auch viele Nichtbedürftige darunter, die hier manches Großartige finden oder auch die Atmosphäre mögen, die in keiner Weise irgendwie „schmuddelig" ist. Zudem wurden 21 Arbeitsplätze für Menschen geschaffen, die es auf dem Arbeitsmarkt schwer haben und die sich nun wiederum mit Ehrenamtlichen mischen, die ihre Lebenserfahrung einbringen. Das ist großartig, finde ich – die Schwachen werden nicht bedrückt, sondern in einem Miteinander, in dem Menschen einander auf Augenhöhe begegnen, als Gegenüber ernst genommen.

Wertschätzung

Wertschätzung scheint mir bei der Frage nach einer Ethik der Barmherzigkeit ein Schlüsselbegriff, eine Herausforderung, damit diese christliche Tugend nicht unter die Räder des Missbrauchs oder der Verniedlichung gerät. Sie ist noch mehr als eine Grundhaltung, sie begründet eine spezifische Tradition des Helfens und der Zuwendung, die mit einem bestimmten Menschenbild und vor allem dem prägenden Gedanken der Menschenwürde einhergeht. Aber sie wird eben allzu leicht verniedlicht. Noch einmal Petra Bahr: „Wo Barmherzigkeit im Spiel ist, ist die Scham nicht weit. Wenn Demut die traurigste ist, ist die Barmherzigkeit die heikelste unter den Tugenden. Sie muss auf Zehen gehen und braucht Fingerspitzengefühl.“[13] Besser ist die prekäre Lage des Begriffs kaum auszudrücken.

Allzu leicht wird Barmherzigkeit abqualifiziert. Aber wie sehr brauchen wir diese Tugend!

Vor ein paar Jahren habe ich ein Heim für Demenzkranke besucht. Es ist eine Einrichtung, die ganz bewusst mit der Erkrankung umgeht. An einem Tisch wurden Kartoffeln geschält – acht Frauen waren engagiert dabei. Auch wenn sie vieles vergessen haben, das „sitzt“. In einem anderen Raum wurde ein Liederratespiel gespielt, wie ich es von meinen Kindern kenne, als sie klein waren. Mit Begeisterung haben Männer und Frauen die Lieder geraten und dann fröhlich mitgesungen, wenn die Betreuerin sie auf der Gitarre anstimmte. Am Nachmittag kam die Kindergartengruppe von nebenan zum Spielen vorbei. Ich konnte beobachten, wie ein etwa fünf Jahre alter Junge einer alten Dame immer wieder den Ball zuwarf. Er rief: „Versuch es doch noch mal, Ilse, du schaffst das!“ Und die alte Dame lachte laut und fing den Ball.

---

13 Petra Bahr, Haltung zeigen, Gütersloh 2010, S. 131.

Mich hat der Nachmittag sehr nachdenklich gemacht. O ja, wir haben alle Angst davor, nicht mehr ganz klar im Kopf zu sein. Ich verstehe, dass viele Menschen meinen, sie wollten nicht mehr leben, wenn sie dement werden. Wem im Leben wichtig war, klar zu denken, der möchte nicht „den Verstand verlieren". Aber wer will entscheiden, ob Leben mit Demenz nicht auch lebenswert ist? Ilse jedenfalls scheint ihr Leben zu genießen.

Ich finde gut, dass wir beginnen, offen über Demenz zu reden – über unsere Ängste und darüber, wie wir mit Menschen umgehen, die dement werden.

Ein Beispiel für gelingendes Miteinander: Neben mehreren betreuten Wohngemeinschaften alter Menschen in Berlin, zum Teil völlig selbstständig, zum Teil demenzkrank, liegt eine Kindertagesstätte. Auch hier kommen die Kinder jede Woche vorbei und singen mit den Alten. Da wird gelingendes Miteinander neu aufgebaut, denn Kinder und Alte sitzen fröhlich und respektvoll beisammen. Es geht um ein Miteinander in Barmherzigkeit und Würde. Lebensqualität war bei beiden Erfahrungen ganz offensichtlich für Kinder wie für Alte vorhanden.

„Ihr sollt Witwen und Waisen nicht bedrücken", heißt es einprägsam im 2. Buch Mose (22,21). Die Witwen und Waisen werden immer wieder als besonders schutzbedürftig dargestellt. In der patriarchalischen biblischen Gesellschaft waren sie nahezu rechtlos, völlig angewiesen auf die Unterstützung anderer.

Übertragen auf die unterstützungsbedürftigen Menschen in unserer Gesellschaft – zum Beispiel auf die Menschen mit geistigen und körperlichen Behinderungen – heißt das nichts anderes, als dass die Starken, die momentan nicht auf Hilfe zur Bewältigung ihres Lebens angewiesen sind, daraufhin angesprochen werden können und müssen, dass auch sie nicht immer im Vollbesitz ihrer körperlichen und geistigen Kräfte gewesen sind – und es auch nicht immer bleiben werden! Als Säuglinge, als Kinder, ja, auch als Jugendliche, oft bis weit über die Volljährigkeitsgrenze hinaus, waren wir alle der Erfahrung ausgesetzt, auf Pflege, Annahme, Förderung und Unterstützung angewiesen zu sein. Und es kann schnell passieren, dass wir es wieder werden, wenn wir es nicht schon längst wieder in der einen oder anderen Hinsicht sind.

Daran mögen die Gesunden und Leistungsfähigen nicht gerne denken und erinnert werden. Aber betroffen sind wir alle davon. Die mit Behinderungen in unserer Mitte lebenden Menschen sind nicht kategorial von uns unterschieden, sondern nur graduell. Und über die Unterstützungsbedürftigkeit sind wir mit ihnen verbunden, und zwar unlöslich. Die Gewohnheit und unsere Sprache lassen uns das oft vergessen und verdrängen. Die mit Behinderungen lebenden Menschen nennen wir, wenn die Behinderung einen bestimmten Grad überschritten hat, „Behinderte" und machen ihr Angewiesensein auf Unterstützung so zu dem herausragenden Merkmal ihrer Identität. Im Gegenzug klammern die „Gesunden" jedoch ihr eigenes Angewiesensein auf Unterstützung – in der Gegenwart, in Vergangenheit und Zukunft – aus ihrer Selbstbezeichnung und Identität aus, solange sie können. Das ist eine Belastung für ein befreites Miteinander.

Segenskreislauf der Barmherzigkeit

Gott ist bei denen, die leiden. Es kann die Erfahrung einer Gottesbegegnung sein, wenn Menschen sich den Armen und Kranken, den Gefangenen und Verfolgten zuwenden: Gott ist ja auch bei denen, die sich erbarmen! So konsequent stellt sich Gott an die Seite von uns Menschen, dass Christus selbst uns in dem alten, dementen Menschen begegnet. Barmherzigkeit ist dabei keine herablassende Geste, sie ist eine Begegnung! Es ist etwas anderes, ob ich mich herunterbeuge und einen Euro in die Mütze des Bettelnden lege oder ob ich ihm in die Augen schaue und eine Obdachlosenzeitung kaufe. Diakonische Projekte haben sich immer dadurch ausgezeichnet, dass der Empfangende nicht der Beschämte ist, sondern wir uns in einem Kreislauf des Segens sehen. In unserem Leben sind wir alle irgendwann darauf angewiesen, auch wenn wir jetzt vielleicht vor Kraft strotzen. Wer das weiß, gibt anders, ist freigebig, froh und dankbar, für andere eintreten zu können. Dem Leben – jedem Leben – wird Würde zugesprochen. Und wer an der Würde des Lebens arbeitet, arbeitet am Evangelium. Es geht daher auch um Barmherzigkeit mit denen, die für andere eintreten oder eintreten wollen.

Manches Mal kommt es aber auch zur Selbstausbeutung zugunsten hilfsbedürftiger Menschen. Das darf nicht unterschätzt werden. Gerade in sozialen Berufen greift oft tiefe Erschöpfung um sich. Hier gilt es, politisch für angemessene Bezahlung einzutreten und öffentliche Anerkennung für diese Berufe zu proklamieren. Wir können nicht Ja und Amen dazu sagen, dass Pflegekräfte völlig überlastet sind und im Minutentakt Pflegeleistungen erbringen müssen. Menschen sind keine Maschinen. Eine solidarische Gesellschaft muss Wert darauf legen, dass in Würde gepflegt und betreut wird und diese enorme Leistung anständig, ja würdig bezahlt ist.

Das heißt: Ich verantworte, was ich tue, vor Gott. Daran zeigt sich meine Lebenshaltung, meine Einstellung. Ich liebe den Nächsten, andere Menschen also, und werde für ihre Rechte eintreten, auch politisch. Aber ich darf mich eben auch selbst lieben. Dabei kann es auch ein Akt der Barmherzigkeit sein, Grenzen zu ziehen. Das Nächstenliebe-Gebot ist ja ein Auftrag mit drei Schlüsselpunkten: Gottesliebe, Nächstenliebe und Selbstliebe. Ich kann mich auch einmal abgrenzen und an mich denken, Kraft für mich schöpfen, um wieder Kraft für andere zu haben. Da geht es um beides: ein Eintreten für gute Ausbildung und angemessene Bezahlung für Pflegekräfte auf der einen und ein ehrenamtliches Engagement, wie etwa bei den Grünen Damen in Krankenhäusern und Altenheimen oder bei Ehrenamtlichen im Hospizdienst auf der anderen Seite. Freie Zeit kann zur sehr sinnvollen Zeit werden, weil es Zeit für andere ist.

Im Grunde unserer Existenz und durch den Verlauf unseres Lebens von der Wiege bis zur Bahre sind wir mit denen, die wir „Behinderte" oder „pflegebedürftig" nennen, also verbunden und ihnen im Prinzip gleich. Nur durch die Sprache und unseren Umgang mit ihnen machen wir sie zu „anderen". Damit möchte ich sagen: Das Anderssein von Menschen mit Behinderungen ist ein gesellschaftliches Konstrukt, und das heißt, dass es veränderbar und grundsätzlich gestaltbar ist! Kinder beispielsweise, die nicht so schnell und sicher rechnen können wie der Durchschnitt eines Jahrgangs, bekommen schnell die Diagnose „Dyskalkulie", die leseschwachen „Legasthenie" und die bewegungsfreudigen „ADHS" – Eltern, Kinder und Lehrer nehmen das Prädikat als gegeben hin, die Kinder haben einen Stempel, fühlen sich defizitär. Wer entscheidet, wann jemand den Stempel bekommt: „behindert"? Wann wird jemand auf ein Defizit festgelegt?

Das berühmte Gleichnis, das Jesus erzählt, verliert übrigens sofort die ihm so manches Mal zugeschriebene Betulichkeit, wenn ein Mensch selbst auf solche Zuwendung angewiesen ist. Die Einweisung in ein Krankenhaus. Der Abend vor der OP. Die Frage nach dem Befund. Der Morgen, an dem du wartest: Wann holen sie dich? Und das Aufwachen, die Frage: „Was bedeutet das alles für mein Leben?" Wenn wir verletzt werden oder krank sind, dann sind wir existenziell auf andere angewiesen. Und dann ist Barmherzigkeit eine höchst aktuelle Tugend, von der wir hoffen, dass wir uns auf sie verlassen können! Erbarmen im christlichen Sinn ist eben keine Haltung der Herablassung. Solcher Samariterdienst ist alles andere als betulich, altertümlich, sondern immer wieder aktuell. Jeder Patient, jede zu Pflegende fühlt sich ausgeliefert, ja, oft gedemütigt durch die Pflegesituation. Wenn dir dann jemand ein gutes Wort sagt, dich – im Gleichnis gesprochen – auf sein Lasttier hebt, dann kann das für dich ein Lichtblick sein, eine Erfahrung von Gottes Zuwendung, durch Menschen vermittelt.

Kultur des Vertrauens

„VW muss das Vertrauen zurückgewinnen" sagte ein Politiker, als klar wurde, dass der Konzern gezielt betrogen und belogen hat mit Blick auf die Abgaswerte von Dieselfahrzeugen. Das ist aber eine der schwersten Aufgaben der Welt: Vertrauen (zurück-)gewinnen. Sie braucht Zeit, Verletzungen durch enttäuschtes Vertrauen müssen erst einmal heilen.

Das beginnt schon in der Kindheit. Angst macht Kinder schwach. Etwa, wenn sie sich nicht gehalten wissen im wahrsten Sinne des Wortes. Vertrauen macht Kinder stark, weil sie nicht verunsichert werden und sich dadurch auch selbst etwas zutrauen.

Und später im Leben: Wenn Vertrauen einmal gebrochen ist, dann ist es sehr, sehr schwer, es neu aufzubauen, bei Freundschaften wie bei Ehen. Da heiraten zwei, wollen das Leben miteinander aufbauen, und dann erfährt eine, dass er sie betrogen hat mit einer anderen Frau. Oder er erfährt, dass sie ihn belogen hat. Das kann einen Menschen abgrundtief treffen.

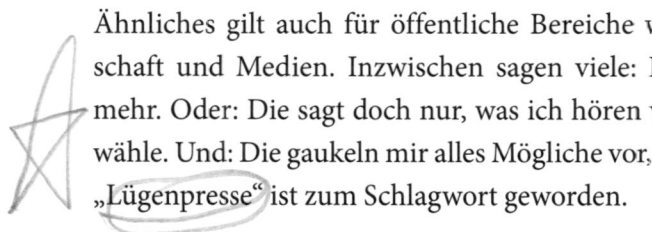

Ähnliches gilt auch für öffentliche Bereiche wie Politik, Wirtschaft und Medien. Inzwischen sagen viele: Ich traue keinem mehr. Oder: Die sagt doch nur, was ich hören will, damit ich sie wähle. Und: Die gaukeln mir alles Mögliche vor, um zu verkaufen. „Lügenpresse" ist zum Schlagwort geworden.

Mein Vertrauen ist schon öfter enttäuscht worden. Aber ich vertraue trotzig dagegen an. Ich möchte nicht in einer Welt ohne Vertrauen leben. Wie sollen wir Gemeinschaft gestalten, wenn wir niemandem mehr glauben, was er sagt? Eine Gesellschaft ohne *Hmm ?* Vertrauen verliert das Gewebe, das sie zusammenhält! Kurzum: Es gilt, Vertrauen zu wagen, auch wenn es manchmal schwerfällt! Dazu gehören immer zwei Seiten, die eine, die das Wagnis neu eingeht, und die andere, die alles tut, um das neue Vertrauen nicht wieder zu enttäuschen und glasklar bei der Wahrheit bleibt. Es ist ein langer Weg, bis aus Misstrauen wieder Vertrauen werden kann. Aber er lohnt sich! In der Bibel heißt es: *„Werft euer Vertrauen nicht weg"* (Hebräer 10,35).

In unserer Gesellschaft, in deren Medien zumeist ein Kult von Stärke und Schönheit zelebriert wird, wird das Thema „Schwäche" und „Beschämung der Schwachen" verdrängt. Sprechen wir von eigenen Schwächen, Grenzen, Unvollkommenheiten, machen wir uns angreifbar und verletzlich. Das Wettbewerbsdenken der Wirtschaft befeuert geradezu die Kultur des Herausstellens der Stärken und des Kaschierens von Schwächen, Mängeln und Schwierigkeiten.

Eine Atmosphäre des schönen Scheins ist in immer mehr Bereiche unseres Lebens vorgedrungen und hat sich dort breitgemacht. Die Bibel und ihre Sicht auf die Welt und die Wirklichkeit von uns Menschen stehen dem entgegen. Ich bin überzeugt, dass es möglich ist, den öffentlichen Diskurs darüber zu führen und zu verstärken; und zwar nicht bloß als einen Streit über Glaubensinhalte, sondern als einen Streit über die Wirklichkeit und ihre Wahrnehmung!

Die Bibel lese ich als ein Mutmachbuch. Es geht in ihr darum, nicht nur für Menschen einzutreten, die verletzt sind oder auch in Schuld verstrickt, sondern auch Mut zu bekommen, die eigene

Angreifbarkeit und Verletzlichkeit zu riskieren, indem wir die eigenen Schwächen und Grenzen wahrnehmen und ansprechen. Sie ist ein Mutmachbuch für eine Kultur des Vertrauens, in der andere und ich selbst anerkannt und akzeptiert sind, mit allen Stärken und Schwächen, Größen und Grenzen. Anders als viele meinen, kann das Eingestehen von Schwäche ganz neue Wege öffnen, Solidarität und Vertrauen wachsen lassen. Das gilt es einzuüben, auch in kirchlichen und diakonischen Arbeitszusammenhängen. So geben uns die Bibel und das Gebot, die Schwachen nicht zu bedrücken, nicht nur Anlass, uns der Menschen mit Unterstützungsbedarf anzunehmen, sondern auch in der Gesellschaft um die Bewahrung und Rückgewinnung von Räumen zu ringen, in denen Vertrauen sich entfalten kann, in denen offen und ehrlich über Schwächen und Schwierigkeiten gesprochen werden kann und in denen der Zwang aufgehoben ist, sich auf Stärke und das Vortäuschen von Stärke verlegen zu müssen. Ein Segenskreislauf der Barmherzigkeit schließt sich: Ich erlebe in der Wahrnehmung von Schwächen meine eigene Bedürftigkeit. Denn deutlich ist: Es gibt die Schwachen im Land, aber Schwächen haben alle Menschen.

Menschen, die dem Leitbild von Gottes-, Nächsten- und Selbstliebe in ihrem beruflichen Alltag folgen, erleben nach meiner Erfahrung trotz aller Belastungen die hohe Motivation und Zufriedenheit, die der Umgang mit anderen Menschen hervorruft. Nur so ist zu erklären, dass die alltägliche Arbeit noch immer funktioniert, trotz extremer finanzieller Einschnitte ins System. Dass Pflegekräfte eine enorme zeitliche Flexibilität an den Tag legen, wenn es darum geht, ihre Klienten, Kolleginnen und Kollegen nicht im Stich zu lassen. Wichtig ist, dass unsere Gesellschaft – wir miteinander – wertschätzt, was da geleistet wird! Das gilt auch für die Entlohnung! Es kann nicht angehen, dass die Tugend der

Barmherzigkeit schamlos ausgenutzt wird. Kennzeichen sozialer Arbeit sind ein überzeugtes Ethos, ein enormes Verantwortungsgefühl für die Anvertrauten und eine tiefe Form der Wertschätzung von hilfsbedürftigen Menschen. Eine Wertschätzung der Pflegekräfte aber ist oft nicht zu erkennen. Auch hier zeigt sich für mich die Bedeutung eines christlichen Menschenbildes, das die Würde des Menschen nicht an seiner Leistungskraft misst und die Arbeit mit den Schwachen hoch wertet. Natürlich höre ich schon die Einwände, das sei nicht finanzierbar. Wir sehen in diesen Zeiten, was alles finanzierbar ist, wenn es um die Rettung von Banken geht. Die Frage ist doch, *was* wir finanzieren wollen. Und da steht für mich die würdige Betreuung und Pflege alter Menschen ganz oben auf der Werteskala, auch wenn diese wenig Lobby haben.

Um ein Ethos wie das der Wertschätzung, eine Tugend wie die der Barmherzigkeit und eine Kultur des Vertrauens in einem Segenskreislauf zu leben, ist ein „Wir-Gefühl" notwendig. Ein Arbeitgeber im sozialdiakonischen Bereich etwa, der Wertschätzung und Würde nur auf seine „Klienten", nicht aber auf seine Mitarbeitenden bezieht, wird als Dienstleister schnell unglaubwürdig. Wenn die Mitarbeitenden der Kirche sich nicht mit dieser identifizieren, gibt es ganz schnell ein Glaubwürdigkeitsproblem!

Bei einem Treffen mit Führungskräften wurde mir entgegnet, mit allzu viel Zuwendung zu Mitarbeitenden sei kein Unternehmen zu führen. Das halte ich für einen großen Irrtum. Eine Studie von John Hattie hat beispielsweise nachgewiesen, dass die Effektivität der Arbeit eines Lehrerkollegiums wesentlich vom Schulleiter abhängt.[14] Ein Unternehmen, ob diakonisch oder nicht, lebt davon, dass die Mitarbeitenden sich mit ihm identifizieren, ganz

14 Vgl. http://www.visiblelearning.de/john-hattie-lehrer-machen-den-unterschied/.

gleich, auf welcher Hierarchieebene sie stehen. Der Schaffner, der mir im Zug begegnet, zeigt mir, wer die Deutsche Bahn AG ist. Ist er ruppig, unfreundlich, schlecht gelaunt, entsteht ein negatives Bild des Unternehmens. Kommt er freundlich, weil hoch motiviert und wertgeschätzt daher, sehe ich es mit anderen Augen. Arbeitgeber tragen nicht nur Verantwortung für schwarze Zahlen oder Gewinn, sondern auch für das Betriebsklima, weil genau das nach außen wirkt. Die Börsennotierung ist nicht Maßstab allein. Es geht an dieser Stelle um eine geistige, für mich auch geistliche Grundhaltung. Ernst gemeinte Wertschätzung dagegen generiert Sinn, Vertrauen und Identifikation – Unternehmenswerte, die nach außen strahlen. Verantwortungsbewusstes Personalmanagement wird so zur Repräsentanz gerade für die Kernleistungen eines (Sozial-) Unternehmens.

Das Gottesbild Jesu hat also weitreichende Folgen. Denn wenn Gott in dem kranken und hilfsbedürftigen Menschen, dem Flüchtling und der Gefangenen präsent ist, dann bekommt diakonisches Handeln, das ich als Umsetzung der Tugend der Barmherzigkeit in praktisches Handeln verstehe, eine ganz eigene Würde.

Ökonomie der Barmherzigkeit

Wie ein Mensch behandelt wird, das entscheidet sich in vielen kleinen Gesten, Ritualen und Symbolen. Christliche Pflege, christliches Engagement für Menschen weiß sich in der Tradition der Verkündigung Jesu dem Samaritergleichnis verpflichtet! Wir wollen die Würde jedes Menschen bewahren. Wenn in unserem reichen Land bei der Pflege der Schwächsten und Hilfsbedürftigsten in unverantwortlichem Maße gespart wird, dann gilt es für Christinnen und Christen, für sie das Wort zu ergreifen und öffentlich für ihre Belange einzutreten. O ja, das ist politisch. Aber es ist eine Folge der Ethik der Barmherzigkeit. Und da können Einzelne sehr wohl etwas tun. Zum einen wird das konkret bei der

Wahl einer Betreuungseinrichtung. Immer wieder höre ich, dass da doch „der billigste Anbieter" gewählt wird. Das ist dann auch der Anbieter, der die geringsten Löhne zahlt! Zum anderen geht es darum, das Thema auf den Tisch zu bringen, die Pflegebedürftigen selbst können es nicht tun. Auch kann ich selbst schauen, ob ich ehrenamtlich Zeit finde, für Besuchsdienste in der Nachbarschaft oder auch in einer Einrichtung. Menschen, die auf Pflege angewiesen sind, und diejenigen, die pflegen, sind dankbar für jede Unterstützung, weil den Pflegekräften die Zeit fehlt zuzuhören, eine Hand zu halten und vielleicht eine Besorgung zu machen. Und es geht schlussendlich auch um politische Optionen. Gerade in der aktuellen Diskussion um Altersarmut sind doch die Konzepte zu prüfen. Wir können die Parteien drängen offenzulegen, wie sie mit der Pflegesituation und der Altersarmut umgehen wollen. Und dann entsprechend wählen.

Wie kann eine auf Barmherzigkeit ausgerichtete Haltung mit der Ökonomisierung sozialer Dienstleistungen angemessen umgehen? Ich halte das für eine Zukunftsfrage von Diakonie und Caritas. Der EKD-Ratsvorsitzende und Landesbischof Heinrich Bedford-Strohm plädiert dafür, dass sich Diakonie den ökonomischen Zwängen entziehen sollte. Wie gut oder schlecht auch immer die Bilanzen sein mögen, die in den diakonischen Einrichtungen erwirtschaftet werden, am Ende zählt nur eine Bilanz. Wenn der große „Ökonom", wie Douglas Meeks in seinem Buch „God the Economist" Gott bezeichnet hat, „unsere Aktiva und Passiva am Ende unseres Lebens zusammenrechnet, dann mag das Ergebnis nicht besonders gut aussehen". Aber „Dieser Ökonom übernimmt einfach selbst unsre Passiva und gibt sie uns als Aktiva zurück."

Das finde ich sehr überzeugend! Denn eine rein ökonomische Sichtweise von Pflege und Betreuung widerspricht zutiefst dem christlichen Menschenbild, das immer den ganzen Menschen im Blick hat. Körperliche, seelische und geistliche Bedürfnisse dürfen nie voneinander getrennt werden. Dies ist eine zentrale Herausforderung für das politische Engagement der Starken in unserem Land. Und es geht darum, die existierende Kultur der Barmherzigkeit, die in Familien, in Nachbarschaften, in ehrenamtlichem Engagement gelebt wird, stärker zu würdigen. Sie wird in unserer Gesellschaft oft in den Hintergrund gedrängt, weil sie sich ökonomisch nicht rechnet. Eine solche Kultur aber ist das Gewebe, das eine Gesellschaft zusammenhält, und sie braucht dringend öffentliche Anerkennung! Barmherzigkeit ist eine eminent politische Tugend, auch wenn sie sich nicht ökonomisieren lässt.

An vielen Orten habe ich erlebt, wie diakonische Einrichtungen die Würde jedes Menschen ernst nehmen, ganz gleich, ob es ökonomisch zu vertreten ist. Das ist das besondere Profil christlicher Nächstenliebe: Jeder Mensch wird als Gottes Ebenbild wahrgenommen und geachtet, und sei er in seinen Lebensäußerungen noch so eingeschränkt. Wie wir das angesichts der finanziellen Herausforderungen gewährleisten, darum muss nicht nur jede Einrichtung selbst, darum muss öffentlich gerungen werden, auch in politischer Auseinandersetzung!

Die Pflegesätze orientieren sich offensichtlich an einem Minimalkonzept von „satt und sauber". Das aber kann keine menschenwürdige Pflege ermöglichen! Wenn wir uns vorstellen, dass für die „große Morgenwäsche mit Toilettengang" in der Regel 23 Minuten bezahlt werden, ist wahrscheinlich deutlich, dass ein alter Mensch, ein pflegebedürftiger Mensch mehr Zeit braucht, um des Morgens gewaschen, gekämmt, frisch gebettet zu werden. Das vierte Gebot besagt: „Du sollst Vater und Mutter ehren!" Dabei geht es nicht um eine Ermahnung an kleine Kinder, brav zu sein. Nein, es geht um die Würde der Alten im Land. Wie werden sie behandelt, respektiert? In der Pflege zeigt sich, ob wir das Gebot beachten. Und da können wir uns nicht herausreden, indem wir Pflege delegieren und irgendwie hoffen, dass die Pflegeversicherung das alles regelt! Wir alle sind gefragt, die gesamte Zivilgesellschaft. In dieser Situation müssen die Kirche, müssen wir Christinnen und Christen klar sagen: Das Alter hat seine eigene Würde. Ja, auch die Pflegebedürftigkeit und das Angewiesensein auf Hilfe darf die Würde des Menschen nicht infrage stellen. Gerade die Bibel lehrt uns, die Weisheit des Alters zu achten. Das kann eine besondere Herausforderung sein in einer Zeit, in der Mobilität verlangt wird und Kinder und andere Verwandte oft nicht in der Nähe der alten Eltern wohnen. Für viele Menschen mittleren Alters ist es ein Spagat, räumlich und zeitlich. War Pflege früher Teil des häuslichen Bereiches der Frauen, so sind viele heute berufstätig und schaffen es nicht, Pflege und Berufstätigkeit zu vereinbaren. Hier nicht die Schuld zuzuweisen und an das schlechte Gewissen der Betreffenden zu appellieren, sondern bestmögliche Lösungen zu suchen, darum geht es.

Mit Blick auf so manche Pauschalurteile ist aber zu sagen: Entgegen vielen Vorurteilen werden die meisten Menschen noch immer zu Hause gepflegt. Von den insgesamt 2,34 Millionen Pflegebedürftigen in Deutschland wurden im Jahr 2013 mehr als zwei Drittel (69,3 Prozent bzw. 1,62 Millionen) zu Hause versorgt. Davon erhielten 1 066 000 Pflegebedürftige ausschließlich Pflegegeld, das bedeutet, sie wurden in der Regel zu Hause allein durch Angehörige versorgt. Weitere 555 000 Pflegebedürftige lebten ebenfalls in Privathaushalten. Bei ihnen erfolgte die Pflege jedoch zusammen mit oder vollständig durch ambulante Pflegedienste. 30,7 Prozent (717 000) wurden in Pflegeheimen vollstationär betreut, die meisten von ihnen (700 000 bzw. 29,9 Prozent) erhielten vollstationäre Dauerpflege.

Häusliche Pflege wird gesellschaftlich zu wenig anerkannt. Wer kann schon mit Respekt die Reaktion hören: „Sie pflegen? Alle Achtung!" Hier gibt es zu wenig Entlastung im politischen Sinne. So sollten Pflegezeiten parallel zu Erziehungszeiten bei der Rente angerechnet werden. Es muss möglich sein, die Berufstätigkeit für eine Anzahl von Jahren zu unterbrechen, um zu pflegen, und dann wieder in den Beruf einsteigen zu können. Hier braucht es eine Grundabsicherung, wie sie junge Eltern inzwischen erhalten, denn diese Pflegeleistung entlastet die Gesellschaft insgesamt.

Du sollst Vater und Mutter ehren – das vierte Gebot

Zudem geht es um nachbarschaftliche Entlastung: vorbeigehen, Zeit schenken, verbindlich Erledigungen übernehmen. Gemäß dem vierten Gebot ist die Frage: Welchen Respekt erweise ich Alten? Kann ich ihre Lebensleistung wertschätzen oder sehe ich nur ihre Gebrechlichkeit? Gibt es Neugier mit Blick auf ihre Lebenserfahrung oder nur ein Beschreiben ihrer Defizite? Es ist ein gutes Gebot, die Alten zu schätzen. Zeit zu finden, ihnen zuzuhören. Wer das tut, erlebt es ja als Bereicherung, ihre Erfahrung und durchaus auch die Gebrechlichkeit bewusst wahrzunehmen. Heute erscheint Alter häufig nur als Last, die ich in meinem Alltag auch noch bewältigen muss. Und Alte werden vornehmlich als Belastung der Gesellschaft gesehen: zu wenig Produktivität, zu viel Inanspruchnahme der Krankenversicherung, zu viel Zeitbedarf.

In dramatischen Darstellungen wird immer wieder die Alterskurve unseres Landes dargestellt oder eindringlich vor Augen geführt: Diese Form der Alterspyramide ist langfristig für ein Land in der Tat eine Herausforderung. So wurde auf dem sogenannten Weltaltengipfel in Madrid von einem „age-quake" – vom Altersbeben – gesprochen. Für die Alten keine ermutigende Wahrnehmung, stets nur als Last und Belastung gesehen zu werden.

Parallel dazu greift geradezu eine Ideologie des Jung- und Gesundseins um sich. Eine ganze Ausgabe des Wochenmagazins „Der Spiegel" war der Frage gewidmet, wie dem Altern äußerlich Einhalt zu gebieten sei. Da gibt es Facelifting und Fettabsaugen, der Mensch kann sich Nervengifte unter die Falten spritzen oder Silikon an den unterschiedlichsten Stellen einpflanzen lassen. Schöne neue Welt. Alle Operationen werden aber nicht verhindern, dass Menschen in unserem Land alt werden, dass es langsamer geht und dass sie an der Supermarktkasse nicht locker die EC-Karte zücken, sondern mühsam versuchen, Geldstück um Geldstück zusammenzusuchen. Dafür gibt es wenig Geduld in unserem Land. Der Mann mit dem Rollator wird als Verlangsamer gesehen. Die Frau, die nicht so schnell in die U-Bahn steigen kann, verzögert den Betriebsablauf. Alte werden nicht mit Respekt gewürdigt, sondern sind Störfaktoren in einer beschleunigten Zeit.

Als Kind bin ich mit den Erzählungen der Alten groß geworden. Sie haben sich tief in mein Gedächtnis eingebrannt. Wie es beispielsweise war auf der Flucht aus Pommern. Darüber gab es viele verschiedene Geschichten. Und ich habe im Leben so manches Mal gedacht: „Wenn wir die Flucht aus Pommern überstanden haben, werde ich das wohl auch durchstehen." Das ist einer der Aspekte des kollektiven Gedächtnisses, das bei vielen Nationen von Ureinwohnern noch wesentlich intensiver zu finden ist. Die „Traumpfade" der Aborigines in Australien etwa sind so eine Weitergabe von Erfahrung. Ihre Lebenssituation will ich auf keinen Fall romantisieren – wie es ihnen heute geht, habe ich selbst gesehen. Aber einige bewahren die Würde der Ahnen, das Gedächtnis ihrer Kultur und gewinnen dadurch eine eigene Haltung. Sie hängen an den Lippen der Alten, die noch erzählen können, und tradieren das Gehörte weiter. In so mancher Kultur war es das Erzählen und nicht die Schriftform, die weitergegeben hat, was

Menschen zum Leben brauchen, was ihnen Wurzeln, Halt und Haltung gab.

Zum einen ist es natürlich positiv, dass die Menschen in unserem Land im Alter heute zunehmend selbstständig bleiben. In Altenheime kommen aber oft nur noch Demenzkranke und wirklich Pflegebedürftige. Das Konzept eines Altenheimes, in dem Gemeinschaft erfahren wird und miteinander das Älterwerden erlebt wird, tritt in den Hintergrund. Die Frage ist, ob wir neue Konzepte entwickeln. Erste Alten-WGs entstehen, Mehrgenerationenhäuser bieten eine Chance, aber vielleicht ja schlicht auch die gute alte Nachbarschaft, bei der jemand fragt, wie es dem anderen geht, ein Kind die alte Frau mit Rollator begleitet oder eine Nachbarin dem alten Mann vom Einkaufen etwas mitbringt.

Wir können daran etwas ändern, jeden Tag. Du kannst die ältere Dame von nebenan besuchen, vielleicht sogar mit deinen Kindern. Und sie darf erzählen und wir können zuhören. Als in dem Haus, in dem ich in Berlin lebe, eine Wohnung frei wurde, hieß es: „Die Dame hat hier seit 1926 gewohnt und ist jetzt in ein Altersheim gezogen." Ich konnte es nicht fassen! Und ich habe mich über mich selbst geärgert, dass ich sie nicht gefragt habe, solange es noch möglich war, wer so alles hier gewohnt hat. Das habe ich leider versäumt in der kurzen Zeit, in der wir uns ab und an im Flur begegnet sind. Inzwischen bin ich entschlossen, offensiver zu fragen und nicht ständig an den Älteren in meiner Straße vorbeizurauschen, weil ich es eilig habe. Und ich sage auch an der Kasse im Einkaufsladen, wenn die Ersten unruhig werden, weil ein älterer Mensch ihnen nicht schnell genug ist: „Kein Stress, ich hab Zeit!" Wir laufen so anonym und schnell durch die Stadt, dass es ungewöhnlich ist, jemanden anzusprechen. Christinnen und Christen aber kennen die Bedeutung der Achtsamkeit.

Dabei geht es auch um politische Forderungen. Wenn eine Frau im Alter heute im Durchschnitt 500 Euro Rente bezieht, ist das ein Skandal. Altersarmut ist bitter und aus Scham wird oft nicht darüber gesprochen, allzu oft bleibt sie unsichtbar. Doch wir sollten sie sichtbar machen, hinsehen, eine angemessene Grundsicherung einklagen, die Alten einladen, mit ihnen reden, zuhören, erzählen lassen, Feste feiern! So kann es nicht bleiben, denn so ehren wir Vater und Mutter nicht! Wenn die Politik jetzt darüber debattiert, ob die Altersrente von Menschen, die 40 Jahre berufstätig waren, durch Zuschuss auf 850 Euro angehoben wird, ist das nur ein kleiner Schritt. Was ist mit all jenen – und überwiegend handelt es sich dabei um Frauen! –, die nicht berufstätig waren, aber sehr wohl gearbeitet haben, weil sie Kinder erzogen und Alte gepflegt haben?

Ehrenamt oder Freiwilligendienst

Zum anderen kann die Würde derer, die auf Pflege, Besuch, Zeit angewiesen sind, ohne ehrenamtliches Engagement nicht gewahrt werden. Deshalb habe ich Hochachtung vor Organisationen wie den „Grünen Damen" – dabei handelt es sich um mehr als 11 000 Menschen, die überall im Land Menschen in Krankenhäusern und Altenheimen begleiten, besuchen und unterstützen. Ich denke an die „Tafeln", die ehrenamtlich organisieren, dass Lebensmittel, die in Supermärkten nicht mehr verkauft werden können, aber noch genießbar sind, an Menschen verteilt werden, die auf Unterstützung angewiesen sind. Ich denke an Schuldnerbegleiter, die Überschuldeten, die auf einen Platz in der Schuldnerberatung warten, helfen, schon einmal die Papiere zu sortieren, die Gläubiger zu beruhigen, ihr Leben in den Griff zu bekommen. Ich denke an ehrenamtliche Großelternbörsen, bei denen Ältere junge Familien entlasten, zum Teil auch organisiert in Projekten wie „Wellcome". Und wie viele mehr brauchten Unterstützung! Etwa

Familien, bei denen der Vater eine Gefängnisstrafe absitzen muss, die ausgegrenzt sind, in denen vor allem die Kinder seelische Zuwendung brauchen. Da soll niemand sagen, er wisse nicht, was er für mehr Miteinander in dieser Gesellschaft tun könne. Es gibt für jede Gabe einen Ort, für jedes Engagement eine Notwendigkeit. Das Gewebe einer Gesellschaft wird durch Menschen zusammengehalten, die nicht nur fordern, was der Staat zu tun hat, sondern sich persönlich mit Liebe und Zuwendung einbringen und so Teil eines Segenskreises von Geben und Nehmen sind. Denn das ist doch deutlich: Es ist wunderbar, wenn ich mich einbringen kann. Und es ist wunderbar, wenn ich um Zuwendung nicht betteln und mich schämen muss, sondern weiß, die andere macht es aus tiefstem Herzen gern. So sieht die solidarische Gemeinschaft aus, die die Bibel beschreibt, eine Kontrastgesellschaft zu all dem Hauen und Stechen, dem Ringen um Platz 1. Barmherzigkeit ist ein biblisches Gebot, eine staatliche Verpflichtung und eine Anforderung an die Zivilgesellschaft zugleich. Wir sind nicht die USA, die all das auf den privaten Sektor verschieben, darüber bin ich froh. Aber staatliche Leistung und zivilgesellschaftliches Engagement müssen zusammenwirken, auch in unserem Land.

Wir können nicht einfach wegschauen, wenn Alte, Behinderte, Kranke an den Rand der Gesellschaft gedrängt werden. Das tun im Gleichnis der Priester und der Levit. Der Samariter jedoch schaut hin, engagiert sich, ja, zahlt sogar! Insofern ist das Gleichnis hochaktuell: Es geht um unsere Zeit, unsere Aufmerksamkeit, es geht auch um Geld und um Ausstattung. Einmischung ist gefragt, damit der Segenskreislauf der Barmherzigkeit intakt bleibt.

Wie sieht es denn aus mit unserem Zeitkontingent? Habe ich wirklich keine Zeit, nebenan nachzufragen, ob Hilfe benötigt wird? Wenn der bundesdeutsche Durchschnittsbürger täglich 223 Minuten Fernsehen schaut, kann doch die Frage aufgeworfen werden, ob er zumindest einmal zehn Prozent davon für den Nachbarn einsetzt, das wären 22,3 Minuten. Das würde fast für die „große Morgenwäsche mit Toilettengang" reichen, aber zumindest für hingehen und zuhören.

Da geht es übrigens nicht nur um die Alten! Wenn mitten in Leipzig in einem belebten und beliebten Stadtteil eine alleinerziehende junge Hartz-IV-Empfängerin stirbt, niemand das bemerkt und ihr kleiner Sohn allein und hilflos in der Wohnung des Mehrfamilienhauses verdurstet, wird auf bedrückende Weise die Verödung der Beziehungen in unserem Land deutlich.[15]

Mir geht es darum, bewusst den Segenskreislauf der Barmherzigkeit zu erkennen. Dieser steht dafür, dass es im Leben Phasen gibt, in denen ich auf andere angewiesen bin, und Phasen, in denen andere auf mich zählen können. Wenn ich in meinen Zeiten der Stärke gebe, kann ich darauf vertrauen, dass ich in meinen Zeiten der Schwäche Unterstützung finde. Das ist Segen: wenn man sich in einer Gemeinschaft gehalten weiß, die niemanden fallen lässt, weil darin jeder auf den anderen achtet. Es geht darum, miteinander zu leben, statt einander aus dem Weg zu gehen. Verantwortung statt Egomanie ist gefragt. Wenn das der Maßstab ist, wird die gerechte Welt Gottes, auf die wir hoffen, für uns zum Bauplan der Welt.

Übrigens fasziniert mich immer wieder, wie biblische Texte, die uns sehr vertraut sind, in neuem Licht erscheinen können, wenn wir sie mit Blick auf unsere Alltagserfahrung heute betrachten. Vor einigen Jahren war der Terminplan bei einem meiner Besuche in der Partnerkirche der hannoverschen Landeskirche in Äthiopien sehr eng. Auf jeden Fall sollte ich aber die Hermannsburger

---

15 „Kleinkind verdurstet neben toter Mutter", in: „Süddeutsche Zeitung", 23./24. Juni 2012, S. 12.

Missionsstationen im Westen besuchen. Dafür wurde ein kleines Flugzeug organisiert. Der stolze Captain Solomon zeigte mir am Abend vor dem Abflug seine viersitzige Maschine. Der Anblick löste eine gewisse Skepsis in mir aus – das merkte er! Ja, sie sei alt, sagte Captain Solomon. Vor vielen Jahren habe er sie aus den USA geholt. Zudem erklärte er, auf der Piste in Ayra, unserem Zielort, sei seit vier Jahren kein Flugzeug mehr gelandet, das sei also nicht der Kennedy-Airport. Aber ich sollte ihm und dem Flugzeug vertrauen, sie würden mich schon heil runterbringen. Meine Begeisterung war leicht begrenzt.

Während des Fluges sagte mir Captain Solomon, Lukas 10 sei *das* Gleichnis für sein Flugzeug. Ich müsse verstehen, dass der Samariter nichts gewesen wäre ohne sein Lasttier. Der Esel hätte den Verletzten schließlich transportiert. Und ihn ärgere, dass das nie erwähnt würde. Er fände, sein Flugzeug sei wie dieses Lasttier – bereit zum Dienen, unentbehrlich. Aber nie würde wirklich wahrgenommen, welch wichtige Rolle es spielt.

Das hat mich beeindruckt. Eine ganz neue Sicht der Dinge! Was wäre der Samariter ohne sein Lasttier! Welcher Exeget wäre je darauf gekommen? In der Tat, Barmherzigkeit ist nicht nur ein beliebiges Handeln und schon gar kein herablassendes, sondern es geht auch um Professionalität, Ausstattung, sinnvolles Tun. Nicht nur, *dass* wir für andere eintreten, sondern auch *wie und mit welchen Mitteln,* ist Teil der Herausforderung. Das Gleichnis vom barmherzigen Samariter ist auch nach 2000 Jahren ganz offensichtlich noch nicht ausgelesen.

4. Gerechtigkeit als Leitbild

Alle kennen dieses Gefühl, dass etwas ungerecht ist. Es ist wie ein tiefes Unbehagen. Schon bei Kindern: „Das ist nicht gerecht! Sie hat mehr als ich! Er wird bevorzugt!" Auch bei Erwachsenen sitzt das Empfinden tief: Ungerecht, dass die Schleckermitarbeiterinnen vor dem Nichts stehen, Familie Schlecker aber weiterhin in einer Villa wohnt. Ungerecht, dass eine gut verdienende Mutter das volle Kindergeld erhält, es bei einer arbeitslosen Mutter aber komplett auf Hartz-IV-Leistungen angerechnet wird. Ungerecht, dass Frauen in unserem Land im Durchschnitt 22 Prozent weniger verdienen als Männer. Ungerecht, dass Kinder aus armen Familien in der Regel einen schlechteren Schulabschluss machen als Kinder aus reichen Familien. Ungerecht, dass ich den Arbeitsplatz nicht bekommen habe, sondern der andere Bewerber. Ungerecht, dass der Vorstandsvorsitzende von VW, Martin Winterkorn, 2011 über 17,4 Millionen Euro verdient hat, davon 11 Millionen Euro als Bonuszahlung. „17,4 Millionen Euro sind umgerechnet rund 2000 Euro pro Stunde – 365 Tage im Jahr und 24 Stunden am Tag."[16] Eine gut ausgebildete Erzieherin hat dagegen nur ein Monatsbruttogehalt von rund 2200 Euro – und erfüllt eine so wichtige Aufgabe![17] Nach dem Abgasskandal sollen 23 000 VW-Mitarbeiterinnen und -Mitarbeiter entlassen werden – die Boni der Leitungsebene wurden nicht gestrichen. Dem Betriebsfrieden wird das gewiss nicht dienlich sein …

---

16 Dietmar Henning, „Millionen für VW-Chef Winterkorn – kein Geld für EU-Einwanderer", 14. März 2012, www.wsws.org/de/2012/mar2012/wint-m14.shtml.
17 http://www.nettolohn.de/top50/beruf-daten.html.

Gerechtigkeit als Beziehungsgeschehen

Was sagt die christliche Tradition zum Thema? Die Bibel versteht Gerechtigkeit als ein Verhalten, das Gott von den Menschen erwartet, und sieht sie zuallererst als eine Frage der Beziehung. In einer wunderbaren Klarheit macht ein Text aus dem 5. Buch Mose deutlich: „*Wenn dein Kind dich morgen fragt: Was sind das für Vermahnungen, Gebote und Rechte, die euch der Herr, unser Gott, geboten hat? So sollst du deinem Kind sagen: Wir waren Knechte des Pharao in Ägypten, und der Herr führte uns aus Ägypten mit mächtiger Hand (…) und führte uns von dort weg, um uns hineinzubringen und uns das Land zu geben, wie er unseren Vätern geschworen hatte (…) auf dass es uns wohlgehe unser Leben lang, so wie es heute ist. Und das wird unsere Gerechtigkeit sein, dass wir alle diese Gebote tun und halten vor dem Herrn, unserem Gott, wie er uns geboten hat*" (6,20-25).

Die Gerechtigkeit der Menschen ist in dieser Tradition des hebräischen Teils der Bibel an das Halten von Gottes Geboten gekoppelt, und sie wird begründet mit der entscheidenden *Befreiungserfahrung*: dem Aufbruch der Israeliten aus der Sklaverei in Ägypten. Das Halten der Gebote, das Einhalten der Erwartungen Gottes, ist die Grundlage der Freiheit, die die Israeliten durch den Auszug aus Ägypten erlangt haben. Eine Gemeinschaft der Freien kann aber nur bestehen, wenn es in ihr gerecht zugeht. Das ist die Grundlage dafür, dass Gerechtigkeit als *Gemeinschaftstreue* zu verstehen ist. Gerecht verhält sich, wer sich treu zu der Gemeinschaft verhält, in der er lebt, und treu zu Gott, der diese Gemeinschaft ins Leben ruft. Der Einzelne trägt etwas zu dieser Gemeinschaft bei, und die Gemeinschaft verhält sich mit ihm solidarisch, wo er auf die Gemeinschaft angewiesen ist. Die Beziehung ist wechselseitig: Nie kann es gerecht sein, dass der Einzelne sich auf Kosten der Gemeinschaft bereichert, noch kann es gerecht sein, dass die Gemeinschaft den Einzelnen unterdrückt. Der hebräische Begriff *zedaka*, den wir mit „Gerechtigkeit" übersetzen, meint weniger ein Rechtsverhältnis oder Gesetze, sondern umspannt im hebräischen Denken das gesamte Leben in einem Gemeinschaftsverhältnis. Es geht um das Bewusstsein, aufeinander angewiesen zu sein.

Das finde ich einen sehr interessanten ersten Aspekt, der mir hilft, wenn wir heute nach Gerechtigkeit fragen. Es geht weniger darum, dass alle das Gleiche bekommen, sondern darum, wie wir gemeinsam leben wollen. Ob wir einen Blick füreinander haben, auch da, wo wir verschieden sind. Ob wir in den großen Nöten des Lebens, die uns durch Krankheit, Arbeitslosigkeit oder Armut treffen, auf die Gemeinschaft zählen können.

In der Thora, den fünf Büchern Mose, geht es um Recht und um die Einhaltung von Gerechtigkeit. Das ist die Anforderung an die Menschen im Gottesbund. Doch schon damals scheitern die Menschen immer wieder an den Ansprüchen Gottes wie an den eigenen. Es sind die großen Propheten, die das immer wieder anprangern. Etwa Jesaja, wenn er schreibt: „*Des HERRN Zebaoth Weinberg aber ist das Haus Israel und die Männer Judas seine Pflanzung, an der sein Herz hing. Er wartete auf Rechtsspruch, siehe, da war Rechtsbruch, auf Gerechtigkeit, siehe, da war Geschrei über Schlechtigkeit*" (5,7). Und der Gerechtigkeitsprophet Amos verbindet die Kritik an der Gesellschaft sogar mit Kritik an der „offiziellen" Religion: „*Ich hasse eure Gottesdienste (…) Es ströme das Recht wie Wasser und die Gerechtigkeit wie ein nie versiegender Bach!*" (5,23–24).

Die fast dreitausend Jahre alten Texte des Alten Testamentes bringen ganz elementar den Glauben und das Vertrauen auf Gott mit Gerechtigkeit zusammen. Ein Mensch kann nicht an Gott glauben, ohne sich wie ein Gerechter beziehungsweise eine Gerechte zu verhalten und sich für Gerechtigkeit einzusetzen.

Gerechtigkeit ist Teil der Gottesbeziehung. Das ist wichtig fest-zuhalten, etwa wenn gefordert wird, die Kirche oder ihre einzel-nen Vertreterinnen und Vertreter sollten sich auf „das Eigent-liche" konzentrieren. Wenn damit der Gottesdienst gemeint ist, kann dieser aber nicht stattfinden, ohne zu schauen, wie es den anderen und den Armen geht.

Ein zweiter Hinweis der Bibel ist also: Gerechtigkeit ist nicht etwas, das zwischen verschiedenen Interessenlagern ausgehandelt werden kann, sondern etwas Vorgegebenes, das den Menschen Rechte zuerkennt, ohne dass sie hierfür selbst etwas leisten müs-sen. Der griechische Teil der Bibel erweitert mit den Kategorien von Liebe und Güte den Gerechtigkeitsbegriff noch einmal.

Jeder Mensch soll die Chance haben, die eigenen Gaben einzu-bringen. Dazu braucht es eine Grundausstattung in Form von Nahrung, Obdach, Bildung, Gesundheitsversorgung. Es müssen nicht alle das Gleiche leisten, es werden auch nicht alle das Glei-che verdienen, aber alle müssen sich als Teil des Ganzen fühlen können. Gerechtigkeit ist keine undefinierte Forderung, sondern, noch einmal, ein Beziehungsgeschehen, an dem ich beteiligt bin.

Wenn wir dem nachgehen, könnte der erste biblische Hinweis klarmachen: Lasst uns nicht in Egomanie verfallen, sondern den Blick füreinander behalten. Das heißt konkret, dass ich mich für diejenigen engagiere, die nicht mithalten können, weil sie krank sind, schlecht ausgebildet, depressiv oder schlicht verzweifelt. Der zweite macht deutlich: Niemand darf darum betteln müssen, „et-was abzubekommen", sondern es geht um Rechte und um Würde. Dafür will ich erhobenen Hauptes einstehen. Wer will schon Mit-leid? Das ist schambesetzt. Die Zusage von Recht und Würde ist etwas völlig anderes. Und es geht um eine Gemeinschaft, die mit-einander leben will, das ist die dritte Dimension. Das heißt, Ge-rechtigkeit ist ein dynamischer Begriff, nicht ein statischer.

Aber wie sieht es aus, beispielsweise an unseren Schulen? Werden benachteiligte Jugendliche ausreichend gefördert? Können Lehrerinnen und Lehrer sich den Einzelnen widmen, oder sind sie in ein System eingespannt, in dem einfach nur abgearbeitet wird, was vorgegeben ist, und keine Zeit bleibt für Individualität? Ein allererster Beitrag zur Gerechtigkeit ist die Veränderung der Schule. Ich habe das erlebt, als ich ein Jahr in den USA sein konnte (1974/75). Meine Leistungen im Fach Mathematik waren bis dahin immer an der Grenze zu „mangelhaft". Dort war ich in einem Kurs mit sieben (!) Schülerinnen und Schülern. George Norton Stone war unser Lehrer. Er wohnte auf dem Campus, und wir konnten auch nachmittags mit Fragen zu ihm kommen, wenn wir die Hausaufgabe nicht begriffen hatten. Als ich zurückkam, lagen meine Noten zwischen gut und sehr gut. Gerechtigkeit fängt da an, wo wir bereit sind, in die Jungen zu investieren und individuelle Chancen für junge Leute voranzutreiben.

Eine vierte Dimension der biblischen Sicht von Gerechtigkeit ist die, dass der Mensch vor Gott niemals ein gerechtes Leben wird führen können, eines also, das allen Geboten Gottes gerecht wird, somit gerechtfertigt ist. Der Apostel Paulus schreibt: „*So halten wir nun dafür, dass der Mensch gerecht wird ohne des Gesetzes Werke, allein durch den Glauben*" (Röm 3,28). Aber das bedeutet nicht, dass der Mensch bei allem Wissen um eigenes Scheitern und Versagen nicht doch „gute Werke" tun will. Sie sind aber nicht mehr Teil des Ringens um Anerkennung bei Gott, sondern Folge der Zusage Gottes. Es war das Thema, das auch Martin Luther so entscheidend umtrieb, dass Gerechtigkeit dem Menschen zugesprochen wird. Nicht weil der Mensch alle Gebote Gottes erfüllt und gute Werke tut, findet er vor Gott Gnade, sondern Gott sagt dem Menschen, der an ihn glaubt, die Rechtfertigung des Lebens zu.

Mehr als Geld: Beteiligung!

Eine Konsequenz aus dem Blick in die Bibel ist, dass es bei Gerechtigkeit nicht einfach darum geht, Güter und Geld zu verteilen, sondern darum, dass Menschen ermöglicht wird, sich zu beteiligen, dabei zu sein, mitzumachen und nicht ausgegrenzt zu werden, ganz gleich, wie leistungsfähig sie sind. Für viele macht sich Gerechtigkeit heute vor allem am Geld fest. Sicher ist Geld ein wichtiger Faktor bei dem bitteren Gefühl, ausgeschlossen zu sein von dem, was die Gemeinschaft erlebt. Da erzählt mir eine Mutter, dass die Klasse ihres 15-jährigen Sohnes einen Auslandsaufenthalt geplant habe. Sie konnte das erforderliche Geld nicht aufbringen. Die Klasse wollte den Jungen jedoch unbedingt dabeihaben und gemeinsam haben alle Beteiligten das notwendige Geld aufgetrieben. Am Ende wollte er trotzdem nicht mitfahren, weil er sich zu sehr geschämt hat, dass andere für ihn bezahlen. Selbst als der Lehrer bei der Mutter anrief, ließ sich ihr Sohn nicht umstimmen. Er blieb als Einziger zu Hause …

Es geht auch darum, dass Menschen befähigt werden und die Chance haben, sich mit ihren Gaben einzubringen und Wertschätzung zu erfahren, auch wenn ihre Möglichkeiten begrenzt sind. Ein Beispiel ist für mich eine Jugendwerkstatt, in der Fahrräder repariert werden. Es ist manches Mal mühsam für die Ausbilder, den Jugendlichen so grundlegende Dinge wie Verlässlichkeit und Engagement mitzugeben. Aber es ist ein Gefühl von Würde vorhanden: „Du kannst etwas! Du leistest einen Beitrag! Du verdienst dir deinen Unterhalt!"

Damit hängt Bildung zusammen, ein entscheidender Faktor, wenn wir sehen, dass gerade Kinder aus Migrantenfamilien weniger Bildungschancen haben als andere. Wie wichtig ist es, dass die Kinder die deutsche Sprache vor der Einschulung lernen, das gilt gerade auch für die Geflüchteten, die jetzt zu uns kommen. Ein gewichtiger Schlüssel dazu ist es, Kontakt zu ihren

Müttern zu bekommen. Das gelingt beispielsweise in dem Projekt „FUN – Familie und Nachbarschaft". Da wird Vertrauen aufgebaut. Mütter bekochen sich gegenseitig und Kinder sind auf einmal stolz: „Meine Mama kann was!" Da werden Ängste und Barrieren abgebaut und die Frauen wagen es zu fragen: „Wie kann ich mein Kind fördern?" Und in so vertrautem Umfeld kann eine Mitarbeiterin unbefangen vorschlagen, miteinander ein Bilderbuch zu lesen. Die Frauen erwartet kein erhobener Zeigefinger, sondern es werden Bildungschancen für Kinder eröffnet, und sie werden gemeinschaftsfähig.

Gerechtigkeit zwischen den Generationen

Auch geht es um die Beziehung über die Generationengrenze hinweg, die um die Verantwortung weiß sowohl für die Alten im Land als auch für die nachwachsende Generation. Wie sollen denn Jugendliche zuversichtlich heranwachsen, wenn sie nur Zeitverträge und Praktika erhalten, ihnen fortwährend erzählt wird, die Rente sei nicht sicher, alles ungewiss, jeder sorge zuallererst am besten nur für sich selbst? Wie können wir Älteren verantworten, dass wir gigantische Schuldenberge hinterlassen werden? Wie fühlen sich junge Leute, die von einem Praktikum in den nächsten Zeitvertrag geschickt werden, trotz guter Ausbildung?

Wolfgang Gründinger schreibt: „Wir Jungen müssen ausbaden, was eine Generation kurzsichtiger Finanzjongleure und Politiker uns eingebrockt hat: Schuldenkrise, Sozialkrise, Umweltkrise."[18] Er hat recht! Es ist schlicht unverantwortlich, „auf Pump" zu leben. Ich bin keine Wirtschaftswissenschaftlerin, aber es kann doch von der Politik erwartet werden, dass sie Konzepte aufzeigt, wie wir Zukunftsgerechtigkeit gestalten können. Es muss doch möglich sein, darüber nachzudenken. Das mag Einschnitte in

18 Wolfgang Gründinger, „Steht auf ihr Jungen!", in: „Süddeutsche Zeitung", 18. August 2012.

unseren Wohlstand bedeuten. Aber die müssen sein, wenn wir verantwortlich leben wollen. Und zur Verantwortung gehört, ein „bestelltes Haus" zu hinterlassen und nicht einen Schuldenberg, der Generationen nach uns belastet.

Zu Generationengerechtigkeit gehört auch der Respekt der Jungen gegenüber den Alten. Eine Gesellschaft, die fanatisch auf Jungsein und Jungbleiben fixiert ist, praktiziert ihn ebenso wenig wie eine, die Ressourcen auf Kosten der nachfolgenden Generationen verbraucht.

Gerechtigkeit im weltweiten Kontext

Der biblische Befund weitet den Horizont. Gerechtigkeit ist eine Frage meiner Gottesbeziehung und der Beziehung zu anderen Menschen, mit denen ich lebe, in diesem Land und auf dieser Welt. Die Beziehung geht über nationale Grenzen hinaus und öffnet den Blick zur noch größeren Herausforderung. Die aktuelle Statistik der Welthungerhilfe besagt: Weltweit hungern etwa 795 Millionen Menschen. Auf der Erde leben fast 7,5 Milliarden Menschen. Einer von neun Menschen weltweit muss jeden Abend hungrig schlafen gehen. Etwa jedes vierte Kind ist von Wachstumsverzögerungen betroffen, acht Prozent aller Kinder leiden unter Auszehrung.

In sieben Ländern wird der Schweregrad des Hungers als „sehr ernst" eingestuft, in weiteren 43 Ländern als „ernst".[19] Zwei Drittel der weltweit an Hunger leidenden Menschen leben in nur sieben Ländern: Zentralafrikanische Republik, Tschad, Sambia, Haiti, Madagaskar, Jemen, Sierra Leone. In Sierra Leone variiert der Anteil von chronisch unterernährten Kindern je nach Distrikt zwischen 28 und 51 Prozent.

---

19 Welthunger-Index (WHI). Aktuelles: http://www.welthungerhilfe.de/welthungerindex.html#!/c7727/.

Jährlich sterben etwa 3 Millionen Kinder weltweit an den Folgen von Mangel- und Unterernährung – das sind 8219 Kinder täglich.[20]

Diese Zahlen tun weh, erschüttern, verstören. Weil hinter jeder Zahl ein Schicksal steht, ein Leben, Hoffnung, Elend, Zerstörung. Was wäre eigentlich, wenn täglich 6027 Westeuropäer an Hunger sterben würden? Wie alarmiert wären wir? Kann es sein, dass Sterben an Armut in den Ländern des Südens schlicht uninteressanter ist als Sterben in reichen westlichen Industrienationen? Wo ist denn da die „gerechte Welt Gottes"? Was heißt denn Entwicklungspolitik, wenn sie stetig mit Wirtschaftsinteressen einhergeht?

Natürlich lässt sich Armut nicht vergleichen. Ein Kind, das auf einer Müllhalde auf den Philippinen in Armut aufwächst, ist anders arm als ein Kind, das in Deutschland allein mit seiner Mutter aufwächst. Anders arm. Aber arm sind sie beide, und in unserer Beziehung stimmt etwas nicht, da schreit es in beiden Fällen nach Gerechtigkeit. Beide Kinder können sich nicht beteiligen in ihrer Gesellschaft, werden nicht befähigt, haben mangelnde Bildungschancen, sind gesundheitlich benachteiligt und ihre Entfaltungsmöglichkeiten sind eingeschränkt.

Die Bibel ruft uns auf, das zu ändern. Und es gibt gute Beispiele, wie das möglich ist:

– da ist die „Arche" zu nennen, die Pfarrer Bernd Siggelkow 1995 in Berlin gegründet hat. Inzwischen betreibt das Hilfswerk Kindertagesstätten in vielen Städten. Es geht darum, Kinder von der Straße zu holen, bei familiären und schulischen Problemen beizustehen, ihnen sinnvolle Freizeitmöglichkeiten zu bieten.

– Ein anderes Beispiel habe ich gesehen, als ich eine

20 http://www.who.int/maternal_child_adolescent/documents/levels_trends_child_mortality _2015/en/.

Grundschule in Hannover besucht habe, die Kinder unterschiedlichster Herkunft besuchen. Es gab eine Betreuung für 20 Kinder mit Mittagessen, Hausaufgabenhilfe und Freizeitangebot. Der Erfolg ist überzeugend; fast alle schaffen den Sprung aufs Gymnasium, was an dieser Schule selten war.

– Oder die Stiftung von Peter Maffay, die Schutzräume für Kinder, Häuser der Begegnung geschaffen hat in Deutschland, Rumänien und auf Mallorca. Wie bereits erwähnt, antwortete er auf die Frage, ob das nicht nur ein Tropfen auf den heißen Stein sei: „Ja, sicher. Aber was ist die Alternative? Nichts tun kann es doch nicht sein." Das fand ich eindrücklich.

Aber auch international gibt es solche Projekte: In Südindien war ich zu Gast in einer Mädchenschule. Eine couragierte Direktorin holt die Mädchen von der Straße, sie lernen Lesen und Schreiben und Nähen und bekommen eine Chance auf eine selbstbestimmte Zukunft. In den fast 20 Jahren, in denen ich für den Ökumenischen Rat der Kirchen ehrenamtlich tätig war, habe ich in Afrika, Asien und Lateinamerika viele gute Beispiele von Bildung, Befähigung, Beteiligung für Kinder gesehen, die durch die Unterstützung der weltweiten Gemeinschaft möglich wurden. Der Evangelische Entwicklungsdienst, Misereor, Brot für die Welt – sie alle ermöglichen viele Projekte, die Hilfe zur Selbsthilfe möglich machen, zu denen wir alle mit Spenden und Kollekten beitragen können. Und es ist ja nicht so, dass „die Reichen" sich keine Gedanken machten. Mit ihrem „Giving Pledge" haben Warren Buffett und Bill Gates inzwischen 73 Milliardären das Versprechen abgenommen, „mehr als die Hälfte ihres Vermögens für gute Zwecke zu verschenken, insgesamt sollen rund 600 Milliarden Dollar zusammenkommen. Zum Vergleich: Das gesamte UNICEF-Budget für den Vierjahreszeitraum 2014–2017 umfasst auf Grundlage der Einnahmeerwartungen 17,5 Milliarden Dollar."[21] Sage niemand, wir könnten nichts tun!

Derart immense Zahlen dürfen uns aber nicht verzagen lassen. Auch kleine Schritte sind möglich. Es gibt Partnerschaften zwischen Kirchengemeinden in Nord und Süd, die sehr konkret miteinander beraten, welche Form der Unterstützung wichtig und sinnvoll ist. Wir können, um ein Beispiel zu nennen, beim Teppichkauf auf das Siegel schauen, das nachweist, dass ein Teppich ohne Kinderarbeit hergestellt wurde. Das Evangelische Missionswerk hat ein Programm entwickelt, in dem Kindertagesstätten in Deutschland sich mit Kindertagesstätten in Ländern des Südens verknüpfen: „Wie leben Kinder anderswo?" So entsteht Gerechtigkeit durch Beziehung, durch Wahrnehmen der anderen in ihrer Situation.

Gerechtigkeit als Leitbild

All das zeigt: Wir müssen dringend den Begriff der Gerechtigkeit aus dem Schlagabtausch der Auseinandersetzungen befreien und ihn wieder zum positiven Leitbild einer Gesellschaft erheben, in der es de facto Unterschiede gibt – auch im Leistungswillen und der Leistungsfähigkeit –, aber alle gemeinsam um ein Miteinander ringen, das allen ihre Würde zuspricht, auch dem schwächsten Glied in der Gemeinschaft. Wie heißt es in der Bibel: *„Gerechtigkeit erhöht ein Volk"* (Spr 14,34). Das Anliegen der gesamten Gemeinschaft muss sein, dass die Schwächsten nicht unter die Räder kommen oder weltweit als „überflüssige Menschen auf überflüssigen Kontinenten" (Hinkelammert) betrachtet werden, sondern als Teil einer solidarischen Gemeinschaft. Es ist offensichtlich, dass Raffgier, Maßlosigkeit und Geiz nicht zu einem guten Leben führen, sondern in die egomanische Irre. Geiz ist

21 http://www.new-york-un.diplo.de/Vertretung/newyorkvn/de/themen-schwerpunkte-ziele/
unicef-factsheet.html.

eben nicht „geil", sondern macht einen Menschen wenig liebens-
wert. Wer von uns würde jemals sagen: „Schatz, ich liebe dich,
weil du so wunderbar geizig bist"?

Das neunte und zehnte biblische Gebot (nach Luthers Zählung)
können da durchaus Orientierung geben. *Du sollst nicht begeh-*
ren deines Nächsten Haus: Raffen, Habenwollen, Habgier – wer
mit solchen Prämissen lebt, verliert jeden Blick auf ein Miteinander, auf Rücksicht, auf die soziale Verpflichtung, die Eigentum
mit sich bringt. Wenn alle nur noch versuchen, Schnäppchen zu
machen, gibt es keine Solidarität mehr.
Du sollst nicht begehren deines Nächsten Weib, Knecht, Magd,
Vieh noch alles, was sein ist – das zehnte Gebot. Die Gier nach
dem, was andere haben, die sogenannte Neidgesellschaft – dass
das dem Gemeinsinn nicht zuträglich ist, bleibt bis heute offensichtlich. Das Auseinanderklaffen von Habenden und Verschul-
deten in unserem Land wie in der großen weiten Welt zerstört Leben. Ein Bewusstsein für Bescheidenheit ist gefragt. Nichts, was
wir haben, werden wir halten können. Die Frage ist, was wir brauchen zum guten Leben. Und was nur Ballast ist oder dem Gefühl
der Sicherheit dient. Sich trennen vom „Zuviel" ist gar nicht so
leicht. Aber es schafft Freiräume. Die Münchener Regionalbischö-
fin Susanne Breit-Kessler schreibt: „Haben und nicht brauchen ist
Diebstahl. Diese harsche, in Wahrheit freiheitliche Devise schafft
in meinem Leben Raum."[22] Gier und Geiz aber machen unsym-
pathisch und einsam. So wird schon in der Bibel vor Geiz gewarnt.
„Geizige werden das Reich Gottes nicht erben", schreibt Paulus im
ersten Korintherbrief (vgl. 6,10). Der Grund ist wohl wiederum,
dass das Reich Gottes eine Kontrastgesellschaft abbildet: Da stehen die Sanftmütigen im Vordergrund, die Barmherzigen, die

---

22 Susanne Breit-Kessler, Lebenssätze. Die Inspiration der Zehn Gebote, Freiburg 2012,
S. 106.

mit der Sehnsucht nach Gerechtigkeit. Ganz andere Kategorien als die Erfolgsgaranten unserer Tage: Durchsetzungsvermögen, Steigerung der Aktienkurse, Einkommensverbesserung. Da ist eine junge Frau absolut deprimiert, weil ihre Stelle so wenig abwirft. Andererseits ist es eine Stelle, in die sie all ihre Kompetenz einbringen kann, die eine tiefe soziale Bedeutung hat. Aber andere sagen: „Warum rackerst du für so wenig Geld?" Das verleidet ihr ein gutes Leben, das mit einer sinnvollen Arbeit, die sie ernährt, doch wunderbar sein kann.

Was wirklich frei macht

Haben- und Haltenwollen, diese Gier nach Besitz macht zuallererst unfrei. Es bedeutet eine enorme Freiheit, geben zu können, ja freigiebig zu sein. Es geht um die Freiheit loszulassen. Die Freiheit auch von den materiellen Dingen. Gewiss, materielle Dinge sind schön, können das Leben erleichtern – selbst wir Protestanten trauen uns inzwischen zu genießen! Wer aber innerlich frei bleibt, solche Freiheit lebt, setzt nicht auf vermeintliche Sicherheit durch Geld und Besitz, sondern darauf, dass Gott es richten wird und andere Menschen für mich mitsorgen. Um Gottvertrauen und Menschenvertrauen geht es.

„Von allem, was mir gehörte, blieb mir nur das Verschenkte", hat die Schriftstellerin Gertrud von le Fort (1876–1971) einmal gesagt. Das sitzt tief. Und zeigt eine große innere Unabhängigkeit! Du fällst nicht ins Bodenlose, wenn du loslässt. Du bist gehalten.

Das hat gerade nicht Kargheit zur Folge, sondern Freude an den Dingen. Es geht um Liebe zum Leben und zu den Menschen, statt um Egoismus, Angst und Abgrenzung. Wer freigebig ist, lebt in der Tat glücklicher. Dann musst du nicht zwanghaft festhalten, sondern stehst in einer Art Segenskreis, in dem du wieder empfängst von denen, denen du gibst. Denn das wissen wir doch auch: Jemandem etwas geben, schenken zu können, ist ja nicht nur ein

Abgeben, sondern immer auch ein Empfangen. Es bereitet mir doch Freude, die Freude der anderen zu sehen. Wir können geradezu dankbar sein, wenn wir geben können. Es ist manchmal wesentlich schwerer, zu empfangen, Zuwendung anzunehmen, weil das oft mit Scham verbunden ist, mit dem Wissen, ich bin auf andere angewiesen, muss dankbar sein. Wem fällt es schon leicht, um Hilfe zu bitten?

Wer geben kann, ist gesegnet. Und wer etwas einbringen kann in die Gesellschaft, etwas leisten darf, legt wahrhaftig einen nachhaltigen Lebensstil an den Tag. Allzu viele sehen Leistung als etwas Selbsterschaffenes und nicht als Geschenk. Das Unwort „Macher" ist ein Synonym dafür. Da wünsche ich mir ein anderes Bewusstsein. Ja, ich weiß um die vielen Belastungen in der Arbeitswelt, gerade in leitender Verantwortung, das habe ich viele Jahre lang selbst erlebt. Aber es ist doch auch großartig, ein solches Arbeitspensum absolvieren zu können! Wie schwer fällt es einem mehrfach körperlich behinderten Menschen, morgens aufzustehen, sich zu waschen, anzuziehen, sich zu versorgen? Auch das ist ja Leistung. Ich jedenfalls bin dankbar, dass ich leisten kann, Kraft habe, mich einzubringen in das große Gesamtgeschehen unserer Gesellschaft.

Natürlich geht es bei Gerechtigkeit auch um Geld und um Wirtschaft. Martin Luther stand in der Tradition Augustinus' und Thomas von Aquins dem Zins als solchem – genauer gesagt dem Wucherzins – sehr skeptisch bis ablehnend gegenüber: Der Mensch dürfe sein Kapital nicht dadurch mehren, dass er die von Gott gegebene Zeit für ihn arbeiten lasse. Denn nur durch eigenes Dazutun sei die Vermehrung des Reichtums gerechtfertigt. Das stimmt ja auch heute: Geld arbeitet eben nicht. Und Wucherzins bleibt unvertretbar.

In mehreren Schriften²³ wandte sich Luther leidenschaftlich gegen Wucher und Monopole. Seine Kritik richtete sich gegen das Handels- und Wucherkapital des Frühkapitalismus, das Gebaren der großen Bankhäuser wie der Fugger, die Gier nach dem Gold der Azteken. Die Finanzkrise hat gezeigt, wohin es führt, wenn Geldwirtschaft auf schnelle spektakuläre Gewinne hin orientiert ist. Zins an sich wird heute in der Weltwirtschaft insgesamt nicht infrage gestellt. Auch Kirchen legen Rücklagen an, etwa für die Pensionskasse. Aber Wucherzins müssen wir auch heute in lutherischer Klarheit anprangern! Wir sind offensichtlich an einem Punkt angekommen, an dem sich die Grenzen einer bestimmten Form von Wachstum im Bereich des Finanzkapitals so deutlich gezeigt haben wie selten zuvor. Da sind Luftblasen voller Geld entstanden, ohne dass es diese finanziellen Mittel real überhaupt gab. Und Menschen, die Banken vertraut haben, wurden zum Gegenstand von Spekulationen. In den USA erzählte ein Kollege an der Universität, dass er ein Haus für 150 000 Dollar gekauft hatte. Schritt für Schritt hat er 50 000 Dollar abbezahlt. Nach der Finanzkrise ist sein Haus noch 60 000 Dollar wert, er hat also für nichts bezahlt, für eine „Blase", und jetzt 100 000 Dollar Schulden, von denen 40 000 überhaupt nicht gedeckt sind. Er ist zum Spielball der Banken geworden. Und er hat noch Glück im Unglück, da er einen Arbeitsplatz hat, der nicht so schnell kündbar ist, und ein relativ gutes Gehalt nach Hause bringt. Niemand übernimmt für solche Fehlentwicklungen Verantwortung; es wird alles „dem System" oder „dem Markt" zugeschoben. Aber Bankensystem und Markt sind von Menschen geschaffen, gesteuert, geplant. Es scheint mir allzu leicht, ständig Verantwortung abzuwälzen. Und die großen Börseneinbrüche der vergangenen Jahre haben ganz offenbar nicht zu mehr Vernunft und Nachdenken geführt,

---

23 Vgl. Großer Sermon vom Wucher (1520). Von Kaufhandlung und Wucher (1524). An die Pfarrherrn wider den Wucher zu predigen (1540).

sondern es wird munter oder eher verantwortungslos weiterspekuliert auf möglichst viel Gewinn, ohne Blick auf das Gemeinwohl. Alternative bieten beispielsweise Kleinstkredite zu Niedrigstzinsen, etwa im Bereich der Entwicklungsorganisationen. Wir sehen, dass damit Menschen eine Lebensgrundlage eröffnet wird. Ein Beispiel ist *oikokredit*[24], eine Genossenschaft, die weltweit Darlehen an Genossenschaften und kleine Unternehmen in Entwicklungs- und Schwellenländern vergibt und ihren Anlegerinnen und Anlegern eine ethische und sozial verantwortliche Geldanlage bietet. Leider zeigen sich allerdings auch hier inzwischen „ungerechte" Geldleihpraktiken und manche Existenzgründung scheitert.

Auf dem Deutschen Evangelischen Kirchentag in Stuttgart habe ich 2015 eine Bibelarbeit über einen Text gehalten, bei dem es um Schuldenerlass ging. Das ist tatsächlich ein Thema in der Bibel! Nach sieben Jahren soll entschuldet werden – oder zumindest nach 50 Jahren –, damit Menschen wieder frei leben können. Spontan habe ich damals gesagt: „Das wäre doch mal eine Perspektive für Griechenland" – und die Anwesenden haben applaudiert. Warum? Ich denke, weil es eine Sehnsucht gibt nach kreativen Lösungen. Viele resignieren, wenn es keine politischen Visionen mehr gibt.

Sofort hagelte es aber natürlich auch kritische Reaktionen: Das ist viel zu einfach, Schuldenerlass kann es nicht geben! Da gibt es schließlich Banken, denen Rückzahlung zugesagt wurde, wir können doch die Griechen nicht entschulden mit unserem guten Geld. Wenn da jeder käme! Mit der Bibel kann man doch keine Realpolitik machen, ich bitte Sie.

Innerlich muss ich ein bisschen lachen. Da führt eine biblische Vision zu aktueller Aufregung, wer hätte denn das gedacht? Die biblische Haltung zur Schuldenfrage provoziert schon lange.

24 Vgl. www.oikokredit.de.

Beim G8-Gipfel 1999 in Köln etwa demonstrierten über 40 000 Menschen für einen Schuldenerlass für hochverschuldete Länder in Lateinamerika und Afrika. Und gut, dass beim „G7-Alternativgipfel" tatsächlich um Alternativen gerungen wird. Wir brauchen doch einmal Durchbrüche! Es geht nicht zuallererst um Geld, sondern um Menschen. In Griechenland ist die Gesundheitsversorgung bedroht. Flüchtlinge, die dort ankommen, können nicht versorgt werden. Alte Menschen haben Angst um ihre Existenz. Junge Leute finden keine Arbeit. Was können sie für die Misere? Natürlich muss Korruption bekämpft werden. Und klar, die reichen Griechen müssen endlich anständig Steuern zahlen. Aber es wurden doch auch reichlich gute Geschäfte gemacht, es wurde spekuliert mit Schulden. Da wäre es naiv anzunehmen, solche Kredite wurden allein aus Menschenfreundlichkeit gewährt. Zurückgezahlt werden muss an Gläubiger wie Banken, Versicherungen und Investmentfonds!

Wie finden wir kreative Wege in die Zukunft, etwa mit Blick auf die Flüchtlingskatastrophen im Mittelmeer, mit Blick auf das liebe Geld, die Schulden und auch in Fragen von Krieg und Frieden? Ich fände gut, wenn wir wegkommen von eingefahrenen Regeln und Vorgaben und fragen, welche neuen, kreativen Lösungswege es geben kann. Die können wir gern kontrovers diskutieren, wir können streiten um den Weg nach vorn. Aber die politische Situation scheint nach wie vor wie gelähmt zu sein. Nach Visionen, die begeistern, sieht es jedenfalls eher nicht aus.

Das Neue Testament belegt insgesamt einen ziemlich entspannten Umgang mit dem schnöden Mammon – vom verlorenen Groschen bis „Gebt dem Kaiser, was des Kaisers ist". Und: „Einen fröhlichen Geber hat Gott lieb", heißt es dort beispielsweise. Nächstenliebe und der Aufbau der Gemeinde – die soziale Dimension – sind das Kriterium des angemessenen Umgangs mit Geld in der Bibel.

Reichtum wird zum Problem, wenn er zu Geiz und Gier führt. Er kann zum Segen werden, wenn mit den Pfunden, wie Jesus sagt, gewuchert wird für das Gemeinwohl. Die Pfunde mögen Geld sein. Oder eben auch Talente, wie es in einer alten Übersetzung heißt, also Chancen, Möglichkeiten, Gaben, die ich einbringen kann. Wer Eigenes in die Gemeinschaft einbringt, wer für andere gibt, was er oder sie an Geld, Zeit, Kreativität hat, wird es vermehren. Es geht um Begabung, die jeder Mensch hat, oder wie Paulus das ausdrückt: Es gibt viele Gaben, aber es geht darum, dass sie von einem Geist zusammengehalten werden (vgl. 1. Kor 12).

In der Bibel werden Reichtum und Wohlstand an sich nicht verurteilt. Aber Reiche haben es schwer mit dem Himmelreich, das zeigt der berühmte Vergleich im Markusevangelium, Kapitel 10, Vers 25: *„Es ist leichter, dass ein Kamel durch ein Nadelöhr gehe, als dass ein Reicher ins Reich Gottes komme".* Ich denke, das liegt daran, dass Besitz unfrei macht, Haben- und Haltenwollen immer stärker werden und der Mensch sich nicht mehr auf Gott gewiesen weiß, sondern meint, selbst das Leben in der Hand zu haben. Reichtum oder Wohlstand vernebeln oft den Blick auf das Ganze, die Verantwortung für das Gemeinwohl.

Und es geht auch darum, wie Reichtum entsteht. Durch die Ausbeutung anderer, durch Raubbau an der Natur? Oder auf nachhaltige Weise, bei der das Bauen und Bewahren im Blick ist und nicht nur das Ernten? Gemeinwohl und Nachhaltigkeit sind – freilich sehr verkürzt – Grundsätze eines von der Bibel her begründeten gerechten Wirtschaftens. Ich meine, dass sie auch in unserer Zeit und aktuellen Situation gerade in ihrer Einfachheit überraschend hohe Aktualität erlangt haben.

Wirtschaften mit allen

Wir brauchen bei alledem einen klaren, realistischen und selbstkritischen Umgang mit Geld. Das ist gut biblisch. Es geht ebenso um die innere Freiheit vom Besitz wie um die Freiheit zum Handeln. Um Verantwortung im Umgang mit Geld ebenso wie um Gottvertrauen. Wirtschaft wird in den jüngsten Diskussionen um Zukunft und Wachstum als ein merkwürdig isolierter Bereich angesehen. Dabei leitet sich der Begriff *oikonomia* ja vom griechischen Wort *oikos* ab, dem Haus, das Ganze umfassend, wie *oikumene* oder *oikologie*. Ich denke, eine der entscheidenden Fragen ist, ob die Ökonomie sich als Teil des Ganzen begreift, sich einfügt in das Zusammenspiel von Politik, Kultur und Zivilgesellschaft insgesamt, oder ob sie sich abgrenzt vom *oikos* und meint, in einem eigenen Raum mit eigenen Gesetzen zu existieren.

Der Nobelpreisträger Amartya Sen hat daher in seinem Buch „Ökonomie für den Menschen"[25] die Erweiterung von Freiheit sowohl als Zweck an sich wie auch als oberstes Ziel für wirtschaftliche und soziale Entwicklung definiert. Das ist ein interessanter Gedanke. Dann geht es nicht um Wirtschaft um des Gewinns willen, sondern der Mensch rückt wieder in den Mittelpunkt. Dann geht es um ein *Wirtschaften mit allen*. Das würde nicht das Streben nach materiellem Gewinn in den Mittelpunkt stellen, sondern die Würde aller. Es ginge nicht um den Kampf um die vordersten Plätze, sondern darum, dass auch der Letzte noch würdig leben kann, weil das mein eigenes Leben im Sinne von Gerechtigkeit als Beziehungsgeschehen bereichert. Es geht nicht um die Angst, nicht mithalten zu können, sondern um das Vertrauen, dass ich wertvoll bin, ganz gleich, wie viel ich beitragen kann.

Wir können in der Gerechtigkeitsfrage nicht die persönliche Verantwortung auf die Unternehmen abwälzen und die unternehmerische Verantwortung nicht kleinreden. Beides ist relevant!

Kriterium christlicher Gerechtigkeit und daher auch für Wirtschaften in biblischer Perspektive ist und bleibt die Lage der

25 Amartya Sen, Ökonomie für den Menschen. Wege zu Gerechtigkeit und Solidarität in der Marktwirtschaft. München 2000.

Armen im eigenen Land und auch der ganzen Welt. Wie es ihnen geht, daran misst sich, ob eine Gesellschaft gerecht ist oder eben nicht. Hier hat der Globalisierungsgedanke eine neue Dimension zu gewinnen. Nicht die Gewinnmaximierung von Unternehmen ist entscheidend, sondern die Frage, ob globales Handeln die Lage derer in der Welt verbessert, die wahrhaftig im Elend leben. Natürlich werden manche Wirtschaftsexperten wiederum sagen, das sei nicht möglich und Wachstum werde schon überall langfristig Wohlstand erzeugen. Aber diese Experten haben einen anderen Blick. Als Christin sehe ich: Die Lebenssituation der Armen hat Auswirkungen auf den gesamten Gesellschaftskörper. Ein Christ, eine Christin kann nicht glücklich und zufrieden sein, wenn um ihn, um sie herum Menschen im Elend versinken. Wir können uns nicht ablenken lassen von der Realität, nach dem Motto: Der Markt wird schon alles regeln. Auch der Markt wird von Menschen bestimmt und verantwortet.

Reden wir über Wirtschaft, muss daher auch Wachstum als oberstes Gebot hinterfragt werden. Die Initiative „anders wachsen" fragt deshalb, ob nicht nach dem Maß gefragt werden muss. Für viele Jahrzehnte war „soziale Marktwirtschaft" ein gutes, solides, die Gesellschaft befriedendes Leitbild. Heute sehen wir, dass es bei Gerechtigkeit darum geht, *Nachhaltigkeit* zum zentralen Ziel politischer Wirtschaftskonzepte zu machen. Nachhaltigkeit bedeutet, Ökonomie, Ökologie und Soziales in einen Einklang zu bringen, und dafür brauchen wir ein neues Leitbild. Es wird die Erkenntnis beinhalten müssen, dass nicht das Kapital alles bestimmt, sondern das „Humankapital". Es geht um reale Menschen und nicht um abstrakte Märkte. Es geht um Ressourcen für Generationen statt um Wachstum allein mit Blick auf heute. Natürlich ist das eine Vision oder schlicht eine Hoffnungsperspektive. Sie wird von Fachleuten in klare Schritte umgesetzt werden müssen. Aber wir müssen doch Ideen für die Zukunft haben, statt im Jetzt und Hier ohne Alternative herumzudümpeln, obwohl wir längst sehen, dass so, wie wir jetzt leben, viel zu viele Menschen unter die Räder geraten.

Und hängt mit Wachstum nicht auch unsere Überforderung bis hin zum Burn-out zusammen? Wer immer mehr braucht, stetig ein Plus erwirtschaften muss, bleibt irgendwann erschöpft zurück. Wer sich immer schneller und mobiler bewegen muss, kann nicht mehr entschleunigen und fährt schlimmstenfalls gegen die Wand ...

Ethik der Grenze

In Zeiten, in denen Wachstum zum alles überragenden Ziel zu werden scheint, ist eine *Ethik der Grenze* oder auch eine *Ethik des Genug*, von der die Initiative *anderswachsen*[26] oder auch „Brot für die Welt" sprechen, ein gutes Gegenbild. Und zwar für die Armen wie für die Reichen. Die Menschen werden in ihrem Gerenne nach Mehr ja ganz offensichtlich nicht glücklicher.

Es geht darum, energisch dafür einzutreten, dass das Ziel von Globalisierung nicht in Kategorien von Shareholder Value und Börsengewinnen definiert wird, sondern in Kategorien der sozialen Gerechtigkeit im Sinne von Nahrung, Obdach, Gesundheitsversorgung, Bildung und Arbeit für alle. Als Christinnen und Christen glauben wir, dass es nur eine Welt gibt, von Gott geschaffen, in der alle Menschen gleich viel wert sind. Ressourcenverschwendung, Konsumorientierung und Überfluss auf der einen Seite, Armut, Hunger und Wassermangel auf der anderen – diese Diskrepanz ist nicht nur menschenverachtend, sondern auch lebenszerstörend für den gesamten bewohnten Erdkreis.

In der Bibel gibt es unter den Gerechtigkeitsgleichnissen auch die Geschichte vom reichen Kornbauern (Lk 12,16–21):

---

26 Vgl. www.anders-wachsen.de.

Und er sagte ihnen ein Gleichnis und sprach: Es war ein rei-
cher Mensch, dessen Feld hatte gut getragen. Und er dachte bei
sich selbst und sprach: Was soll ich tun? Ich habe nichts, wohin
ich meine Früchte sammle. Und sprach: Das will ich tun: Ich
will meine Scheunen abbrechen und größere bauen und will
darin sammeln all mein Korn und meine Vorräte und will sa-
gen zu meiner Seele: Liebe Seele, du hast einen großen Vorrat
für viele Jahre; habe nun Ruhe, iss, trink und habe guten Mut!
Aber Gott sprach zu ihm: Du Narr! Diese Nacht wird man dei-
ne Seele von dir fordern; und wem wird dann gehören, was du
angehäuft hast? So geht es dem, der sich Schätze sammelt und
ist nicht reich bei Gott.

Der Narr! Er arbeitet, ist erfolgreich, baut neue Scheunen – alles
ganz nach dem Geschmack unserer Zeit. Sinnvoll und voraus-
schauend vermehrt er sein Vermögen, erwirtschaftet Eigentum
und generiert Wachstum. Aber er verliert am Ende seine Seele.
Das ist bei allem Wirtschaften und Schaffen im Blick zu behalten: dass wir unsere Seele nicht verlieren und den Blick auf die
Gemeinschaft, die Verantwortung vor Gott und den anderen, ja,
auch vor uns selbst in unserem Handeln. Wenn wir uns in den
Segenskreislauf von Geben und Nehmen hineinbegeben, sehen,
dass alle eine Gabe haben, um sich zu beteiligen, bleibt niemand
auf der Strecke oder am Rande.

Wie lässt sich das ganz praktisch umsetzen? Sicher auch mit
einer „Politik mit dem Einkaufskorb": Ich kann bewusst Produkte
aus fairem Handel kaufen. Das mögen manche eine Nummer zu
klein finden, aber es verändert viel.

Ein weiteres Beispiel ist für mich die „clean clothes cam-
paign"[27], die 1989 in den Niederlanden als Reaktion auf Berichte

27 Vgl. www.saubere-kleidung.de.

über skandalöse Arbeitsbedingungen in Zulieferbetrieben von C&A gegründet wurde. Heute besteht sie aus einem Netzwerk von mehr als 300 Gruppen und Organisationen in fünfzehn europäischen Ländern. Die Kampagne setzt sich für die Rechte von Arbeiterinnen und Arbeitern ein, die – meist in den Ländern des Südens – in der internationalen Bekleidungs- und Sportartikelindustrie tätig sind. Es geht um eine Verbesserung ihrer Arbeitsbedingungen, indem in den Ländern, in denen die Produkte konsumiert werden, Druck auf die Vertreiberfirmen und von dort auf die Herstellungsbedingungen ausgeübt wird.

Sagt Ihnen „Rana Plaza" etwas? Das war eine Fabrik am Rande von Dhaka, die vor einigen Jahren einstürzte. 1127 Menschen starben, mehr als 2438 wurden zum Teil schwer verletzt aus den Trümmern geborgen.

Im Februar 2016 kam ich aus Anlass eines Treffens mit den Kirchen in Bangladesch an die Einsturzstelle. Dort standen einige Menschen schweigend, wohl in ein Gebet vertieft. Zu sehen ist im Grunde nur ein Loch voller Wasser, viel Müll und ein Monument der kommunistischen Partei! Dazu eine armselige Tafel: „Für die Opfer der Rana Plaza Katastrophe am 24. April 2014. Ruht in Frieden. Unsere Erinnerungen sind mit Millionen Tränen verbunden. Wir werden niemals vergessen." Anschließend besuchten wir ein Kinderprojekt, das Farhana von Mitzlaff gegründet hat. Sie stammt aus Bangladesch, ist mit einem Deutschen verheiratet und betreut Kinder, die als Waisen zurückblieben. Bei ihr sind es gut einhundert Kinder, insgesamt sollen es mehr als 600 sein. Die Kinder haben gespielt, gesungen und gelacht. Viele aber sind traumatisiert, auf sich gestellt und brauchen Betreuung, erzählt Farhana.

Produziert wurde im Rana Plaza auch für den deutschen Markt, für Primark, KiK und Adler beispielsweise. Billig ist Trumpf bei uns. Aber muss nicht, wer ein Männer-T-Shirt für 2,90 Euro kauft, einmal darüber nachdenken, unter welchen Umständen es produziert wurde? Und: Die meisten von uns haben übervolle Kleiderschränke, muss es wirklich noch mehr sein? Ja, Einkaufen macht Spaß, wenn der Mensch es sich leisten kann. Aber Einkaufen sollte auch mit Nachdenken kombiniert werden! Inzwischen gibt es ein „Bündnis für nachhaltige Textilien und Bekleidung". Konsumentinnen und Konsumenten haben viel Macht. Wir brauchen flächendeckend ein Kennzeichen, das ausweist, ob ein Kleidungsstück unter anständigen Bedingungen produziert wurde. Dann können wir klar wählen: Nicht billig hat Vorrang, sondern fairer Handel!

Vielleicht ist es auch nur eine Frage der Haltung zu überlegen, was ich in meiner kleinen Welt tun kann: die Obdachlosenzeitung kaufen. Protestieren, wenn über „Sozialschmarotzer" abfällig gesprochen wird. Bei Wahlen fragen, wie Sozialprogramme aussehen, im Fair-Kaufhaus kaufen, bei *Oikokredit* investieren, fragen, was „genug" ist, überlegen, ob Kleidung nur „billig" sein muss. Wenn viele es tun, können kleine Schritte viel verändern.

Das ist auch auf weltweiter Ebene möglich. Zumindest zwei der sogenannten Millenniumsziele, die die Vereinten Nationen sich für das Jahr 2015 gesetzt hatten, wurden erreicht: Die extreme Armut ist in den letzten 20 Jahren deutlich zurückgegangen. 1990 lebte fast die Hälfte der Bevölkerung der Entwicklungsländer von weniger als 1,25 US-Dollar pro Tag. Dieser Anteil ist 2015 auf 14 Prozent gesunken, weltweit fiel die Zahl der in extremer Armut lebenden Menschen zwischen 1990 und 2015 um mehr als die Hälfte, von 1,9 Milliarden auf 836 Millionen.[28] Gewiss, noch immer hungern zu viele und jeder Zehnte hat keinen Zugang zu sauberem Trinkwasser. Aber es ist ein Erfolg!

28 http://www.un.org/depts/german/millennium/MDG%20Report%202015%20German.pdf.

Kurzum: Die Gerechtigkeitsfrage ist hochbrisant, in der Bibel wie in unserem Alltag, in der Welt, im Kleinen wie im Großen. Sie lebt täglich sozusagen in der Nachbarschaft und liegt mit der Tageszeitung auf dem Tisch. Wir sollten diese Zeitung, wie es der Theologe Karl Barth einmal formuliert hat, in der einen Hand halten und die Bibel in der anderen Hand. In solcher Spannung können wir uns fragen, was das biblische Gerechtigkeitsgebot für uns heute bedeutet. Niemand von uns kann die Welt aus den Angeln heben, alles verändern, Gerechtigkeit weltweit durchsetzen! Aber wir sind auch nicht völlig gelähmt und handlungsunfähig! Ich bin überzeugt, wir können die Beziehungen gestalten. Und wir können sehr gut mit Grenzen leben, wenn das unsere Beziehung zu Gott und unseren Mitmenschen wieder ins Gleichgewicht bringt.

Ja und Amen sagen heißt: Alles bleibt, wie es ist. Ich kann gar nichts tun, die Welt ist nun einmal so. Damit kann und will ich mich nicht abfinden. Die biblischen Maßstäbe geben uns Mut zum Handeln für kleine Schritte – angefangen von der Begegnung mit den Armen im eigenen Land, der Sensibilität für das Kind, das außen vor bleibt, und der Spende für „Brot für die Welt". Aber auch dazu, Teil von größeren Bewegungen zu werden – von *Attac* bis *Occupy*, von Initiativen wie *anderswachsen* oder *Oikocredit*, von Partnerschaften mit anderen Kirchengemeinden bis hin zur Diskussion über die Millenniumsziele.

Vor allem geht es aber um eine Haltung: Hier wir im Wohlstand, dort die Armen im Elend, mit denen wir nichts zu tun haben. Das ist der allererste Verrat an der biblischen Überzeugung: Wir stehen unauflöslich in einer Beziehung zueinander! Wer das akzeptiert, kann sich nicht wegducken vor den wahrhaft komplexen Fragen der Gerechtigkeit in der Welt. Es gibt definitiv keine einfachen Lösungen. Aber schon der Frage auszuweichen, wäre ein Ausweichen vor den Herausforderungen, vor die uns der christliche Glaube stellt.

5. Mut zum Frieden

Bisher hat keine meiner Predigten so viel Resonanz hervorgerufen wie die im ZDF-Fernsehgottesdienst aus der Frauenkirche in Dresden am Neujahrstag 2010. Dabei erregte nicht die ganze Predigt die Gemüter, sondern nur ein kurzer Abschnitt. „Nichts ist gut in Afghanistan (…)", beginnt dieser[29]. Die Predigt insgesamt haben offenbar nur wenige im Fernsehgottesdienst gehört oder später nachgelesen. Allein an diesem Abschnitt, im Predigtmanuskript 15 Zeilen lang, nahmen viele Anstoß. Eine Zeitung startete mit diesem einen Satz offensiv eine Umfrage: „Was halten Sie von dem, was die Bischöfin der hannoverschen Landeskirche und Ratsvorsitzende der Evangelischen Kirche in Deutschland da sagt?" Es hagelte heftige und teilweise hämische Reaktionen: Ich würde die deutschen Soldaten in Afghanistan im Stich lassen, ich sei naiv, anmaßend, bis hin zu der Aufforderung, ich solle mich doch mit den Taliban in ein Zelt setzen und bei Kerzenlicht beten, so der Wehrbeauftragte der Bundesregierung Reinhold Robbe.

Mich erreichte allerdings auch eine Welle von zustimmenden und ermutigenden Briefen und Mails, die mir geholfen hat, meine Position nicht als absurd anzusehen, sondern mich getragen zu wissen von vielen Menschen, die gleicher Überzeugung sind. Aber die Heftigkeit der kritischen Stimmen hat mich doch befremdet. Wer wird denn von einer Bischöfin etwas anderes erwarten, als dass sie sich auf das Wort Jesu im Matthäusevangelium bezieht: „Selig sind, die Frieden stiften"? Was wäre denn gewesen, wenn ich gefordert hätte, wir sollten in der Tat schlicht mehr Soldaten schicken, mehr Waffen liefern? Es ist doch klar, dass es

---

29 Der folgende Abschnitt entspricht in Teilen Ausführungen in: Margot Käßmann, Fantasie für den Frieden, Frankfurt 2010.

nicht einfach ist, in der Sache zu urteilen. Aber gerade mit Blick auf die Vergangenheit ist mir wichtig, dass Kirchen deutlich für den Frieden plädieren.

Meine Großmutter war dankbar, dass ihr Sohn in amerikanische und nicht in sowjetische Kriegsgefangenschaft geraten war. Meine Eltern waren froh, dass sie ab 1947 „beim Amerikaner" Arbeit fanden, nachdem sie im Krieg alles verloren hatten. Als ich ein Schuljahr in den USA verbringen konnte, war ich begeistert – vor allem von Martin Luther King und seiner Haltung der Gewaltfreiheit im Kampf gegen den Rassismus. Es gab großen Respekt vor den USA in Deutschland. Heute ist das Verhältnis gestört. Eine Umfrage hat gezeigt, dass nur noch 27% der Deutschen den Amerikanern vertrauen! Wie konnte das passieren? Das ist doch nicht einfach billiger Antiamerikanismus, wie manche gern schnell behaupten. Die Irritation hat ja Gründe. Groß war das Mitgefühl in aller Welt beim Terrorangriff vom 11. September auf New York. Solidaritätsbekundungen gab es damals aus vielen Ländern, auch aus arabisch geprägten. Die Antwort von Präsident George W. Bush hieß Krieg in Afghanistan und im Irak.

Der deutsche Afghanistaneinsatz ist ohne Frage rechtlich legitimiert, der Bundestag hat ihm wiederholt zugestimmt. Aber viele Menschen in Deutschland waren gegen den Krieg.

Es folgten verstörende Bilder aus Abu Ghuraib, auf denen zu sehen war, wie US-Soldaten Kriegsgefangene zynisch misshandeln. Guantanamo wurde zum Gefängnis, in dem das Recht außer Kraft gesetzt ist durch einen Staat, der doch so großen Wert auf seine freiheitlich-demokratische Geschichte und Verfassung legt. Hausdurchsuchungen in Afghanistan wurden als Missachtung der Würde der Bewohner erlebt. Und nun die NSA-Affäre, bei der sogar das Handy der Kanzlerin abgehört wurde, dazu Spionage im „befreundeten" Deutschland?! Das schien bislang undenkbar.

Gerechter Friede

Vier biblische Texte, die mir Hoffnung geben: *„Gerechtigkeit und Friede werden sich küssen"* heißt es in Psalm 85, Vers 11. Wenn wir auf die Lage in der Ost-Ukraine blicken, kann das ermutigen. Die Verhandlungen müssen weitergehen, die Menschen an den Konferenztischen sollten dabei unterstützt werden, gewaltfreie Lösungen zu finden und jede erdenkliche Hilfe für die Zivilbevölkerung zu ermöglichen.

„Sie werden ihre Schwerter zu Pflugscharen machen" – dieses Hoffnungsbild des Propheten Micha (4,3) aus dem achten Jahrhundert vor Christus ist vor dreißig Jahren schon einmal hoch aktuell geworden. In Wittenberg wurde ein Schwert real umgeschmiedet, Jugendliche in der DDR trugen den Bibelvers als Aufnäher auf Parkas und liefen Gefahr, dafür verhaftet zu werden. Niemand hat damals wirklich geglaubt, dass die DDR ein Ende finden würde. Niemand glaubt heute daran, dass die Terrormiliz, die sich „Islamischer Staat" nennt, von der Bildfläche verschwinden könnte. Aber die Menschen werden sich nicht auf ewig terrorisieren lassen.

„Haltet Frieden untereinander", schreibt der Apostel Paulus an die Gemeinde in Thessalonich (5,13). Das würde ich heute gern nach Dresden und andere Orte schreiben, wo „Pegida" Unfrieden sät. Wir leben in diesem Land zusammen als Christen, Muslime, Juden und Menschen ohne Religion. Das sogenannte christliche Abendland hatte seine schwärzesten Zeiten, sobald es versucht hat, sich über andere zu erheben, sie zu vernichten durch Kreuzzüge, Pogrome oder mit dem Holocaust. Wann immer es das tat, hat es sich entfernt von der Grundlage des christlichen Glaubens: dem Nächstenliebe-Gebot Jesu. Seine besten Zeiten hatte es, wenn es sich fähig gezeigt hat für Vielfalt und Toleranz, ja offen und lernfähig war.

„Er schaffte Recht und Gerechtigkeit seinem ganzen Volk" (2. Sam 8,15), heißt es von König David in der Bibel. Das wünsche ich mir von denen, die unser Land regieren, vor allem mit Blick auf Kinder. Die Armut unter Kindern ist groß. Sie werden ausgegrenzt, wachsen in schwierigen Verhältnissen auf, haben bereits keine Chance mehr, wenn sie eingeschult werden, weil sie nicht ausreichend gefördert wurden. Wir sind nicht nur ein kinderarmes Land, sondern viel zu viele Kinder sind arm!

Mehr als 50 Millionen Menschen aus 26 Ländern ließen im sogenannten Zweiten Weltkrieg ihr Leben, mehr als 13 Millionen wurden Opfer der deutschen Mordmaschinerie, vor allem Juden. Als der Krieg nach sechs Jahren endete, lag Europa in Trümmern. Die deutschen Großstädte waren zerstört, Millionen Deutsche hatten ihre Heimat in Ostpreußen, Pommern, dem Sudetenland verloren. Die Siegermächte beschlossen die vollständige Entmilitarisierung Deutschlands. Erst 1955 wurde infolge des Kalten Krieges die Bundeswehr und 1956 im Osten Deutschlands die Nationale Volksarmee gegründet. „Nie wieder Krieg", hieß es 1945. Und heute debattiert der Deutsche Bundestag, ob deutsche Waffen in Kriegsgebiete geliefert werden dürfen. Angesichts des mordenden IS, der Angst und Schrecken verbreitet und dessen Opfer Christen, Jesiden und vor allem Muslime sind, ist das verständlich.

Ich weiß, dass die Waffenlieferungen und die militärische Unterstützung sich gegen das Böse richten und Gutes bewirken sollen. Und ich bin mir auch bewusst, dass diejenigen, die gegen Militäreinsätze stimmen, auch schuldig werden können an einer im Kriegsgebiet leidenden Zivilbevölkerung, weil Terroristen kein Einhalt geboten wird. Es gibt keine einfachen Lösungen, das wissen die Befürworter von Waffenlieferungen ebenso gut wie diejenigen, die dagegen sind. Aber das ist doch nicht zu fassen, dass wir den Frieden nicht lernen!

Was wäre, wenn die Milliarden, die für Waffen zur Verfügung stehen, in Bildung und die Bekämpfung von Hunger und Armut investiert würden? Ich bin überzeugt, die Welt sähe anders aus. Die Kurden kämpfen schon lange um einen eigenen Staat – Verhandlungen hätten sie unterstützen können. Die Regierung in Bagdad hätte unter Druck gesetzt werden können, Frieden im Land zu schaffen. Der Diktator Assad hätte nicht so lange als Gesprächspartner geduldet werden sollen von der Staatengemeinschaft. Hätte – Wenn – Wäre – Das nützt jetzt nichts, aber vielleicht doch endlich mal für die Zukunft. Wenn Krieg ultima ratio ist, dann ist Frieden lernen prima ratio.

Als Christinnen und Christen können wir gerade auch nach den unzähligen Kriegen, in denen Kirchenvertreter Waffen segneten, nicht mehr von einem „gerechten Krieg" sprechen. Das ist Konsens, Gott sei Dank! Deutschland befindet sich in Afghanistan in einer kriegerischen Auseinandersetzung. Das haben wir allzu lange nicht wahrhaben wollen und stattdessen um völkerrechtliche Definitionen gerungen. Aber bewaffnete Konflikte, wie immer wir sie definieren, ziehen stets Unrecht und Gewalt nach sich, auch ein „nicht internationaler bewaffneter Konflikt". Es sollte nicht überraschen, dass auch Zivilisten getötet werden. Bedrückend ist, dass das immer wieder nur am Rande erwähnt wird. Wir müssen offen mit der Wahrheit umgehen. Und diese lautet: Das ist Krieg. So erleben es die Soldaten und auch die Zivilisten, Definitionsversuche werden davon nicht ablenken können. Als ich in den USA erzählte, dass in Deutschland darum gestritten wird, wie der Afghanistaneinsatz zu beschreiben sei, hat das Erstaunen ausgelöst: „It's war, what else?" Es ist Krieg, was sonst?

Heute denke ich, die Debatte war Anfang 2010 deshalb so heftig, weil mit dem von einem deutschen Oberst im September 2009 ausgelösten Angriff auf Tanklastwagen, bei dem viele Zivilisten ums Leben kamen, plötzlich klar wurde, dass deutsche Soldaten in Afghanistan eben nicht nur Schulen bauen und Brunnen bohren, sondern kämpfen. Viel zu lange haben wir uns im Land um die Debatte gedrückt, ob deutsche Soldaten nach 1945 außerhalb von NATO-Staaten zu Kampfeinsätzen geschickt werden. Stattdessen wurde das schleichend selbstverständlich bis dahin, dass man im Verteidigungsministerium über die Anschaffung von Drohnen nachdenkt. Maschinen, die für uns töten!

Wer sich als Christin, als Christ für den Frieden einsetzt, dem wird schnell die Kirchengeschichte entgegengehalten. Wie war das mit den Kreuzzügen? Wurde da nicht fortdauernder Hass geschürt? Was ist mit Hexenverfolgung und Inquisition – ist das Christentum *per se* gewalthaltig? Wie viele Pogrome wurden kirchlich legitimiert! Ich persönlich bin überzeugt, dass die Kirche in die Irre gegangen ist, wann immer sie Gewalt legitimiert hat. Jesus Christus war kein Revolutionär mit der Waffe in der Hand. Er hat Frieden gepredigt, nicht Krieg, Feindesliebe, nicht Hass. Und so absurd die Aufforderung war, mit den Taliban in einem Zelt bei Kerzenlicht zu beten: In der Bergpredigt heißt es: *„Ich aber sage euch: Liebt eure Feinde und bittet für die, die euch verfolgen"*(Mt 5,44). Das ist christliche Maxime.

In Indien versuchen Hindus mit Gewalt, Muslime zu unterdrücken, und per Gesetz wird versucht, Konversionen zum Christentum zu verbieten. In Indonesien leben christliche Gemeinden in Angst vor Muslimen. Und weltweit haben die Menschen inzwischen ein Bild vor Augen, bei dem muslimische Selbstmordattentäter sich in die Luft sprengen, Sunniten gegen Schiiten. Die meisten Opfer fundamentalistischer Gewalt durch Muslime sind Menschen muslimischen Glaubens ...
Wenn ich das sehe, kann ich verstehen, dass manche sagen:

Religion schürt Konflikte. Ich halte die Analyse aber für vorschnell. In der Regel geht es um vorhandene politische (Beispiel Irland) oder kulturelle bzw. machtpolitische (Beispiel Irak) Konflikte, in denen Religion gezielt genutzt wird, um Öl in das Feuer zu gießen. Und, das muss ich zugeben, Religion lässt sich manches Mal verführen, dies zu tun. Wer aber an Gott glaubt, der die Welt trägt, kann doch nicht legitimieren, dass andere getötet, dass Schöpfung Gottes damit zerstört wird. Ja, auch ich kenne Koranverse, die anderes sagen. Aber ich kenne ebenfalls biblische Passagen wie zum Beispiel Psalm 68, die durchaus gewalthaltig sind. Die Frage ist, ob wir einen kritischen Blick auf unsere eigene Religion werfen können und ob wir in der immerwährenden Auseinandersetzung mit ihr „gerechte", das heißt gemeinschaftsfördernde Wege finden.

Als ich das letzte Mal in Israel war, habe ich mit einigen der jungen Deutschen gesprochen, die dort ein Freiwilliges Soziales Jahr verbringen – die einen in Israel, andere in den Palästinensergebieten. Großartig, wie sie Zeit und Engagement einbringen, um Alte und Kinder, Behinderte und Sozialeinrichtungen zu unterstützen! Aber ich war erschrocken, wie hart jeweils ihre Feindbilder waren mit Blick auf den Nahen Osten.

Warum gibt es kein Gespräch über Israel und Palästina, Jerusalem, den Gazakonflikt und das Westjordanland ohne tiefste Emotionen? Da ist das Mitgefühl für die Menschen im Gazastreifen, die nicht wissen, wohin sie fliehen sollen vor den Bomben, und keine Perspektive für ihr Leben finden angesichts der Blockade. Für die Menschen in Israel, die in Angst vor den Nachbarn leben müssen, weil die ihre Existenz nicht anerkennen. Und der Angst gegenüber einer Hamas, die das eigene Volk gefährdet, indem sie Raketen abschießt. Gegenüber einer Regierung in Israel, die eine wehrlose Bevölkerung in Gaza in Angst und Schrecken versetzt.

Deutschland hat eine bleibende Verpflichtung gegenüber Israel, weil nach dem Holocaust der Staat Israel für jüdisches Leben in Freiheit und Selbstbestimmung steht. Aber dennoch kann es Kritik an der Regierung Israels und am Verhalten der Hamas gleichermaßen geben. Wir könnten alles daransetzen, den Konflikt endlich zu entschärfen. Wie wird Frieden geschaffen, nachhaltig, auf Zukunft, das ist doch die Frage, damit es nicht in absehbarer Zeit wieder zu kriegerischen Auseinandersetzungen kommt.

Ermutigt hat mich eine Palästinenserin, die in einem Interview sagte, sie könne die Israelis gut verstehen, dass sie ihr Land verteidigen, nachdem sie so viele Jahrhunderte in alle Welt zerstreut gelebt haben; das wolle sie ja für ihr Volk auch. Und auch eine Gruppe von Jüdinnen und Juden ist ermutigend, die an die Bundesregierung appelliert, zu Friedensgesprächen einzuladen. Es gibt also noch freie Geister, die mitten in einem entsetzlichen Konflikt über Grenzen hinweg denken können! Sie werden jeweils im eigenen Lager heftig kritisiert – in Konfliktzeiten haben es die Tauben schwerer als die Falken. Doch sie machen Hoffnung in ausweglos erscheinender Lage.

Ich wünsche mir, dass wir in Deutschland etwas beitragen zu einem Miteinander von zwei Völkern, zu einer Lösung zwischen zwei Staaten – Israel und Palästina. Die Freiheit dazu haben wir, weil beide Seiten bei uns Gehör finden können. Wir könnten ein „dritter Ort" für ernsthafte Verhandlungen sein. Denn wir haben eine Verpflichtung zur Vermittlung, finde ich – zumal wir wissen, wie lange es dauert, bis Frieden wächst nach einem Krieg.

„Selig sind, die Frieden stiften. Denn sie werden Kinder Gottes heißen." (Mt 5,9)

Welche Optionen haben wir?

Wie gehen wir um mit unserem Leben in Frieden und Sicherheit in Deutschland, wenn wir wissen, wie viele Menschen unter

Krieg und Hunger, Flucht und Vertreibung leiden? Müssen wir uns schämen dafür?

Meine Mutter sagte in solchen Situationen immer: „Die armen, armen Menschen, ich kann nur für sie beten." Darüber lächeln viele. Ihr aber hat das Wissen, dass nicht nur sie zu Gott betet, sondern andere auch für sie beten, Halt gegeben und Kraft. Auch als sie selbst die Bombardierungen des Zweiten Weltkriegs erlebte, fliehen musste, interniert wurde. Beten für andere bleibt nicht ohne Widerhall.

Wir können Solidarität durch Spenden zeigen. Von Brot für die Welt über das Rote Kreuz bis Misereor gibt es Organisationen mit Erfahrung und Sachverstand, die alles tun, um das Leid von Menschen zu lindern. Auf ihren Einsatz für Menschen in Not können wir vertrauen.

Really 27//

Und wir können offen sein für die Flüchtlinge aus den Kriegsgebieten, die in unser Land kommen, wie das viele Gemeinden und einzelne Menschen tun, indem sie Sprachkurse anbieten, Menschen zu Behörden begleiten und ihnen beim Heimischwerden helfen.

Nein, Waffenlieferungen sind meine Option nicht, auch wenn das nun politisch offenbar die Marschroute ist. Ich finde, es gibt schon viel zu viele Waffen auf der Welt. Das ist doch auch ein Zeichen von Hilflosigkeit, wenn im Namen des Friedens immer mehr Waffen eingesetzt werden sollen.

Mein Großvater war Soldat im Ersten Weltkrieg, mein Vater war Soldat im Zweiten Weltkrieg. Und genauso waren der Vater meiner Austauschschülerin in England und auch der Vater meiner französischen Austauschpartnerin Soldaten. Sie alle wollten nie wieder Krieg, weil sie erlebt hatten, wie viel Zerstörung und Hass Krieg mit sich bringt. In den USA habe ich als Schülerin das Ende des Vietnamkrieges erlebt – auch dort hieß es, danach dürfe es nie wieder

Krieg geben. Deshalb möchte ich nicht verzweifeln daran, dass es nun doch immer wieder und scheinbar immer mehr Krieg gibt. Doch, wir dürfen froh und dankbar sein über die Freiheit, in der wir leben können. Und uns deswegen in Wort und Tat stark machen für den Frieden. Meine Hoffnung bleibt, dass die Menschen irgendwann den Frieden lernen und Deutschland vielleicht der Ort wird, an dem Vermittlung und Versöhnung möglich wird, denn wir sind ein Land, das die Freiheit schätzen gelernt hat und weiß, dass Menschen verschiedener Meinung sein können ...

Kardinal Woelki hat im Juni 2015 Hunderte Glocken im Erzbistum Köln läuten lassen. 23 000 Glockenschläge zum Gedenken an die 23 000 Menschen, die bis dato seit dem Jahr 2000 im Mittelmeer ertrunken sind. Ein wichtiges Zeichen! Aber ich frage mich: Warum läuten eigentlich nicht die Glocken in ganz Europa? Bis Ende Oktober 2016 fanden mindestens 3800 Menschen bei der Flucht über das Mittelmeer den Tod.[30] Glocken rufen zuallererst zum Gottesdienst. Doch in der Tradition gab es das immer: dass Glocken geläutet wurden zur Warnung vor Gefahr und als Aufruf zur Hilfeleistung. Da müssten alle Glocken läuten, denn Europa verrät die Werte.

Wir sind so stolz darauf, dass hier Freiheit herrscht. Wie toll war es, als die Schlagbäume geöffnet wurden und wir über die Grenzen gehen konnten. Was haben wir uns gefreut, als die Mauer fiel und Reisefreiheit auch für Ostdeutsche, Ungarn, Tschechen und Polen möglich wurde. Und jetzt verraten wir diese Freiheit, weil wir sie als Recht denen verwehren, die auf der Flucht sind vor Krieg und Elend, vor Hunger und Zerstörung.

---

30 http://www.spiegel.de/politik/ausland/fluechtlinge-im-mittelmeer-sind-2016-mehr-men-schen-gestorben-als-je-zuvor-uno-a-1118441.html.

Die Glocken Europas müssten läuten für die Menschen in Not, für diejenigen, die schon auf der Flucht in der Wüste sterben oder im Mittelmeer ertrinken. Sie müssten läuten für diejenigen, die jahrelang in Lagern hausen und darauf warten, dass ihr „Fall" bearbeitet wird. Da ist ein junger Eritreer seit fast zehn Jahren auf der Flucht und wird kreuz und quer durch Europa geschoben. Jetzt hofft er in einem Kirchenasyl, dass er endlich das Recht bekommt zu bleiben, einen Deutschkurs zu besuchen, die Schule abzuschließen und eine Ausbildung zu beginnen. Er ist jetzt 27 – das hätte alles längst geschehen können und er würde seinen Lebensunterhalt selbst verdienen.

Ich bin so gern Europäerin. Aber manchmal schäme ich mich in diesen Tagen für unseren Kontinent, der nur noch eine Bedrohung seines Wohlstandes sieht und nicht die Flüchtlinge, die Beistand brauchen. Da müssten nicht nur Glocken läuten, sondern sich auch die Herzen der Politiker und die Türen der Menschen öffnen. Ich weiß, wir können nicht die ganze Welt retten. Aber wir können Flüchtlingen offen und freundlich begegnen. Das ist das Mindeste!

Viel wird dieser Tage über kriminelle Flüchtlinge diskutiert: wie sie besser registriert werden, wie sie schneller abgeschoben werden, dass sie bei Straftat ihren Flüchtlingsstatus verlieren. Fast entsteht der Eindruck, alle Flüchtlinge seien kriminell.

Es gibt aber auch massive Kriminalität gegen Flüchtlinge. Allein in Nordrheinwestfalen hat sich die Zahl der Attacken auf ihre Unterkünfte im Jahr 2015 verachtfacht, mehr als 1000 Angriffe gab es in Deutschland insgesamt. Das reicht von Hakenkreuzschmierereien über Drohungen bis zu Brandstiftung und körperlicher Gewalt. Jeden Tag wird mindestens ein Mensch Opfer fremdenfeindlicher Gewalt.

Ja, Kriminalität ist ein Thema. Aber für alle diejenigen, die hier geboren sind oder schon lange leben, und diejenigen, die in

Deutschland Zuflucht suchen. Und Werte sind ein Thema, aber auch für uns alle! Für welche Werte wollen Menschen eintreten, die Flüchtlingsheime und Journalisten attackieren? Für Menschenverachtung? Mir sind sie jedenfalls fremder als diejenigen, die sie als „Fremde" bezeichnen.

Wenn Flüchtlinge eine Art „Integrationswilligkeit" unterschreiben sollen, dann sollten Pegida-Anhänger, Rassisten und Neonazis das auch tun müssen. Wer in unserem Land leben will, muss glasklar dafür einstehen, dass Menschenwürde und Recht für alle gelten. Selbst kriminell sein und andere brandmarken, das geht schlicht nicht zusammen.

Vor einer Weile habe ich an einem Essen von „Islamic Relief" teilgenommen. Wir saßen alle an einem Tisch, Muslime, Juden, evangelische und katholische Christen und sprachen sehr offen miteinander. Nur so kann es gehen. Die Mitte der Gesellschaft muss sich an einen Tisch setzen und fragen, wie wir gemeinsam unser Land gestalten in dieser angespannten Situation.

Gerechter Krieg

Die Frage nach dem Friedenszeugnis der Kirche steht bereits an ihrer Wiege. Mit der sogenannten „konstantinischen Wende" kam das Christentum von einer Situation der Verfolgung in eine Situation der Macht und Herrschaft. War deutlich, dass Krieg nicht mit der Botschaft des Evangeliums begründet werden kann, so sollte doch versucht werden, vermeintlich unvermeidbare Kriege zumindest durch Kriterien der Gerechtigkeit in die Schranken zu weisen. So kam es zur Lehre vom „gerechten Krieg", mit der versucht wurde, wenn es denn schon Krieg gäbe, zumindest Kriterien zu finden, die den Schaden begrenzen.

Jürgen Moltmann fasst die Kriterien folgendermaßen zusammen:

1. *Ein Krieg muss durch eine legitima potestas, eine recht-*
   mäßige Entscheidungsinstanz, öffentlich erklärt werden.
2. *Es muss eine causa iusta, ein gerechter Grund, gegeben*
   sein, z. B. Verteidigung im Fall eines Angriffs.
3. *Es muss eine Ultima Ratio vorliegen: Krieg ist nur als*
   äußerstes Mittel erlaubt, wenn alle friedlichen Mittel zu
   seiner Vermeidung erschöpft sind.
4. *Ein gerechter Krieg kann nur geführt werden, wenn er mit*
   einer rectaintentio verbunden ist, wie z. B. der Wiederher-
   stellung des Friedens oder eines Zustands, der besser ist als
   der gegebene.[II]

Dies sind strenge Kriterien, die Kriegshandlungen nur in engsten Grenzen zulassen. Schauen wir uns Kriege und Kreuzzüge
etwa des Mittelalters an, so sind sie diesen Kriterien nach nicht
zu rechtfertigen.

Zudem wurden aus Sicht der Theologie Grundsätze für das
Kriegführen selbst entwickelt:

1. *Die Angemessenheit der eingesetzten Mittel ...*
2. *Schonung der Zivilbevölkerung.*
3. *Recht der Kriegsgefangenen auf Leben und Heimkehr.*[II]

Angesichts der Waffen unserer Tage kann kein Krieg gemäß diesen Kriterien geführt werden, Flächenbombardements und Mas-
senvernichtungsmittel können wohl kaum als „angemessen" gelten, und eine Schonung der Zivilbevölkerung ist in den Kriegen
des 20. und 21. Jahrhunderts nicht erkennbar.

Konzil des Friedens

Die Frage, ob der Einsatz von Waffengewalt aus christlicher Sicht
legitim ist, ob Christinnen und Christen in einer Armee dienen

können, bleibt somit von Anfang an ein strittiges Thema der Christenheit. Werfen wir einen Blick in die jüngere Geschichte, so ist zu Beginn des 20. Jahrhunderts nach den entsetzlichen Erfahrungen des Ersten Weltkrieges ein Hoffnungsschimmer erkennbar. Dietrich Bonhoeffer war überzeugt, die mit dem Beginn des Jahrhunderts entstehende ökumenische Bewegung werde Vorkämpferin des Friedens werden. Wenn sich die Kirchen verständigten, miteinander im Gespräch wären, könnten sie Widerstand leisten gegen nationalistische Parolen und Kriegstreiberei. Auf einem ökumenischen Kirchentreffen in Fanoe sagte er 1934 in seiner Morgenandacht: „Nur das eine große ökumenische Konzil der Heiligen Kirche Christi aus aller Welt kann es so sagen, daß die Welt zähneknirschend das Wort vom Frieden vernehmen muß und daß die Völker froh werden, weil diese Kirche Christi ihren Söhnen im Namen Christi die Waffen aus der Hand nimmt und ihnen den Krieg verbietet und den Frieden ausruft über die rasende Welt."

Ich habe davon zum ersten Mal gehört, als ich 1983 als Jugenddelegierte der EKD zur Vollversammlung des Ökumenischen Rates der Kirchen fahren konnte. Die Kirchen des Bundes der Evangelischen Kirchen in der DDR bezogen sich auf diese Worte Bonhoeffers und forderten den Ökumenischen Rat der Kirchen (ÖRK) auf, angesichts der atomaren Bedrohung ein solches Konzil einzuberufen. Er schien der richtige Adressat, denn bereits im Oktober 1945 besuchte eine Delegation europäischer Kirchenvertreter den Rat der EKD und lud in einer überwältigenden Geste der Versöhnung die evangelischen Kirchen ein, Gründungsmitglieder des ÖRK zu werden. In Amsterdam erklärten die Kirchen dann 1948 gemeinsam: Krieg soll nach Gottes Willen nicht sein! Der Friedensimpuls wurde zum *cantus firmus* des Ökumenischen Rates.

In Vancouver aber wurde durch einen Beitrag des südafrikanischen Theologen Alan Boesak deutlich: Die Friedensfrage darf nicht benutzt werden, um der Frage der Gerechtigkeit aus dem

Wege zu gehen. Und eine junge Frau aus dem Pazifik, Darlene Keju-Johnson, zeigte in einer bewegenden Rede über die Auswirkungen der französischen Atomwaffentests, dass die Schöpfungsfrage mit der Frage von Gerechtigkeit und Frieden zusammenhängt. Zuletzt wurde klar: Hier geht es nicht allein um das Thema „Frieden"! Hier geht es um Themen, die die Kirche in ihrem Sein betreffen. Deshalb wurde am Ende der Versammlung als Zukunftsprogramm der „konziliare Prozess für Gerechtigkeit, Frieden und die Bewahrung der Schöpfung" benannt. Mich hat das überzeugt und begeistert!

Konziliarer Prozess

In den folgenden Jahren habe ich viele solcher Versammlungen und Tagungen zum Thema besucht und auch mit vorbereitet. Es war eine äußerst kreative Zeit, in der die Themen Gerechtigkeit, Frieden und Schöpfungsbewahrung mitten in unseren Kirchen grenz- und konfessionsübergreifend präsent waren.

Derartige Impulse wurden auch umgesetzt, als 1989 der Ruf „Keine Gewalt!" aus den Gottesdiensten und Friedensgebeten der Kirchen in der DDR hinausgetragen wurde auf die Straßen von Leipzig, Dresden und Berlin und damit der Weg eröffnet wurde zur ersten gewaltlosen Revolution in Deutschland, ja in der europäischen Geschichte. Die Kirchen in Deutschland haben aus ihrem Versagen in der Vergangenheit gelernt.

Wenn heute gefragt wird, was wir tun können, dann sind die Achtzigerjahre des vergangenen Jahrhunderts eine Ermutigung. Sie wurden beargwöhnt und belächelt, wie beispielsweise die ersten Friedensgebete in der Nikolaikirche in Leipzig mit Pfarrer Christian Führer. Die Kirchenleitung sah kritisch, wie Oppositionelle in der Kreuzkirche in Dresden Raum und Gehör erhielten. Sie galten als gefährlich, die Aufnäher mit der Vision des Propheten Micha „Schwerter zu Pflugscharen". Und als Friedrich

Schorlemmer beim Kirchentag in Wittenberg 1983 ganz real in einer Aktion ein Schwert zu einem Pflug umschmieden ließ, erschien das vielen als eine unverantwortliche Provokation. Da waren sie, die Hoffnungsträger und Weltverbesserer, und veränderten die Welt.

Die Beteiligten trieb eine große Hoffnung an: Christinnen und Christen, die Kirchen der Welt, die ökumenische Bewegung sollten im Namen des Friedens klar Stellung für die Menschenrechte beziehen. Christinnen und Christen in allen Kirchen weltweit sollten erklären, dass es keinen Weg zum Frieden durch Krieg und Sicherheit gibt, sondern dass Frieden, das Ringen um gewaltfreie Konfliktbewältigung, der Weg in die Zukunft ist. Die ökumenische Bewegung sollte Armeen verurteilen, die Kriege führen und dabei Folter, Leid und Vergewaltigung im Gepäck haben.

9/11 und die Folgen

Nach der friedlichen Revolution in Ostdeutschland wurde in der Folge der Terrorangriffe auf New York vom 11. September 2001 die Spirale der Gewalt neu angeheizt. 2001 hat der Rat der Evangelischen Kirche in Deutschland eine Zwischenbilanz „Friedensethik in der Bewährung" vorgelegt. Dort wird eindeutig gesagt, dass Politik Vorrang haben muss vor militärischen Maßnahmen zur Konfliktlösung. Der Einsatz militärischer Gewalt wird im Rahmen einer als Rechtsordnung zu verstehenden internationalen Friedensordnung allerdings als äußerste Möglichkeit anerkannt. Doch es geht in diesem Text nicht mehr um einen gerechten Krieg, sondern um gerechten Frieden. Das ist meines Erachtens ein gewichtiger und positiver Schritt für unsere Kirche.

Allerdings zerreißt die Diskussion auch die evangelische Kirche in Deutschland immer wieder. Schon auf der November-Synode der EKD 2001 in Amberg wurden die unterschiedlichsten Einschätzungen vorgenommen, die Synode sah sich aber nicht in

der Lage, den Militäreinsatz in Afghanistan eindeutig abzulehnen. Lediglich eine Minderheit vertrat diese Position.

International agierende Terroristen ebenso wie die Hilflosigkeit gegenüber Massakern wie in Ruanda und Srebrenica oder die Frage nach militärischen Interventionen aus humanitären Gründen, die wie 2012 mit Blick auf Libyen und Syrien immer wieder aktuell sind, werfen diese Fragen je aktuell auf. Ist es angesichts massiver Menschenrechtsverletzungen angemessen, aus biblischer Perspektive zu argumentieren, die Spirale der Gewalt sei nur durch Gewaltlosigkeit zu durchbrechen? Es ist in der Tat eine Gewissensentscheidung, bei der keine Option Freiheit von Schuld bedeutet. Es gibt Christinnen und Christen, die als Soldat oder Soldatin einen verantwortungsvollen Dienst tun. Ich halte nach wie vor die Entscheidung dagegen für das „eindeutigere Zeichen". Aber mir ist sehr bewusst: Es kann sich auch durchaus schuldig machen, wer nicht zur Waffe greift.

Vereinte Nationen

So wie in einem demokratischen Staat das Gewaltmonopol an die Polizei delegiert ist, besteht meines Erachtens die einzig überzeugende Option darin, auf Weltebene diese Aufgabe an die UN zu delegieren. Eine internationale Friedenstruppe mit Polizeifunktion kann aber nur von den UN legitimiert sein, nicht von einem Militärbündnis. Dazu gehört ergänzend der internationale Strafgerichtshof, der von allen Nationen anerkannt werden muss und nicht eigene Gerichtsbarkeit im Abseits etwa von Guantanamo vollzieht. Vor allem: Religion darf sich nicht länger dazu missbrauchen lassen, Konflikte zu verschärfen, sondern sie muss zu ihrer Lösung beitragen. Und dazu können die Gläubigen der Religionen viel beitragen, zuallererst, indem sie dem Fundamentalismus die Rechtfertigung entziehen.

Krieg ist für mich nicht die berühmte „Fortsetzung der Politik mit anderen Mitteln", sondern das Versagen von Politik. Das heißt nicht, dass Terror nicht bekämpft werden kann. Saddam Hussein war ein menschenverachtender Diktator. Trotzdem bin ich gegen die Todesstrafe.

„Du sollst nicht Gleiches mit Gleichem vergelten." Ist es nicht viel wichtiger, dass die Täter die Opfer hören, dass Formen von Versöhnung und Alternativen zum Krieg gefördert werden? Hätte nicht ganz anders in Vermittlung investiert werden können? Musste gejubelt werden, als Osama bin Laden erschossen wurde, oder wäre es nicht ein Akt der Souveränität gewesen, ihn vor den Internationalen Strafgerichtshof in Den Haag zu bringen?

Immer wieder heißt es, militärische Gewalt sei das alternativlos letzte Mittel. Das finde ich fatal, weil dadurch im Vorfeld viel weniger energisch nicht kriegerische, zivile Mittel zur Überwindung der Gewalt genutzt werden. Es wird darum gehen, zivile Konfliktlösung zu trainieren, endlich Geld und Kraft und Zeit in deeskalierende und vorbeugende Bearbeitung von Konflikten zu investieren. Gewaltfreie Konfliktbewältigung ist kein Kinderspiel, Prävention und Mediation müssen gelernt werden. Friedensdienste müssen auch finanziert und personell ausgestattet werden! 736 Milliarden Dollar hat die USA in den Jahren 2005 bis 2015 für den Krieg in Afghanistan ausgegeben.[31] Der Auslandseinsatz der Bundeswehr dort kostete rund 8,8 Milliarden Euro.[32] Da darf doch gefragt werden, welche Friedensinvestitionen denn mit derartigen Summen möglich wären! Das hat aber noch nie eine Chance auf Umsetzung erhalten. Stattdessen werden Eskalationen hingenommen, bis schließlich mit „humanitärer Intervention" oder gar „Präventivkrieg" argumentiert wird.

---

31 https://de.statista.com/statistik/daten/studie/173138/umfrage/kriegskosten-der-usa-im-irak-und-afghanistan/.
32 https://www.tagesschau.de/ausland/kosten-des-krieges-in-afghanistan-101.html.

Rüstungsausgaben

Laut dem Stockholmer Friedensforschungsinstitut SIPRI betrugen die Militärausgaben der USA 2015 insgesamt 596 Milliarden Dollar, weltweit wurden für militärische Zwecke 1,676 Billionen Dollar (rund 1,471 Billionen Euro) ausgegeben. Wenn derartige Summen in Friedensmaßnahmen investiert würden, in Prävention und vor allem in die Entwicklung der verarmten Länder dieser Erde, gäbe es ganz neue Perspektiven für Frieden und Gerechtigkeit. Die UNO erklärt, es würden „nur" 55 Milliarden US-Dollar benötigt, um die unmittelbaren Bedürfnisse der Hungernden und Armen auf der Welt zu befriedigen. Überwindung von Gewalt – das bedeutet Armut, Unterdrückung und Unbildung den Nährboden zu entziehen, der dann wiederum zum Nährboden für Hass wird. Dazu haben die Religionen immer wieder zu mahnen.

Krieg ist für mich nicht *Ultima Ratio*, weil *Ratio* Vernunft heißt. Und im Krieg setzt die Vernunft aus. Da vergewaltigen serbische Männer ihre bosnischen Nachbarinnen. Da wird mit der „Wilhelm Gustloff" ein Schiff mit über 9000 Flüchtlingen an Bord versenkt. Da metzeln Hutu Tutsi in einer Kirche nieder. Da lassen argentinische Generäle Menschen zu Tode foltern und Kinder verschwinden. Da werden in Mosambik Kinder zu Soldaten gemacht und dazu gezwungen, ihre eigenen Eltern zu töten, weil sie so besonders grausame Kämpfer werden. Da verhungern und erfrieren in und um Stalingrad Tausende – ja, wofür denn und für wen? Krieg ist das Ende aller Vernunft und setzt zerstörerische Kräfte frei, die kaum wieder zu bändigen sind.

Mahnung für den Frieden

Im August 2015 haben wir des Jahrestages des Bombenabwurfs auf Nagasaki gedacht. Die Plutoniumbombe löschte fast einhunderttausend Menschenleben aus. Drei Tage zuvor war die

Atombombe auf Hiroshima abgefeuert worden und hatte in etwa die gleiche Zahl an Menschen das Leben gekostet. Weit mehr starben an den Folgen.

Historiker widerlegen heute viele Mythen. Die Amerikaner haben erklärt, nur die Atombomben hätten das Opfer Hunderttausender amerikanischer Soldaten verhindert. Dabei musste Präsident Truman auch die horrenden Summen, die die Entwicklung der Nuklearwaffen gekostet hatte, rechtfertigen. Die Japaner sahen sich meist nur als Opfer, obwohl klar ist, dass sie erst kapitulierten, als auf die Unterstützung der Sowjetunion nicht mehr zu hoffen war.

Für mich bleibt das über alles Gedenken hinaus eine Mahnung, sich für Frieden einzusetzen. Wir sehen doch, wohin es Regierungen treibt, wenn es nur um Macht geht. Das Wettrüsten zwischen Ost und West schien nach dem Fall der Mauer zu Ende zu sein. Aber heute wird wieder gedroht mit nuklearen Waffen, im Ukraine-Konflikt.

Es ist großartig, dass es endlich ein Abkommen mit dem Iran gibt, Kernenergie dort nicht für militärische Zwecke zu nutzen. Aber es ist noch ein langer Weg für eine Welt ohne Atomwaffen, auch bei uns. Die in Deutschland gelagerten Atomwaffen sind zwar deutlich reduziert worden. Aber es gibt sie noch – allein in der Eifel werden bis zu 20 Atombomben gelagert.

George Bell

Es war der anglikanische Bischof George Bell, der sich im *House of Lords* in England ab Februar 1943 vehement und immer wieder gegen die britische Bombardierung deutscher Städte aussprach. Er sah die ethischen Grundlagen der westlichen Zivilisation und auch eine zukünftige Versöhnung mit Deutschland gefährdet. George Bell war geprägt durch die ökumenische Bewegung. Er hat sich erheblichen Anfeindungen ausgesetzt, wurde als „Vaterlandsverräter" beschimpft. Für mich ist er ein Vorbild für Feindesliebe mitten im Krieg. Er hatte das, was ich „Fantasie für den Frieden" nenne, weil er die Menschen gesehen hat und nicht nur „den Gegner". Schon in seiner ersten Rede als Mitglied des Oberhauses in London forderte er am 27. Juli 1938 übrigens die britische Regierung zu verstärkter Hilfe für jüdische Flüchtlinge aus Deutschland auf. Er nutzte seinen Einfluss auch, um gezielt Verfolgte des NS-Regimes zu schützen, etwa als er die Inhaftierung Martin Niemöllers in England publik machte und diesem so wahrscheinlich das Leben rettete. Das zeigt überdeutlich: Einzelne können etwas tun, niemand muss tatenlos zusehen, wenn Krieg und Unrecht geschehen.

Ja, ich hätte mir gewünscht, dass es in ganz Europa Hunderttausende mutiger Menschen wie George Bell gegeben hätte. Vor allem aber Menschen in Deutschland, die frühzeitig aufgeschrien hätten, als 1938 in unserem Land Gotteshäuser brannten, und gemeinsam gesagt hätten: „Wir sind ein Volk aus Juden und Christen, aus Menschen unterschiedlichen Glaubens und ohne Glauben! Wer Juden verfolgt, verfolgt uns, die wir an Jesus, den Juden, glauben." Dass viele sich mit einem Plädoyer für das Zusammenleben unterschiedlicher Kulturen schützend vor Sinti und Roma gestellt hätten, als diese in Berlin schon vor den Olympischen Spielen 1936 in Marzahn zusammengepfercht wurden. Dass Homosexuelle Schutz gefunden hätten in christlichen Gemeinden, als ihnen die Deportation drohte. Dass es nach 1945 einen internationalen Aufschrei gegen erneute Waffenproduktion gegeben hätte.

Vor über 70 Jahren ist der Zweite Weltkrieg zu Ende gegangen. Für Tausende war es eine Befreiung aus den Vernichtungslagern der Nationalsozialisten. Für Juden, Homosexuelle, Kommunisten, Sinti und Roma war es eine Befreiung aus der Angst der Verfolgung. Für Europa war es eine Befreiung von der Eroberungs- und

Machtgier des Regimes unter Adolf Hitler. Dass wir Deutschen etwas länger brauchten, um den 8. Mai 1945 wirklich als Tag der Befreiung zu begreifen, verstehe ich. Und zwar aus zwei Gründen. Lassen Sie mich dazu eine kleine Geschichte erzählen: Bei einem Besuch in Kaliningrad war ich auch im Dom, der erst seit wenigen Jahren wieder aufgebaut ist als Ort der Kultur. Dort gibt es ein Schaubild des alten Königsberg. Es tut weh, das zu sehen. Eine so wunderbare alte Stadt war es – heute ist von ihr nichts mehr zu sehen. Mit dem Auto bin ich nach Danzig gefahren und habe an die Menschen gedacht, die vor über 70 Jahren geflohen sind. Viele haben versucht, den Hafen von Pillau zu erreichen, einige über das zugefrorene Haff. Sie wurden bombardiert, ertranken. Diejenigen, die überlebten, kamen in den Westen als Flüchtlinge, Habenichtse. Ihre Geschichten wollte niemand hören, denn sie waren ja in der Tat das Volk der Täter. Sie konnten den Verlust der Heimat nicht gleich als Befreiung sehen und mussten erst begreifen, dass es das Naziregime war, das diese Heimat aufs Spiel gesetzt hatte.

Und dann sehen wir in diesen Tagen andere Täter, brutale Terroristen, die in Nigeria Mädchen entführen und vergewaltigen. Oder Islamisten, die Menschen hinrichten, Kulturgüter zerstören, wunderbare Städte wie Aleppo dem Erdboden gleichmachen. Wir fragen uns, wie Menschen so grauenvoll handeln können – und müssen erkennen, dass auch Deutsche so gehandelt haben vor nur 70 Jahren. So lange ist das gar nicht her. 1945 war auch eine Befreiung davon, Täter zu sein, Gewalt auszuüben gegenüber anderen Menschen. Es war eine Befreiung zur Humanität.

Bei all dem Gedenken gibt es einen zentralen Hoffnungspunkt für mich: Menschen können lernen! Wir haben uns ausgesöhnt mit Polen und Frankreich, sind Nachbarn in Europa, die einander eng verbunden sind. Da scheinen 70 Jahre auch gar nicht so lang. Die große Mehrheit der Deutschen spricht sich klar gegen

Krieg und Rüstungsexporte aus. Das Gedächtnis reicht, um zu wissen, was Krieg bedeutet – am Ende leiden alle unter der Zerstörung. Und: Wir haben als Deutsche unsere Schuld bekannt an dem Grauen, das wir über Europa gebracht haben. Auch das war eine Befreiung. Wer in der Lage ist, eigene Schuld zu bekennen, den Opfern mit einem solchen Schuldbekenntnis zu begegnen, findet zu innerer Freiheit. Auch das erleben wir, wenn in diesen Tagen Opfer und Angehörige von Opfern nach Deutschland kommen.

Ringen in den Institutionen

Es ist gut, dass es Entwicklungen gibt, Veränderungen, das macht Hoffnung! Der konziliare Prozess bleibt für mich ein solches Hoffnungszeichen. Ich war zwischendurch oft ungeduldig, weil all diese Verhandlungen, das Ringen um Formulierungen, die konfessionellen Rücksichtnahmen manches Mal lähmend wirkten. Aber auf der Weltversammlung für Gerechtigkeit, Frieden und die Bewahrung der Schöpfung in Seoul 1990 wurde formuliert: „Wir *verpflichten* uns, unsere persönlichen Beziehungen gewaltfrei zu gestalten. Wir werden darauf hinarbeiten, auf den Krieg als legales Mittel zur Lösung von Konflikten zu verzichten. Wir verlangen von den Regierungen, dass sie eine internationale Rechtsordnung schaffen, die der Verwirklichung des Friedens dient."[33] Das sind gewichtige und entscheidende Sätze. So können internationale Zusammenkünfte Christinnen und Christen vor Ort ermutigen, durch den persönlichen Einsatz im eigenen Umfeld, durch Mahnwachen, Friedensgebete, Aktionen gegen Rüstungsexporte zu handeln.

Das ist keine Kritik an Soldatinnen und Soldaten, sondern eine Aufforderung an die Politik, die Optionen zu klären! Was

---

33 „Die Zeit ist da". Schlussdokumente und andere Texte. Seoul 1990, Genf 1990, S. 22.

ist der Sinn dieses Einsatzes? Warum erscheint er politisch sinnvoll und überzeugend? Bisher mussten die Soldatinnen und Soldaten bei Bundeswehreinsätzen im Ausland den Eindruck gewinnen, dass die Gesellschaft, die sie entsendet, von den Gefahren und Belastungen ihres Einsatzes nichts hören will. Das habe ich selbst erlebt, als ein junger Soldat in meiner Kanzlei war und erzählte, wie traumatisiert er sei, nachdem er einen Angriff überlebt hatte, bei dem zwei andere Soldaten ums Leben kamen. Er hatte den Eindruck, niemand interessiere sich wirklich dafür. Eine junge Frau schrieb mir empört, nachdem ich in der Marktkirche in Hannover eine Trauerfeier für den Nationaltorhüter Robert Enke gehalten hatte: „Wo waren Sie denn mit einer Trauerfeier, als mein Mann im Zinksarg aus Afghanistan zurückkam?" Die Diskussion um Krieg und Frieden ist auch Teil der Verantwortung gegenüber Soldatinnen, Soldaten und ihren Angehörigen.

Rüstungsexporte

Ich bin überzeugt, wir können einen entscheidenden Beitrag zum Frieden leisten, indem wir zuallererst Waffenproduktion und Rüstungsexporte diskutieren. Warum muss ein Land wie Deutschland mit derart massiver Kriegserfahrung auf den unrühmlichen dritten Platz der Rüstungsexportländer aufsteigen? Ja, ich weiß, es wird mit dem Wirtschaftsfaktor argumentiert – aber es geht um 0,2 Prozent des Bruttosozialproduktes. Und ja, es heißt, deutsche Waffen seien eben technologisch so großartig – wer möchte allerdings damit in aller Welt glänzen?

In einer Diskussion mit Burkhart Braunbehrens, Miteigentümer des Rüstungskonzerns Krauss-Maffei-Wegmann, für das Magazin „Chrismon"[34], ist mir das ganze Dilemma noch einmal sehr bewusst geworden. Herr Braunbehrens, ein reflektierter

34 Vgl. Chrismon 9/2012, S. 30–33.

und sympathischer Mann, sagte: „Rüstungsexport ist notwendig, wenn Sie den Standort halten wollen. Durch deutsche Nachfrage allein lässt sich unser technischer Standard nicht halten. Auch die Arbeitsplätze nicht. Wenn Sie einen deutschen Soldaten fragen, in welchem Gerät er sitzen will, wenn er in Afghanistan Dienst tut, wird er Ihnen sagen, am liebsten in einem gut geschützten. In Deutschland werden nun mal die besten Geräte hergestellt."[35]

Wir stellen in allen Kriegen dieser Welt fest, dass die Waffenindustrie mitverdient. Der Dachverband „Kritische AktionärInnen Daimler" hat das in einer Pressemitteilung zum Libyenkrieg beschrieben: „Mercedes-Militärfahrzeuge, wahrscheinlich vom Typ ACTROS 4860, transportierten Panzer der libyschen Streitkräfte ins Kriegsgebiet für ihren Vormarsch nach Bengazi. Sie ermöglichen so den Feldzug der libyschen Regierung gegen die eigene Bevölkerung. Dazu kommen noch Panzerabwehrraketen vom Typ Milan im Wert von 168 Millionen Euro, produziert in einem bayerischen Werk der EADS – deren Hauptaktionär die Daimler AG ist."[36] Besonders kritisiert wird in dieser Presseerklärung, dass mit Begriffen wie „verbessertes Tötungspotenzial" etwa für die Milan-Rakete geworben wird und gleichzeitig bei den Angriffen, die die britische Luftwaffe gegen Flugbasen und die Stellungen der libyschen Armee flog, Eurofighter- und Tornado-Kampfflugzeuge mit deutschen Bestandteilen im Einsatz waren.[37] Es ist gut, dass das Thema „Rüstungsexport" endlich breiter diskutiert wird. Die Gemeinsame Konferenz Kirche und Entwicklung (GKKE) tut das in guter ökumenischer Gemeinschaft übrigens schon seit Jahren.

Was für ein Teufelskreis! Problematisch zudem: In Deutschland wird immer erst im Nachhinein bekannt, was wohin geliefert

35 Ebd., 32–33.
36 Kritische AktionärInnen DAIMLER. Pressemitteilung vom 4. April 2011.
37 Vgl. ebd.

wurde; der Bundessicherheitsrat entscheidet unter Geheimhaltung. Da sollen nach Katar Panzer geliefert werden, in ein Land, das in einer Länge von 60 Kilometern an Saudi-Arabien grenzt. Ebenso soll es Exportgenehmigungen für Saudi-Arabien geben, dessen Armee erst kürzlich die Freiheitsbewegung in Bahrain brutal niedergeschlagen hat. Das halte ich für absolut inakzeptabel, und es ist gut, dass es eine Kampagne gegen Rüstungsexporte gibt, die Unterschriften für eine Gesetzesänderung sammelt. Die Fragen hält auch die Friedensdekade wach, die in der DDR entstanden ist und in den zehn Tagen von Volkstrauertag über Buß- und Bettag bis Ewigkeits- bzw. Totensonntag in Kirchengemeinden aller Konfessionen die Friedensfrage diskutiert. Daran kann sich jeder Mensch beteiligen. Es geht darum, im politischen Geschehen die Stimme zu erheben, Waffenhandel und Krieg infrage zu stellen, sich gegen Pflichtdienste an der Waffe auszusprechen, die es in vielen Ländern und potenziell auch in Deutschland noch immer gibt, und Freiwilligendienste zu stärken. Wir können doch nicht an Kriegen verdienen, die wir anschließend betrauern.

Friedensgeschichten

Neben dem Engagement für Frieden und gegen Waffenproduktion und Rüstungsexport ist es auch wichtig, nicht nur Kriegsgeschichten, sondern auch Friedensgeschichten zu erzählen. Davon zu reden, wie schnell ein Krieg begonnen wird und wie lange Friedensverhandlungen dauern können.

Am 8. August 2012 habe ich in Augsburg gepredigt. Dieser Tag ist offizieller Feiertag in der Stadt. Während des Dreißigjährigen Krieges wurden am 8. August 1629 auf der Grundlage des Restitutionsedikts von Kaiser Ferdinand II. alle evangelischen Prediger entlassen; bald darauf wurden die evangelischen Kirchen geschlossen oder abgerissen. Es dauerte bis zum Westfälischen Frieden 1648, dass die Evangelischen in Augsburg zurück in ihre

Kirchen durften. Heute feiert die Stadt an diesem Tag ein Friedensfest, das mit einem ökumenischen Gottesdienst beginnt und einer Festtafel unter freiem Himmel endet, zu der Bürgerinnen und Bürger aller Religionen und ohne Religion zusammenkommen.

Wie absurd unsere Debatten über Frieden, Verteidigung und Rüstung sind, wurde mir noch einmal vor Augen geführt, als ich im Rahmen einer Delegationsreise des Rates der EKD 2009 nach Nord- und Südkorea fahren konnte. Die Idee, 20 Jahre nach der friedlichen Revolution in der DDR beide Staaten zu besuchen, fand und finde ich gut. Wie viel haben schließlich Besuche über die deutsch-deutsche Grenze hinweg von 1961 bis 1989 bewirkt! Nordkorea kam mir gespenstisch vor. Ich hatte das Gefühl, alle haben entweder Angst oder spulen irgendwelche vorgefertigten Sätze ab. Dann standen wir an der Grenze in Nordkorea und sahen ein Schild: 70 Kilometer bis Seoul. Wir wussten aber, dass wir am nächsten Tag rund 4000 Kilometer über Peking nach Seoul fliegen würden, um dann auf der anderen Seite der Grenze stehen zu können. Wie absurd! Auf dem Grenzstreifen stehen vier Container, die durch die Schweiz und Schweden, die tschechische Republik und Polen jeweils Begegnungsorte im Sperrgebiet ermöglichen. Wir konnten gegenüber die südkoreanischen und US-amerikanischen Soldaten sehen. Ich habe den nordkoreanischen Grenzsoldaten gefragt, was passieren würde, wenn ich nun einfach die paar Meter hinüberliefe. Er meinte, die „Gegenseite" würde mich erschießen. Ich sagte, das sei verrückt, denn das seien doch „meine Verbündeten". Er zuckte mit den Schultern. Und ich habe mich gefragt, wie diese Absurdität eigentlich irgendjemandem zu erklären sei. Dass ein Land wie Nordkorea, in dem Menschen hungern, riesige Summen für Rüstung ausgibt, ist unfassbar.

Viel zu wenig wissen wir von den Erfahrungen gelungener Konfliktvermittlung. Hierzu sollten Kompetenzzentren entstehen, die aus gelungenen Erfahrungen Schlussfolgerungen ziehen, Lern-erfahrungen ermöglichen und Mut schöpfen lassen für zukünftige Konflikte. Es muss sich erst noch herumsprechen, dass es auch gewaltfreie Lösungen gibt. Es geht darum, Feindbilder abzubauen, wenn Jugendliche sich grenzübergreifend treffen. Da kann die andere Seite wahrnehmbar werden, statt dass von Kriegsfeinden martialische Sieges- und Besiegtenbilder gemalt werden.

Markus Weingardt hat in einer Studie zum Thema „Das Friedenspotenzial von Religionen"[38] in mehreren Fallstudien gezeigt, dass religiös motivierte Akteure zur Verminderung von Gewalt in politischen Konflikten beitragen. Die 40 (!) Beispiele aus aller Welt betrachte ich als ungeheure Ermutigung. Wir können etwas tun; es gibt Hoffnungsgeschichten. Es zeigt sich, dass sie einen langen Atem brauchen, Vertrauen und Kontakte mit allen Konfliktparteien aufgebaut werden müssen, um in Konflikten zu vermitteln. Dazu gehört auch eine „emotionale Konfliktbearbeitungskompetenz"[39]. Diesen Begriff finde ich spannend. Es geht ja oft nicht nur um die harten Fakten, sondern um tiefer liegende Konfliktdimensionen. Und die lassen sich nicht mit Waffen bewältigen.

Europa

Europa hat auf grausame Weise erlebt, was es heißt, andere mit Krieg zu überziehen, und wie eine Zivilbevölkerung unter den Großmachtfantasien Einzelner leiden kann. Sollte es nicht möglich sein, von den Religionen in Europa her vor dem Hintergrund der Erfahrungen von Vernichtung und Vertreibung, von Zerstörung und Flucht ein tief verwurzeltes Engagement für friedliche Konfliktlösungen voranzutreiben? Wir könnten aus der

---

38 Markus Weingardt, Das Friedenspotenzial von Religionen, unveröffentlichtes Manuskript, Juni 2006.
39 Ebd. S. 415.

Erfahrung der Vergangenheit heraus an der Spitze der Bewegung für eine friedensfähige Welt stehen! Der Friedensnobelpreis 2012 für die Europäische Union ist ein wunderbares Zeichen dafür. Und die Religionen in Europa könnten Vorreiterinnen dafür werden, energisch gegen ideologische Hetze, sprachliche Aufrüstung von Feindbildern und reale Aufrüstung durch immer neue Waffen anzutreten.

Friedrich Siegmund Schultze hat 1946 formuliert: „Der Haß ist sicherlich eine der stärksten Mächte im Leben der Menschheit. (…) Der Haß zerstört die Güter, die die Menschheit empfing und vermehrte. Diese reiche Erde, den Menschen als Besitz anvertraut, droht die Stätte ihres Unterganges zu werden. Der Garten, der aus der Wildnis erstand, wird wieder zur Wüste. Die Felder, mit unendlicher Mühe angelegt, werden versengt. (…) All die Kräfte, die dem Aufbau dienen sollten, werden in den Dienst des Todes gespannt. (…) Vielleicht, daß nicht in jedem Fall, in dem die Erde versengt oder der Tod gestreut wird, der Haß den Zerstörer treibt; aber unsichtbar steht der Dämon des Hasses hinter dem, der die Bombe plant oder wirft. Und die Menschheit läßt sich wie stets in die Verantwortungslosigkeit hineinschläfern, die die Tat ermöglicht, die den Täter schützt, ja bewundert."[40]

Ein hervorragender Ansatzpunkt für Friedensethik: sich nicht in eine Verantwortungslosigkeit „hineinschläfern" lassen! Vom biblischen Friedensauftrag her gilt es, sich klar für die Überwindung von Krieg einzusetzen. Das ist nicht naiv, sondern hoffnungsvoll. Und es ist letzten Endes ein Eintreten für Menschenwürde, ja, Menschlichkeit und Zukunftsfähigkeit.

---

40 Friedrich Siegmund-Schultze, Friedenskirche, Kaffeeklappe und die ökumenische Vision. Texte 1910–1969, hrsg. V. Wolfgang Grünberg, München 1990, S. 193–194.

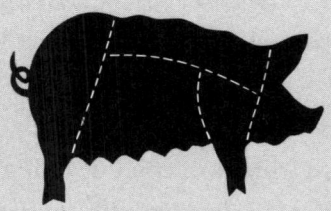

6. Respekt vor der Schöpfung[41]

Auf einer Fahrt über die Insel Usedom kamen wir an einem weiten Hügel vorbei, an dem sich fette Säue vergnügten. Irgendwie musste ich lachen: glückliche Schweine! Sie lagen dick und faul in der Sonne oder suhlten sich genüsslich im Schmodder. Mir wurde bewusst, dass ich mich gar nicht erinnern konnte, wann ich das letzte Mal Schweine im Freien gesehen hatte

Schöpfungsglaube und Naturwissenschaft

Gott hat die Welt geschaffen. Das glauben wir als Christinnen und Christen gemeinsam mit Menschen jüdischen und muslimischen Glaubens. Und das trennt uns meines Erachtens nicht von den Erkenntnissen der Physik! Die Diskussion um den Kreationismus erweckt den Eindruck, dass Glaubende Angst haben, es könnte schwer oder gar unmöglich sein, das zusammenzuhalten. Gott als Schöpfer der Welt zu sehen, ist eine Glaubensperspektive. Sie verändert meine Sicht auf die Welt. Denn so gesehen sind wir als Menschen verantwortlich für unsere Mitgeschöpfe, Tiere und Pflanzen. Der Umgang mit der Erde kann uns nicht gleichgültig sein.

Wir können Gottes Existenz nicht beweisen, aber die geglaubte Existenz Gottes steht nicht im Widerspruch zu dem, was die Naturwissenschaft erforschen konnte mit – wie Christinnen und Christen sagen würden – der Kreativität, die Gott Menschen geschenkt hat. Die Theorie eines Urknalls belegt das Vorhandensein einer Energie, deren Entstehung auch Physik nicht erklären kann. Der Astrophysiker Harald Lesch hat in einem Interview auf die

41 Vgl. zum Folgenden auch: Margot Käßmann, Hoffnung unterm Regenbogen, Frankfurt 2010.

Frage, ob er an einen „obersten Designer" glaube, geantwortet: „Ich bin Protestant und da ist die Hypothese Gott eine unheimlich tragfähige Hypothese. Es kommen einfach zu viele Dinge zusammen, wo man als Naturwissenschaftler steht und sagt: Das kann nicht wahr sein! All diese wahnsinnigen Zufälle, die passieren mussten, und vor allen Dingen jene, die nicht passieren durften. Kein Stern vorbeigeflogen, keiner explodiert, und das über eine Stabilitätszeit von 4,56 Milliarden Jahren (…) Und je mehr Wissenschaft ich betreibe, desto mehr denke ich, das ist ja unglaublich!"[42]

Warum sollten wir als Christinnen und Christen die Erkenntnisse der Wissenschaft ablehnen? Gott hat die Welt mit allen Geschöpfen ins Leben gerufen. Das bringt für Menschen des Glaubens viele Fragen mit sich, aber sie müssen keine Angst davor haben zu fragen, zu forschen, zu wissen. So wenig, wie sich Gottes Existenz beweisen lässt, so wenig lässt sich die Nicht-Existenz Gottes belegen. Das bleibt schlicht eine Glaubensfrage. Ich kann daher nicht verstehen, warum Eltern verhindern wollen, dass ihre Kinder die Evolutionstheorie kennenlernen. Dann ist Glaube doch von Angst geprägt, hat Angst vor dem Zweifel, statt Gottvertrauen zu zeigen und Offenheit für die Welt.

Wunderbar hat der biblische Erzähler den Prozess der Entstehung der Welt in einprägsame Bilder verwandelt, ja, er beschreibt im ersten Schöpfungsbericht auch eine Evolution: Gott schuf diese Welt, um aus dem Chaos Ordnung hervorzubringen. Gott scheidet Licht und Dunkel, Wasser und Land und kreiert den Menschen zum eigenen Bilde – Mann wie Frau als Gottes Ebenbild. Am Ende ist in Gottes Augen alles „*sehr gut*" (1. Mose 1,31) – die beste aller möglichen Welten sozusagen.

42 „Ersparen Sie mir weitere Fragen", Interview von Andreas Austilat und Björn Rosen mit Harald Lesch, in: „Der Tagesspiegel, Berlin", erschienen am 17. Juni 2012.

Und das können wir auch nachempfinden, meine ich. Wenn ich am Ostseestrand stehe, das Meer sehen, erleben, riechen, fühlen kann, spüre ich aus vollem Herzen: Ja, das ist sehr gut! Das gibt uns Energie! Wunderschön. Wunderbar. Wie am ersten Schöpfungstag, so singt es ja Cat Stevens: „Morning has broken like the first morning" – jeder Morgen ist ein bisschen wie der erste Morgen. Deshalb steht das Lied heute auch im Evangelischen Gesangbuch: Die Sonne geht auf und Leben beginnt neu. Es war sehr gut. Und es ist oft sehr gut, das sollten wir nicht vergessen. Zum Schöpfungsglauben gehören daher als Antwort auch Staunen und Dankbarkeit.

Schöpfung und Spiritualität

Lange Zeit waren Schöpfungstheologie und Spiritualität in der evangelischen Kirche eher unterentwickelt. Beides steht in einem Zusammenhang, denn die Schöpfung erleben, das ist auch die Wahrnehmung des Heiligen Geistes. Die Vernachlässigung liegt sicher zum einen an der Konzentration auf das Wort, zum anderen aber wohl auch an der Angst vor „Schwärmertum" oder einem Glauben, der sich aus Erfahrung und nicht aus der Bibel speist. In den vergangenen Jahren hat sich das ein wenig geändert und ich freue mich darüber.

Ein Pilgerweg verbindet auf rund 300 Kilometern das alte Zisterzienserkloster in Volkenroda, von dem aus im Jahr 1163 Mönche ausgesandt wurden, mit dem neuen Kloster, das sie in Loccum gründeten. Einige pilgern allein, andere in Gruppen, einige schweigend und meditierend, andere im Gespräch oder auch singend. Es geht um ein „Unterwegssein mit Gott". Wir spüren die Natur und kommen ins Gespräch – mit Gott, mit uns selbst oder mit anderen, über den Glauben und die Welt. Pilgern kann eine spirituelle Erfahrung sein, eine Erfahrung der Geisteskraft Gottes. Spiritualität, die Erfahrungsebene des Glaubens, das Wirken des Geistes, das Erleben der Schöpfung Gottes ist Teil des Schöpfungsglaubens insgesamt. Hand in Hand damit geht die Verantwortung für die Schöpfung.

Zerstörung von Paradies

Wir erleben aber auch eine Selbstbezogenheit des Menschen, die nicht Gott im Zentrum des Lebens sieht, sondern sich selbst. Das ist der biblische Sündenfall, das Ende vom Paradies. Diese Zerstörung von „Paradies" können wir heute sehen, wo immer Natur durch Abholzen von Regenwäldern, die Folgen des CO_2-Ausstoßes in den Industrienationen, die Überfischung der Ozeane oder Schäden durch Ölgewinnung zerstört wird. Die Ölpest im Golf von Mexiko, die 2010 durch die Explosion der Ölbohrplattform Deepwater Horizon ausgelöst wurde, war eine entsetzliche Umweltkatastrophe – die aus dem Bohrloch ausgetretene Ölmenge wird auf 800 Millionen Liter geschätzt! Die Zerstörung des ökologischen Gleichgewichtes ist am Viktoriasee in Afrika auf dramatische Weise zu sehen, ebenso auch beim Itaipú-Staudamm in Brasilien. All das sind Beispiele, Symbole dafür, wie wir auch heute das Paradies, das uns als Lebensumfeld geschenkt ist, mit Füßen treten.

Natürlich ist die Schöpfung selbst auch nicht immer domestiziert oder gar niedlich. Das weiß schon die biblische Erzählung von der Sintflut, die als Zorn Gottes über die Menschen gedeutet wird. Eine Flut, die vernichtet, die Mensch und Tier und Pflanze mit sich reißt, dem Untergang preisgibt. Diese Geschichte zeigt ein ziemlich erschreckendes Gottesbild. Große Katastrophen haben immer wieder zur sogenannten Theodizeefrage geführt: Wie kann Gott das zulassen? Wo war Gott, als das geschah? Besonders deutlich wurde das beim Erdbeben von Lissabon im Jahre 1755, als die Stadt zu nahezu 85 Prozent zerstört wurde. Zudem wurde sie von einem 15 bis 20 Meter hohen Tsunami überrollt, der über die

Mündung des Tejo eindrang. Die meisten der über 60 000 Toten dieses Unglücks waren in den Fluten ertrunken. Viele Gebäude, die von der Katastrophe verschont blieben, fielen der darauffolgenden, fast eine Woche andauernden Feuersbrunst zum Opfer.

Die Katastrophe hatte zwei große Folgen. Eine praktische, die bis heute gilt, nämlich die Maßgabe für ein schnelles und geplantes Handeln. Als der König seinen Staatssekretär Sebastião José Carvalho e Melo fragte, was zu tun sei, sagte der: „Die Toten begraben, für die Lebenden sorgen!" Das war der Grundstein für modernes Katastrophenmanagement.

Neben dieser praktischen Frage gab es auch eine geistige, ja, geistliche Erschütterung, die auch jüngst angesichts von Erdbeben, Tsunami und Reaktorkatastrophe in Japan immer neu aktuell wird: Wo ist Gott? Wie können Menschen noch an Gott glauben, wenn so etwas geschieht?

Ich bin zutiefst überzeugt, die Antwort auf diese Frage lautet: Gott will nicht Leid, Gott straft nicht durch Katastrophen, sondern Gott begleitet Menschen, die Katastrophen erleiden müssen in einer Welt, die, wie wir sagen, „unerlöst" ist. Erst in Gottes Zukunft, so heißt es im Buch der Offenbarung, werden alle Tränen abgewischt sein und Not, Leid und Geschrei ein Ende haben. Diese Welt kennt Naturkatastrophen und menschengemachte Katastrophen, aber in ihnen kann sie auch die Spur der Liebe und Begleitung Gottes entdecken. Aber wir können als Christinnen und Christen in aller Klarheit sagen: Diese Naturkatastrophen zeigen, dass wir die Schöpfung eben nicht beherrschen. Strafen Gottes jedoch sind sie nach biblischem Zeugnis nicht!

Die Bibel ist ein Hoffnungsbuch. Ja, sie kennt die Zerstörung. Sie weiß um Sintfluten, die Leben dahinraffen und Angst und Schrecken verbreiten. Der Spannungsbogen von guter Schöpfung und Sintflut und neuem Bund ist auch heute erfahrbar. Wir leben in der Zeit nach dem Paradies, in der zweitbesten aller möglichen

Welten.[43] Aber wir können und sollen sie verantwortlich gestalten. Auch nach der Vertreibung aus dem Paradies sind wir als Menschen beauftragt, die Erde zu bebauen und zu bewahren. Die Erzählung von der Sintflutkatastrophe und dem Neuanfang unter dem Regenbogen zeigt: Als Haushalterinnen und Haushalter ist uns die Erde anvertraut und Gott will sie mit uns erhalten. Dabei dürfen wir kreativ sein, Neues schaffen. Wir sind sozusagen Mitschöpferinnen und Mitschöpfer Gottes. Dennoch gefährden Menschen, was Gott als sehr gut geschaffen hat. Wir sind dabei, den Bund, den Gott in Noah mit uns Menschen geschlossen hat, aufzukündigen.

Nachhaltigkeit

Als 1972 die Studie „Die Grenzen des Wachstums" veröffentlicht wurden, zog sich der Exekutivausschuss des Ökumenischen Rates der Kirchen zum Gebet in die Kapelle des Ökumenischen Zentrums in Genf zurück. Es gab ein großes Erschrecken: Hatte bis dahin das biblische Wort „Machet euch die Erde untertan" die Haltung der meisten Menschen und auch Kirchen bestimmt, so wurde nun deutlich, dass der biblische Auftrag, die Erde zu bebauen und zu bewahren, dringlich ist. Es entstand das Programm „For a just, sustainable and participatory society" – „Für eine gerechte, überlebensfähige und partizipatorische Gesellschaft". Es war das wohl erste Projekt der Kirchen weltweit, das Nachhaltigkeit in einem ethischen Konzept verankerte. Auf Deutsch wurde „sustainable" damals noch mit „überlebensfähig" übersetzt; der bereits im Gerechtigkeitskapitel benannte Begriff „Nachhaltigkeit" etablierte sich erst wesentlich später. Aber schon damals war klar: Die ökologischen Herausforderungen haben immer auch mit Wirtschaft und sozialer Frage zu tun.

---

43 Vgl. Jürgen Ebach, „Gottes Bogen in den Wolken", in: „Damit ihr Hoffnung habt", Junge Kirche 2010, S. 34 ff.

Das hört sich extrem abstrakt an, ist in der Praxis aber leicht verständlich. Angefangen beim Ei: Wie kann ich ein Ei essen, das ein „glückliches Huhn" produziert hat, an dem ein Landwirt genügend verdient und das ich mir finanziell leisten kann? Ein Spannungsgebilde, das austariert sein will. In dem Moment, in dem ich im Supermarkt vor dem Regal stehe und zugreife, 10 Eier für 1,49 Euro oder 10 Eier für 2,69 Euro, stehe ich vor einer Nachhaltigkeitsentscheidung. Ja, leider, Bio-Eier aus verantwortbarer Hühnerhaltung machen nur drei Prozent des Marktanteils aus. Aber Menschen, die Eier anbieten, die aus artgerechter Haltung stammen, und solche, die diese Eier kaufen, auch wenn sie mehr kosten, haben dazu beigetragen, dass Käfighaltung in Deutschland vollständig abgeschafft werden wird. Das Argument, dass in anderen Ländern all dies nicht gilt und immer mehr Eier importiert werden, wirkt schal, finde ich. Bei uns gelten die Menschenrechte auch dann, wenn sie woanders nicht in Kraft gesetzt sind. Bei alldem macht die soziale Komponente nachdenklich: Wer arm ist, wird die billigeren Eier kaufen müssen.

Einmal ist mir bei der Zeitungslektüre fast das Frühstücksei im Hals stecken geblieben. Weil es wieder einen Salmonellenverdacht gab, erklärte die Firma „Bayern-Ei", sie werde in einem ihrer Betriebe „den gesamten Legehennenbestand auswechseln". Was sich so sachlich und betriebswirtschaftlich anhört, bedeutet, dass 460 000 Hühner getötet werden! Das ist fast eine halbe Million, mal eben so.

Einerseits ist das natürlich richtig. Letztes Jahr gab es einen Salmonellenausbruch, an dem fünfhundert Menschen erkrankt sind, zwei starben. Und auch hier sollen Eier von „Bayern Ei" im Spiel gewesen sein. Aber die Lösung entsteht doch nicht durch einen „Austausch des Legehennenbestandes". Es muss sich dringend etwas ändern in der Tierhaltung!

Ich wollte mehr wissen und habe mir das Video aus Ettling

angesehen, das im Netz steht. Dabei kann einem schlecht werden. Da sind halb tote Hühner zu sehen, die keine Federn mehr haben, tote Hühner liegen neben dem Eierfließband, es sieht völlig verdreckt aus. Der dortige Landrat hat gesagt, das sei ein „Hühner-KZ" und im Grunde nicht kontrollierbar. Den Vergleich finde ich schwierig, aber vier Hallen mit mehr als 2000 Käfigen, in jedem Käfig, der 16 Quadratmeter hat, sind 60 Hühner eingepfercht – das ist untragbar. Dass so Salmonellen entstehen, begreift doch jeder.

Was kann getan werden? Sicher, die Kontrollen müssen dringend verbessert werden, es kann doch nicht sein, dass es sechs Wochen dauert, bis das Ergebnis einer Kontrolle auf dem Tisch liegt. Dann sind die Eier längst gegessen. Ich finde auch, dass die Gesetze geändert werden müssen und Käfighaltung verboten wird. Ich kann nicht begreifen, dass diese Art der Massentierhaltung erlaubt ist.

Am Ende können aber den meisten Druck wir machen, die wir gerne mal ein Ei essen. Jeder Deutsche isst rund 220 Eier im Jahr, das sind 15 Milliarden insgesamt. Da können die Verbraucher erheblich Druck machen mit ihrem Einkaufsverhalten. Es lässt sich erkennen, woher die Eier kommen. 0 steht für Bioeier, 1 für Freilandhaltung, 2 für Bodenhaltung, 3 für Käfighaltung, DE für Deutschland als Herkunftsort. 3-DE-0920411 ist beispielsweise die Kennzeichnung für die Anlage in Ettling. Freilandhaltung ist das Mindeste. Aber wir könnten auch schlicht alle zu Bioeiern greifen. Nun werden die Ersten sagen: Das ist zu teuer. Aber wir können die Abgründe der Massentierhaltung nicht verändern, wenn wir bei Nahrung nur auf billig setzen.

Bioeier stammen von Legehennen, die nicht in Käfigen gehalten werden, es muss Sitzstangen geben, es dürfen nicht mehr als 3000 Tiere in einem Stall sein und ein Auslauf muss ständig verfügbar sein. Maximal sechs Hühner teilen sich einen Quadratmeter. Die

Schnäbel dürfen nicht gekürzt werden und Gentechnik im Futter ist nicht erlaubt. Da schmeckt mir das Frühstücksei dann wieder.

Atomkraft

Ein anderes Beispiel für das Ringen um Schöpfungsbewahrung ist Gorleben. 1977 wurde der kleine Ort in der Nähe von Dannenberg als Standort für ein „Nukleares Entsorgungszentrum" benannt. Wie sollen wir handeln? Die einen sagten, der Salzstock sei als Endlager geeignet. Die anderen sagten, das sei keinesfalls so. Den Menschen vor Ort macht es bis heute Angst, in der Nähe eines Endlagers zu leben. Viele Jahre lang wurden Gorleben-Gegner diffamiert. Der Protest gegen die Castortransporte wurde geradezu kriminalisiert. Das ist die soziale Komponente.

Die ökologische Komponente besagt: Seit 1983 werden schwach- und mittelradioaktive Abfälle und seit 1996 hochradioaktiver Müll in sogenannten Castorbehältern dorthin transportiert und zwischengelagert, obwohl immer wieder Zweifel daran geäußert wurden, dass der Salzstock dort tatsächlich eine sichere Endlagerung gewährleisten würde. Natürlich gibt es ökonomische Interessen: 1,6 Milliarden Euro wurden inzwischen in Gorleben verbaut[44]; die Kosten für die mühevollen Transporte von Atommüll dorthin auf Schiene und Straße wurden allein für den 13. und letzten Transport mit hochradioaktivem deutschem Müll aus französischer Wiederaufbereitung auf 33,5 Millionen Euro geschätzt.[45]

Der so fantasievolle, aber auch kritisierte und missachtete Widerstand der „bäuerlichen Notgemeinschaft" und anderer Gruppierungen hat langfristig Früchte getragen. Nach neuesten Informationen will die Bundesregierung den Salzstock dort nicht

44 Malte Kreutzfeld, „Vier Standorte zum Preis von einem", in: „taz", 30. November 2011.
45 Vgl. „Hamburger Abendblatt", 30. November 2011.

weitererkunden; die Arbeiten sollten beendet werden.[46] Ich habe bei Besuchen in der Region und einmal auch bei einem Gottesdienst mit Anwohnern, Polizisten und Demonstranten, während auf die Ankunft eines Castortransportes gewartet wurde, erlebt, was das alles für die Menschen vor Ort heißt. Für sie ist es kein abstraktes Problem, sondern es geht um ihre Lebensperspektiven. Sie sehen ein nicht verantwortbares Maß an irreversiblen Folgen, die Generationen nach uns belasten werden.

Die Katastrophe von Tschernobyl hat 1986 viele Menschen zum Umdenken gebracht. Daran erinnere ich mich genau. Meine Zwillingstöchter wurden am 7. April 1986 geboren. Ich musste lange mit ihnen im Krankenhaus bleiben, weil sie sehr klein zur Welt kamen. Am 28. April fuhr ich mit ihnen nach Hause. Im Auto hörte ich, in der Sowjetunion habe sich eventuell ein nuklearer Unfall ereignet. Die Nachrichten und Spekulationen hielten an. Am 1. Mai 1986 verbrachte ich einen wunderbaren Tag im Garten; die ältere Tochter spielte im Sand, die Babys lagen vergnügt auf einer Decke im Gras. An den folgenden Tagen wurde deutlich: ein fataler Fehler! Sand und Gras waren wahrscheinlich kontaminiert von der unsichtbaren ominösen „Wolke", die von Tschernobyl Leben zerstörend bis zu uns herüberwehte. Wer will das denn verantworten? Das soll „saubere" Energie sein? Nein, sie ist unverantwortlich und lebensbedrohend für viele Generationen nach uns. Wiederum zeigt sich: Wir müssen heute die Verantwortung für all die Belastungen übernehmen, die wir an kommende Generationen weitergeben.

Die Katastrophe von Fukushima 2011 hat 25 Jahre später die Bundesregierung zum Umdenken gebracht und den Ausstieg zum gesetzlich relevanten politischen Beschluss werden lassen.

---

46 Vgl. Michael Bauchmüller und Jens Schneider, „Bund will Gorleben einmotten", in: „Süddeutsche Zeitung", 23. März 2012.

Klimakatastrophe

Aber können wir wirklich nur durch Katastrophen lernen? Ja, lernen wir überhaupt durch Katastrophen, oder tanzen wir nicht allzu schnell weiter auf dem Vulkan, wie es doch auch an der Finanzkrise abzulesen ist? Die wissenschaftlich vorausgesagte Klimakatastrophe, die in den sich häufenden Überschwemmungen, Unwettern und Erdrutschen inzwischen überall auf der Welt deutlich erfahrbar ist, bringt Staaten, Unternehmen und Individuen offenbar nicht zum Umdenken. Hier ist kein Ausgleich der Interessen festzustellen, sondern die Ökonomie und der Eigennutz haben Vorrang.

Mit dem Regenbogen wird der Bund zwischen Gott und den Menschen aufgerichtet. *„Solange die Erde steht, soll nicht aufhören Saat und Ernte, Frost und Hitze, Sommer und Winter, Tag und Nacht"* (1. Mose 8,22), verspricht Gott nach der Sintflut in der biblischen Geschichte. Nur sehen wir heute, dass *wir* als Bundespartner und Bundespartnerinnen versagen. Die Schöpfung ist gefährdet, weil Menschen verantwortungslos handeln. Dieses Wunder der Natur, das Zusammenspiel von Licht und Dunkel, Wasser und Erde, Mensch und Tier ist aus dem Takt geraten. Wir können Gott nicht verantwortlich machen für das, was wir durch unsere Art zu leben anrichten. Die meisten Katastrophen, die heute Leben zerstören und gefährden, sind und bleiben menschengemacht.

Wie ernst aber nehmen wir das? Erschrecken wir noch über Szenarien, die entworfen werden? Erst kürzlich sagte mir jemand: „Die übertreiben doch alle!" Schon werden warnende Stimmen als hysterisch bezeichnet und es schimmert neu der Glaube an die Machbarkeit durch Technik auf: „Die werden doch was erfinden, damit das nicht so schlimm wird mit der Erderwärmung!" Beschwichtigungen sind beliebt, sie beruhigen. Aber Messdaten weisen die Erderwärmung inzwischen nach. Der CO_2-Gehalt der Atmosphäre ist gegenwärtig höher als jemals in den letzten

650 000 Jahren der Erdgeschichte. Elf der vergangenen zwölf Jahre zählen zu den zwölf wärmsten Jahren seit Beginn der Aufzeichnungen im Jahr 1850. Ein Anstieg der Mitteltemperatur von drei Grad Celsius wird erwartet. Schon jetzt aber hat der Klimawandel nachweislich Einfluss auf das Abschmelzen des Gletschereises. Ein Anstieg des Meeresspiegels wird folgen und gerade die dicht bevölkerten Gebiete Afrikas und Asiens betreffen. Gleichzeitig wird es mehr Dürreperioden geben, die in der Folge Hungersnöte nach sich ziehen.

Hier treffen sich die Schöpfungsfrage und Aufgabe der Gerechtigkeit: Am stärksten betroffen von den Folgen der Erderwärmung werden die Armen dieser Erde sein, die am wenigsten Treibhausgase verursachen. Am besten werden sich diejenigen schützen können, die reich genug sind, dies zu tun. Und ja, auch die Friedensfrage wird eine Rolle spielen, denn es wird Kriege geben um Energiequellen – oder gibt es sie gar schon? Ist nicht längst Öl ein Faktor für Krieg? Kriege wird es auch geben um Wasser und fruchtbares Land, das befürchten viele. Und Kriege wie ökologische Katastrophen werden Menschen auf die Flucht jagen. Sie werden Zuflucht in den reichen Ländern suchen, besonders hier in Europa, und sie werden nicht willkommen sein, machen wir uns nichts vor. Erneut erweist sich: die Trias von Gerechtigkeit, Frieden und Bewahrung der Schöpfung gehören zusammen, heute ebenso wie es die ökumenischen Versammlungen auf Weltebene in Vancouver 1983 und auf europäischer Ebene in Basel 1989 beschrieben haben.

Die Sintflutgeschichte ist für uns heute eine aktuelle Erzählung, weil sie etwas von dem Wissen spiegelt: Die Erde könnte vernichtet werden. Denn wir leben ja nach dem Motto: „Nach uns die Sintflut!" Dabei geht es weniger um Naturerfahrungen als um selbstverantwortete Zerstörung. Die Reaktorkatastrophe von Tschernobyl von 1986 ist ein Symbol dafür geworden. Sie ist eine

Warnung an den Hochmut und den Machbarkeitswahn des Menschen, der meint, alles beherrschen zu können. So war der Schöpfungsauftrag von Anfang an nicht gemeint. Neben dem Auftrag zu bebauen stand der des Bewahrens. Wer damit rechnet, dass der Mensch fehlerlos ist und Kernkraftwerke somit „sicher" sind, macht den Menschen zu Gott. Ein fataler Fehler, der in der Folge Tausende das Leben gekostet hat. Christinnen und Christen engagieren sich für erneuerbare Energien und gegen Risikomeiler, weil sie um die menschliche Fehlbarkeit wissen.

Die Grenzen des Wachstums werden noch immer nicht realisiert, sie werden weiterignoriert. Also resignieren? Nein! Ernst Ulrich von Weizsäcker schreibt, er sehe die Perspektive „in Allianzen der Willigen. Für die weltweite Durchsetzung der Hühnerzucht oder des Laptops bedurfte es keiner weltweiten vetofreien Konferenzen. Die Pioniere waren die Gewinner, nicht die Verlierer. Es kommt also darauf an, ökologische Pioniere zu Gewinnern zu machen."[47]

Und genau bei einer solchen „Allianz der Willigen" sollten Christinnen und Christen in aller Welt dabei sein! Weil sie die Schöpfung Gottes bewahren wollen für kommende Generationen. Und auch da dürfen sie sich nicht einschläfern lassen von einem „wird schon". Da messen Gemeinden inzwischen ihren Energieverbrauch. Überlegen, wie sie mit Solardächern, ungeheizten Kirchen in Winterzeiten, Stromsparinitiativen einen Beitrag leisten können. Und das kann jeder einzelne Haushalt auch.

Ethik für das Leben

Der Apostel Paulus bringt in diese Debatte einen gewichtigen Gedanken ein. Er schreibt: *„Die gesamte Kreatur sehnt sich nach Erlösung"* (vgl. Röm 8,22). Und sie seufzt dabei ganz gewiss unter dem

---

47 Ernst-Ulrich von Weizsäcker, „Rio + 20 = 0", in: „Süddeutsche Zeitung", 10. Juli 2012, S. 2.

Menschen, der sie erbarmungslos benutzt und zerstört mit Ölteppichen, Artenvernichtung und Klimaerwärmung. Aber wir dürfen die Schöpfung auch nicht allzu simpel romantisieren. Sturm, Gewitter, Flut gehören ebenso dazu und mächtige und schreckliche Naturkatastrophen, wie wir sie in den letzten Jahren erlebt haben. Doch Gott setzt mitten im Wüten der Gewalten, so die Bibel, seinen Bogen in den Himmel. Wichtig ist mir dabei die Rede von Gottes Zeichen im Regenbogen! Diese Naturerfahrung teilen wir über die Jahrtausende hinweg. Sie ist biblisch gesehen auch eine Erinnerung für Gott selbst, seiner Zusage treu zu bleiben im Sinne einer „Selbstverpflichtung Gottes": „als dann will ich gedenken ..."

Der Anspruch Gottes bleibt präsent. Die Gebote sind die unverrückbare Grundlage zu einem verantworteten, gelingenden, gemeinschaftsverträglichen Leben – auch in der zweitbesten aller Welten. Noah tut alles, um die Gebote zu halten. Es gilt, Verantwortung zu übernehmen. Und dabei müssen Menschen mit Scheitern und mit Schuld leben, denn sie werden kein perfektes Paradies schaffen können. Aber die Hände in den Schoß legen, das gilt nicht, das widerspricht der Kreativität, die Gott uns als Geschöpfen geschenkt hat, sowie der Verantwortung, die wir wahrzunehmen haben. Wir haben doch auch Freude, ja, Spaß daran zu gestalten, wenn wir dürfen. Wir spüren manches Mal eine unbändige Energie, für Gerechtigkeit einzutreten, wenn wir Unrecht wahrnehmen. Wir können an unserem Ort, in unseren Zusammenhängen eine Spur legen von der uns geschenkten Kreativität, weil wir wie Noah doch gern neu pflanzen, auch wenn wir wissen, dass nicht alle Saat aufgehen wird.

Der Theologe Jörg Zink hat einmal gesagt, die Bewahrung der Schöpfung erfordere ein Denken in Zusammenhängen.[48] Er

---

48 Vgl. Jörg Zink, Ruf in die Freiheit. Entwurf einer zukunftsfähigen christlichen Ethik, Gütersloh 2007.

schreibt: „Jesus hat keine Umweltethik. (…) Auch die übrige Kulturgeschichte des Abendlandes, aus der wir kommen und von der unsere Vorstellungen vom Handeln des Menschen mitbestimmt sind, hat zu Umweltfragen beinahe nichts beigetragen. Wir befinden uns hier auf unbegangenen Denkwegen."[III] In der Tat, es hat lange gedauert, bis die christlichen Kirchen begonnen haben, eine Theologie der Schöpfung zu entwickeln. Aber heute sehen wir, dass Schöpfungsethik oder auch Umweltethik für einen Zukunftsentwurf der Menschheit von elementarer Bedeutung sind. Wir beherrschen die Schöpfung nicht, auch nicht mit aller Technik der Welt. Der Mensch zerstört sich selbst, indem er die Natur, die Mitwelt zerstört, knechtet. Das beginnt bei den abgeholzten Wäldern und endet bei Antibiotika in Hühnerfleisch. Eine Ethik für das Leben kann den Menschen nicht isoliert sehen, sondern muss ihn als Teil der Kreatur, der Schöpfung insgesamt, wahrnehmen.

Mentalitätswandel

2009 hat die EKD eine umfassende Denkschrift zu den Herausforderungen des Klimawandels veröffentlicht.[49] Grundlegende Veränderungen in den Konsummustern und im Lebensstil werden gefordert sowie eine ökologische Umsteuerung der Ökonomie. So heißt es: „Als evangelische Kirche sind wir davon überzeugt, dass zur Abmilderung der Folgen des Klimawandels und für die Erhaltung der Lebensgrundlagen für künftige Generationen ein einschneidender Mentalitätswandel in Politik, Wirtschaft und Gesellschaft nötig ist. Eine solche Wende zu einer nachhaltigen Wirtschafts- und Lebensweise verlangt nach einer Umkehr, die die Bibel *Metanoia* nennt, eine radikale und umfassende Umkehr: Wir bekennen, dass wir mit dem in den Industriestaaten vorherrschenden Lebensstil und einem allein auf Wachstum setzenden

---

49 Umkehr zum Leben. Nachhaltige Entwicklung im Zeichen des Klimawandels. Eine Denkschrift der Evangelischen Kirche in Deutschland, Gütersloh 2009.

Wirtschaftssystem dieser Verantwortung gegenüber Gottes Schöpfung nicht gerecht geworden sind. Unser Lebensstil und unsere Wirtschaftsweise tragen dazu bei, dass die Ressourcen der Schöpfung in unverantwortlicher Weise ausgebeutet und Menschen ihrer Lebensgrundlagen und ihrer Lebenschancen beraubt werden. Damit machen wir uns schuldig vor Gott, seiner Schöpfung und unseren Mitmenschen."[IV]

Dies wird unter anderem konkretisiert, indem die Industrieländer – vor allem die EU – aufgefordert werden, mit Blick auf die Kohlenstoffdioxid-Emissionen „anspruchsvolle quantifizierte Ziele für 2020 zu formulieren" sowie „gesetzliche Rahmenregelungen und wirtschaftliche Anreize einzuführen, um das Konsum- und Mobilitätsverhalten jedes Einzelnen zu verändern"[50].

Nachhaltiger Lebensstil

Wie aber könnte eine kirchliche Konsequenz aussehen? Was könnten die Folgen sein für einen nachhaltigen Lebensstil? Da gilt es, theologisch umzudenken. Nicht „untertan machen und vermehren" sind die Grundregeln, sondern schützen und bewahren.

Diese Fragen gehen Christinnen und Christen ebenso wie Kirchen als Institutionen unmittelbar an. Es geht in der Tat um das *esse*, das Sein der Kirche, um ihre Glaubwürdigkeit. Weil wir glauben, dass diese Erde Gottes Schöpfung ist, treten wir ein für den Schutz der Umwelt. Dass es hell wird in unseren Herzen durch unseren Glauben an Jesus Christus, hat auch zur Konsequenz, dass wir handeln in dieser Welt. Spiritualität, das gemeinsame Feiern von Gottesdiensten, unser Glaube, sie führen gerade nicht zu einem Rückzug aus der Welt, sondern zu einem Engagement für Gerechtigkeit, Frieden und die Bewahrung der Schöpfung.

50 Ebd., S. 140.

Unser christlicher Glaube existiert ja nie jenseits von der Zeit und der Welt, in der wir leben. Er stärkt uns geistlich, schärft unser Gewissen und macht uns Mut zum Handeln in der Welt. Als Kirche insgesamt ringen wir um Nachhaltigkeit, etwa wenn in Hannover die Dächer vom Landeskirchenamt und dem Haus Kirchlicher Dienste mit Solarzellen ausgestattet werden, wenn Energiegutachten für Pfarrhäuser erstellt werden – aber auch im kleineren Maßstab, wenn wir fair gehandelten und biologisch angebauten GEPA-Kaffee ausschenken. Umweltfragen, Wirtschaftsinteressen und die soziale Realität zu verbinden, darum geht es bei Nachhaltigkeit! Da mag mancher lächeln, aber wir können etwas verändern. Gerade erst hat das eine Studie nachgewiesen.[51] In ihr wird deutlich, „dass Fair Trade tatsächlich die Lebens- und Arbeitsbedingungen benachteiligter Produzenten in den Entwicklungsländern verbessern kann. Ziele wie eine transparente Preisbildung seien bisher jedoch nicht optimal erreicht."[52]

Mir ist wichtig, dass wir Menschen ermutigen. Wir können noch umkehren! Ja, wir müssen prophetisch mahnen, ohne den Fatalismus zu stärken. Uns ist bewusst: Zur ökologischen Erneuerung im Sinne einer Langzeitverantwortung gibt es keine Alternative, wenn diese Erde auch noch für unsere Kinder und Kindeskinder bewohnbar sein soll. Die Frage ist, ob es die politische Kraft gibt, auf eine nachhaltige und zukunftsfähige Wirtschaftsform umzusteuern, die vor allem auch den Maßstäben weltweiter und generationenübergreifender Gerechtigkeit entspricht.

51 Michael von Hauff, Katja Claus, Fair Trade. Ein Konzept nachhaltigen Handelns, Stuttgart 2012.
52 Ulla Fölsing, „Ist fairer Handel wirklich fair", in: „Frankfurter Allgemeine Zeitung", 13. August 2012.

Politik mit dem Einkaufskorb

Als ich bei der Übergabe der Erntekrone an den Bundespräsidenten in der französischen Friedrichstadtkirche in Berlin sagte, dass, während 46 Prozent der Weltbevölkerung mit zwei Euro am Tag überleben müssten, eine deutsche Kuh von der EU mit zwei Euro am Tag subventioniert würde, gab es Gemurmel. Bauernpräsident Sonnleitner sagte mir anschließend, er habe schon befürchtet, nun folge die übliche Schelte der deutschen Landwirte. Aber das wäre viel zu einfach. Auch die Landwirtschaft in Deutschland ist eingebunden in ein System, das vom Markt diktiert wird. Ein Landwirt sagte mir, er habe das Gefühl, Geld nicht mehr auf dem Feld, sondern am Telefon zu verdienen. Er verkaufe am Telefon schon eine Ernte, die er noch gar nicht ausgesät habe. Und genau dieses System führt dann zu Nahrungsmittelspekulation. Aber ist es eben nicht einfach nur „der Markt"? Auch der Markt wird von Menschen gemacht. Und wir alle haben als Produzierende und Konsumierende daran Anteil. Wie stark die Macht der Verbraucher ist, zeigte sich etwa, als nach der Entdeckung sehr unappetitlicher Maden in Fisch in kürzester Zeit der Fischmarkt in Deutschland völlig zusammenbrach. Unterschätzen wir nicht, was wir tun und bewirken können.

Es gibt eine „Politik mit dem Einkaufskorb", wie sie beispielsweise mit Blick auf das Apartheidregime in Südafrika und die Kampagne der Evangelischen Frauenarbeit in Deutschland betrieben wurde. Die Aktion war damals sehr umstritten, ich weiß. Aber sie hat große Aufmerksamkeit erregt. Es waren Frauen, die sie getragen haben. Diejenigen, die in ihrem Lebensmittelladen mit dem Händler vor Ort diskutiert haben, und natürlich all die, die schlicht nur noch Früchte ohne Herkunft aus Südafrika eingekauft haben. Der Boykott zeigte in kurzer Zeit Wirkung. Das geht doch auch heute: „Woher kommen die Lebensmittel?", kann ich fragen. An der Fleischtheke, wenn es denn Fleisch sein soll. Am Obststand kann ich mich fragen, ob ich wirklich im Februar Erdbeeren brauche. Warum beim Kauf nicht Saison und Region berücksichtigen?

Bei Blumen gibt es inzwischen Herkunftskennzeichnung …

Meine kleine Kaufentscheidung – die Frage, ob ich weniger oder gar kein Fleisch kaufe, Produkte aus biologischem Anbau, Gemüse und Obst aus der Region, weniger Plastikverpackung oder mehr –, das kann nicht gleich die Welt verändern, aber es verändert etwas. Ich sage nicht Ja und Amen zu einer Konsumgesellschaft, die nimmt und wegwirft je nach Laune, sondern handle bewusst. Und „der Markt" ist in der Tat ein sensibles Feld. Wenn viele bewusster konsumieren, verändert sich etwas.

Das ist kein Plädoyer für Verzicht und Kargheit, sondern für Aufbruch und Kreativität, für einen Gewinn an Lebensqualität. Mich fasziniert beispielsweise die neue Initiative Foodsharing. Auf der Internetplattform heißt es: „Deutsche Privathaushalte werfen jedes Jahr Speisen im Wert von rund 22 Milliarden Euro weg. FOODSHARING ist eine Internetplattform, die Privatpersonen, Händlern und Produzenten die Möglichkeit gibt, überschüssige Lebensmittel kostenlos anzubieten oder abzuholen. Über FOODSHARING kann man sich auch zum gemeinsamen Kochen verabreden, um überschüssige Lebensmittel mit anderen zu teilen, statt sie wegzuwerfen."[53]

Ich erinnere mich gut, wie ich 1974 das erste Mal in die USA kam und als 15-Jährige völlig fasziniert war von der Atmosphäre eines Fast-Food-Restaurants: Locker, Musik, keine steife Bedienung am Tisch. Das positive Gefühl hat sich bald geändert. Schon ein Blick auf die Müllberge, die jeder einzelne Gast hinterlässt, macht deutlich: Nachhaltig ist das Konzept nicht. Außerdem geht es um Kalorienberge und der Fleischkonsum ist ökologisch auch nicht

53 www.foodsharing.de.

gerade sinnvoll. In den USA geht es hinter den Kulissen nicht unbedingt hygienisch zu. Und die Gehälter der Mitarbeitenden sind auch nicht sehr lobenswert.

Was ich aber am meisten bedaure: Unsere Esskultur verkommt. Und zwar auf zweierlei Weise: Die einen essen und trinken ständig „to go", als ob sie nicht mal mehr Zeit hätten, sich dafür gemütlich hinzusetzen. Inzwischen schaffen manche Familien gar keinen Esstisch mehr an. Es schiebt sich sowieso jeder einfach etwas in die Mikrowelle, wenn er Hunger hat, und isst dann auf dem Sofa vor Fernsehen oder Computer. Mit Essen hat das eigentlich nichts mehr zu tun, sondern eher mit „Einschieben von Sättigungselementen". Erzieherinnen erzählen, dass in Kitas eine der schwierigsten Aufgaben ist, Kindern beizubringen, sich gemeinsam an einen Tisch zu setzen, auf die anderen zu warten und eine Mahlzeit miteinander zu beginnen.

Das andere Extrem ist, dass Kochen immer mehr zum Ereignis wird. Unzählige Kochsendungen zeugen davon. Bei Einladungen muss jetzt die tolle Kochausrüstung bewundert werden, stilecht und exklusiv. Der Hausherr kocht außerordentlich gern, einfach so zur Entspannung. Und es gibt mindestens ein Drei-Gänge-Menu nach Gourmetregeln. Da traust du dich doch gar nicht mehr, jemanden ganz normal zum Essen einzuladen, sagen wir zu Spaghetti Bolognese. Und so laden immer mehr Menschen lieber ins Restaurant ein als zu sich nach Hause. Das ist auch wieder zeitsparend und schützt vor Blamage oder Nicht-mithalten-Können.

Ich finde das schade. Sicher, ich bin keine große Köchin, auch weil es in einer Familie mit vier Kindern immer schnell gehen musste. Aber es ist einfach schön, gemütlich zu Hause zusammenzusitzen. Sich eben Zeit zu nehmen fürs Essen, für die Gemeinschaft. Und das nicht nur als Ausnahme, wenn es etwas ganz Besonderes gibt, sondern auch einfach so im Alltag, mal mit Kartoffeln, Spinat und Ei. Wie wir essen, das ist doch wohl eine Kulturfrage. Und ich finde gut, vor dem Essen bei einem Tischgebet kurz innezuhalten und sich einmal bewusst zu machen: Für viele Menschen ist es nicht selbstverständlich, Essen einfach so zur Verfügung zu haben.

Wer um ein „Bebauen und Bewahren" ringt statt des Sichuntertanmachens – so wie es im Schöpfungsbericht der Bibel heißt –, wird sich auch freuen können an Farbenpracht, genießen können, was uns an Schönheit, Lebenslust und Gaben geschenkt ist, kann Vegetarier werden, aber auch bei kleinem Haushaltsbudget gut überlegen, woher das Fleisch kommt, das ich esse, und wie viel es sein muss. Zwei meiner Töchter ernähren sich seit einiger Zeit konsequent vegetarisch. Am Anfang wirkte das ein bisschen wie eine Anklage der anderen. Inzwischen aber ist deutlich: Es ist ein klares Zeichen der Verantwortung, das nicht bedeutet, karg oder vorwurfsvoll zu leben. Sie leben gern und lustvoll und können genießen. Uns ist gemeinsam wichtig: Glückliche, frei laufende Usedomer Schweine sind allemal ein verträglicherer Anblick als ein Maststall mit 4000 Ferkeln, die niemals Tageslicht sehen werden.

7. Jedes Kind ein Wunder

Als meine älteste Tochter und ihr Mann der Familie an Heilig-
abend 2011 beim Essen eröffneten, dass sie schwanger sei, kamen
mir die Tränen. Ich habe mich so riesig gefreut, weil das einerseits
den Mut junger Menschen im Land zeigt, die nächste Generation
ins Leben zu begleiten, und auch, weil für mich dieser Lebens-
kreislauf sichtbar wird. Meine Mutter feierte kurz nach der Geburt meiner Enkeltochter ihren 90. Geburtstag, gesegnet mit insgesamt zehn Enkeln und vier Urenkeln. Ja, ein Segen!

Danach habe ich erlebt, wie während ihrer Schwangerschaften endlos viele Stimmen auf meine Töchter einprasseln, wie
viele Sorgen sie sich machen, von denen ich in der Zeit meiner
Schwangerschaften überhaupt nichts wusste. Es gibt heute so viele Untersuchungen, bei denen immer erwartet wird, das Ergebnis
lautet: gesund. Was bedeutet es für die werdenden Eltern, wenn
ein anderes Ergebnis vorliegt?

In allen Teilen unserer Familien gibt es tiefes Wohlwollen, eine
große Vorfreude auf die neuen Familienmitglieder. Ich bin überzeugt, meine Enkelkinder haben es schon im Mutterleib gespürt:
Du bist gewollt, erwünscht, erwartet! Und ich konnte jeweils fasziniert auf den Ultraschallbildern unserer Tage sehen, wie sie schon
vor der Geburt ein eigener Mensch wurden. Mit der Zeit wurden
sie in gewisser Weise bereits ein Familienmitglied, weil wir über
sie mit Namen gesprochen haben. Für mich war das noch einmal
eine neue Wahrnehmung: Ein Kind ist schon sehr real existent
vor der eigenen Geburt. Sehr schön beschreibt das Psalm 139, wo
es heißt: *„Du hast meine Nieren bereitet und hast mich gebildet im*
Mutterleibe. Ich danke dir dafür, dass ich wunderbar gemacht bin.
(…) Deine Augen sahen mich, als ich noch nicht bereitet war, und

alle Tage waren in dein Buch geschrieben, die noch werden sollten und von denen keiner da war" (PS 139, 13–14.16).

Ein Kind ist ein Segen

Keine Erfahrung in meinem Leben war so tief greifend wie die Geburt meiner Kinder. Ein Journalist hat mir einmal vorgeworfen, dass ich das sage. Er hat aber keine Kinder und kann sich wahrscheinlich nicht vorstellen, wie enorm ein Kind das Leben prägt. Wie groß das Glück ist, wie tief die Verletzbarkeit und wie sehr du auch Demut vor dem Leben lernst. Ein Kind verändert dein ganzes Leben und du beginnst eine lebenslange Beziehung. Partnerschaften können beendet werden, Elternschaft endet nie. Das ist eine besonders kostbare und eine besonders herausfordernde Erfahrung, aber auch eine enorme Belastung und Verantwortung. Auf einem Aufkleber habe ich das zusammengefasst gesehen in Abwandlung eines Gedichtes von Erich Fried: „Es ist ein Wunder, sagt das Herz. Es ist eine große Verantwortung, sagt der Verstand. Es ist sehr viel Sorge, sagt die Angst. Es ist ein Geschenk Gottes, sagt der Glaube. Es ist eine Herausforderung, das sagt die Erfahrung. Es ist das größte Glück, sagt die Liebe."

Als ich vor über dreißig Jahren das erste Kind bekam, war ich überzeugt, es prägen zu können. Das habe ich als Mutter sicher auch. Aber ich habe heute viel mehr Respekt vor der Individualität des Kindes. Es ist ein eigenständiger Mensch mit Gaben und Grenzen, mit Stärken und Schwächen. Als Mutter macht mich glücklich, wenn ich sehe, wie meine vier Töchter ihre Gaben entfalten können. Und ich leide mit, wenn sie an Grenzen stoßen, Probleme sie belasten. Jedes Kind individuell zu sehen, ein Kind zu begleiten, bis es erwachsen ist, das ist eine Aufgabe, die manchmal fast zu groß erscheint.

Erfreulich ist: Immer mehr junge Väter stellen sich dieser Aufgabe und überlassen sie nicht allein den Müttern. Kürzlich habe ich meine beiden Neffen bei einer Familienfeier erlebt und war begeistert, wie selbstverständlich für sie das Vatersein ist, wie sehr sich die Kinder auf sie beziehen. Da hat sich in den vergangenen Jahren ungeheuer viel verändert! Meinen Vater habe ich als durchaus liebevoll und zugewandt in Erinnerung. Aber die Kinder wickeln, das wäre für ihn sicher unvorstellbar gewesen. Mein geschiedener Mann hat sich als Vater sehr engagiert, aber es blieben schlicht Bereiche, die ganz „Mamas Sache" waren. In der jetzigen Vätergeneration gibt es ganz offensichtlich Männer, die in Sachen Zuwendung den Müttern in nichts nachstehen. Es wird interessant sein zu sehen, wie das die heranwachsende Generation von Mädchen und Jungen prägt.

Es gibt ein ganz neues Wort: Social Freezing! Damit ist nicht etwa gemeint, dass wir Lebensmittel, die übrig sind, im Gefrierschrank erhalten, sondern dass Eizellen von Frauen tiefgefroren werden, damit sie irgendwann mal noch ein Kind bekommen können, wenn es jetzt grade nicht passt. In den USA wollen Arbeitgeber wie Facebook und Apple das jetzt bezahlen.

Manche sagen jetzt, das sei eine „Notlösung gegen Mütterfeindlichkeit". Frauen würden beruflich nicht mehr diskriminiert, sie können den Kinderwunsch verschieben. Aber auf wann denn? Schon jetzt ist jede fünfte Mutter hierzulande bei der ersten Geburt älter als 35. Sollen Frauen jetzt Karriere machen bis 50, und wenn sie dann am Arbeitsmarkt nicht mehr gebraucht werden von der jugendfixierten Wirtschaft, können sie ja noch Mutter werden? Dann sind sie fast 70, wenn die Kinder die Schule abschließen, das ist doch verrückt. Mit Gleichberechtigung hat das nichts zu tun, finde ich, eher mit dem Versuch, alle Lebensbereiche unter Kontrolle zu bekommen. Zudem: Niemand sollte „Eizellen entnehmen" leichtfertig hinstellen. Da geht es um eine heftige Hormonbehandlung. Und die Schwangerschaftsquote bei

In-vitro-Fertilisation liegt bei gerade mal 20 Prozent. Ein Kind auf Garantie gibt es nicht!

Ich bin jetzt 59, meine vier Kinder sind zwischen 25 und 34, mein erstes Enkelkind ist 4, die beiden Jüngsten ein Jahr alt, das vierte ist auf dem Weg ins Leben. Das ist eine wunderbare Lebensphase für mich! Auf schlaflose Nächte, Elternabende und Auseinandersetzungen um Ausgehzeiten habe ich schlicht keine Lust mehr, dafür fühle ich mich zu alt. Ich genieße die Freiheit, nicht auf gepackte Schulranzen achten zu müssen oder Vokabeln abzuhören. Aber ich fühle mich jung genug, mit meinen Enkeln die Welt mit ihren Augen zu entdecken. Die Natur hat das schon ganz gut eingerichtet, finde ich. Ich bin nicht neidisch auf Männer, die in meinem Alter noch einmal Vater werden. Eher denke ich: Oha, da wünsche ich dir viel Kraft …

Also: Ich bin für Social Warming! Wir sollten wieder eine Gesellschaft werden, die sich über Schwangerschaften, Geburten und Kinder freut! Also, liebe Arbeitgeber: Verdreht nicht die Augen, wenn eine Frau schwanger wird! Sie zu unterstützen kann eure gute Tat für mindestens ein Jahr sein! Und liebe Männer, liebe Familien, Freundinnen und Freunde: Tut alles, um werdende und junge Mütter zu unterstützen! Eine junge Frau sagte neulich: Das erste Jahr allein mit dem Kind war das einsamste meines Lebens. Das muss doch nicht sein! Und liebe junge Frauen: Nur Mut zum Kind, das wird schon. Wenn ihr mal so alt seid wie ich, seid ihr ganz froh, dass die Kinder schon flügge sind. Ja, es ist immer noch nicht leicht, ich weiß. Noch immer gibt es nicht genug Unterstützung, Betreuungsplätze oder gar Gerechtigkeit am Arbeitsplatz. Aber den Kinderwunsch zu verschieben macht all das garantiert nicht besser.

In meinem Umkreis kenne ich mehrere Frauen meiner Töchter-generation, die schwanger sind. Unter was für einem Druck stehen sie! Heidi Klum hat vier Kinder geboren und hat immer noch eine Figur wie ein Topmodel! Kate Middelton geht mal eben ins Krankenhaus, bringt eine kleine Prinzessin zur Welt und steht 10 Stunden später in High Heels und top gestylt mit dem Neugeborenen vor der Kamera. Hey, Mädels, das zeigt doch: Eine Schwangerschaft ist ein Kinderspiel. Macht doch bitte nicht so viel Gedöns darum. Die Geburt geht mal eben so nebenbei und danach hast du gefälligst wieder eine Figur wie vorher. Boah, was für ein Druck! Ich hatte drei Geburten, zwischendrin eine Fehlgeburt und einmal waren es Zwillinge. Meine Töchter will ich um nichts in der Welt missen. Aber ich kann die jungen Frauen so gut verstehen. Sie dürfen ja heute nicht mal mehr jammern über Müdigkeit und Übelsein in den ersten drei Monaten – das könnten sie doch alles mit Yoga in den Griff bekommen! Und Angst vor der Geburt? Nimm doch die Hypnosemethode von Kate und das Ganze ist völlig easy, siehst du doch! Die Figur ist aus dem Leim, meine Güte, Heidi Klum schafft das doch auch. Und Müdigkeit? Sieh dir mal an, wie fröhlich die Töchter des schwedischen Königspaars dreinschauen, geht doch!

Ich würde die Normalos unter den Schwangeren gern trösten: Ihr habt halt keinen Ernährungsberater, Hairstylisten und Personal Trainer. Bei euch kocht niemand, ihr müsst jeden Tag zur Arbeit gehen und eure Kinder auch noch selbst versorgen. Außerdem kauft niemand für euch ein, niemand wäscht, kocht und putzt für euch. Da sieht frau nicht jeden Tag blendend genug aus fürs Titelbild der Gala.

Eine Schwangerschaft ist kein Kinderspiel, auch nicht in Westeuropa 2015. Schwangere brauchen Mitgefühl, Liebe, Geduld! Und wer meint, sie sollten nach der Geburt sofort einen Körper haben wie vor der Schwangerschaft, sollte sich bitte die Frauen im Internet zusammenbasteln. Wenn wir so weitermachen, hat bald überhaupt keine Frau mehr Lust, schwanger zu werden. Wie schade wäre das denn! Also: Schluss mit dem Perfektionsdruck und all dem Stress, top gestylt und megaschlank sein zu müssen. Und keine Diät heute!

Der tägliche Kraftakt

Ein Kind großzuziehen bleibt ein Kraftakt. Mütter in unserem Land stehen unter Dauerstress, vor allem die Alleinerziehenden. Sie begegnen überall Werbung, bei der eine Mutter morgens gut gelaunt ihre Kinder zur Schule bringt, tagsüber tatkräftig im Beruf ihre Frau steht und abends elegant neben ihrem Mann auf einer Party plaudert. Solche Bilder sind eine absolute Überforderung. Ein Kind ist eine Dauerverantwortung. Morgens, mittags, abends und nachts braucht es die Mutter und möglichst auch den Vater. Wenn es krank wird, zerschlagen sich alle Planungen. Und auch wenn die Mutter berufstätig ist, überlegt sie zwischendurch, ob das Kind wohl an die Turnsachen gedacht hat. Ein Kind kannst du nicht einfach ausblenden, abhaken.

Eltern ringen um ihre Beziehungen, um Erziehungsverantwortung, und das Miteinanderleben bedeutet bei allem Glück auch eine enorme Belastung. Niemand sollte kleinreden, wie viel Kraft du brauchst, um ein Kind zu erziehen! Die ständigen Streitereien darüber, ob eine gute Mutter nun zu Hause bleibt, mit oder ohne Betreuungsgeld, oder berufstätig ist oder die Elternzeit mit dem Vater teilt – sie fördern die Lust am Kind nicht gerade. Da meinen nun Frauen, die um der Kinder willen nicht berufstätig sind, sich verteidigen zu müssen, und Frauen, die aus finanziellen Gründen oder schlicht, weil sie Lust dazu haben, berufstätig sind, wehren sich gegen den Vorwurf der Vernachlässigung. Im Herbst 2015 hat das Statistische Bundesamt gemeldet, dass die meisten Menschen in Deutschland nicht mehr als Familie in einem Haushalt zusammenleben. 29 Prozent der Menschen leben als Paar ohne Kind, 22 Prozent leben allein. Und in unserer Hauptstadt, die ja immer zeigt, wohin die Reise geht, ist die Lage noch deutlicher: Genauso viele Berlinerinnen und Berliner sind verheiratet wie ledig. Und jede dritte Berliner Familie ist alleinerziehend. Nun beginnen die Ersten zu jammern und sagen: Es gibt sie nicht mehr, die klassische Familie mit Vater, Mutter, Kind. Aber jammern hilft nicht, wir müssen Konsequenzen ziehen: Familien brauchen jede erdenkliche Förderung. Dass es arm macht, Kinder zu bekommen, ist ein Armutszeugnis. Immer mehr Frauen bekommen kein oder nur ein Kind, weil sie gerade als Alleinerziehende schnell ins Abseits geraten. Und Familien mit mehreren Kindern haben Mühe, eine Wohnung zu bekommen und finanziell klarzukommen. Das muss sich ändern! Wir dürfen keine kinderentwöhnte Gesellschaft werden. Wir brauchen keine Klagen wegen Kinderlärm, sondern gelebte Kinderfreundlichkeit. Gleichzeitig können wir sagen: Ist doch auch gut, dass Menschen in einer freien Gesellschaft ihre Lebensform wählen können! Weder sind Familien mit Kindern ein Störfaktor noch Singles bemitleidenswerte Geschöpfe oder Geschiedene gleich einsam. Es geht darum, wie wir zusammenleben!

Vielleicht gibt es ja ganz neue Formen von Verantwortung füreinander. Da holt die ältere Nachbarin das Kind von der Kita ab. Der Mann von nebenan kauft für die Rentnerin ein. Die Nachbarschaft organisiert einen Treffpunkt für alle. Die Frau im großen Haus allein nimmt eine Flüchtlingsfamilie auf. Geht doch! Und bereichert alle. Es muss nicht immer alles schlechtgeredet werden. Neue Lebenslagen sind schlicht neue Herausforderungen!

Das Bundesverfassungsgericht hat im Juli 2015 das Betreuungsgeld gekippt und schon geht die Diskussion um die Konsequenzen wieder los: Jede und vor allem jeder scheint genau zu wissen, was richtig ist für junge Mütter, für junge Familien. Könnten wir das nicht mal den Frauen selbst überlassen und sie einfach supergut und wahlfrei ausstatten mit Kitas, Tagesmüttern, Steuererleichterungen und flexiblen Arbeitszeiten, damit jede ihren Rhythmus finden kann, der gut für das Kind ist und für sie und für den hoffentlich engagierten Vater?

Mich hat das schon vor mehr als dreißig Jahren genervt, dass alle meinen, kommentieren zu müssen, wie ich als Mutter zu agieren habe oder wie wir Eltern verabreden, was gut ist für uns alle. Beim ersten Kind war ich Studentin. Da hieß es, das sei doch zu früh, und ein Professor fragte, ob ich denn meinte, so ein Examen zu schaffen. Die praktische Ausbildungsphase haben wir nur dank Tagesmutter, Freundin, Mutter und engagiertem Ehemann bewältigt. Anschließend gab es ein ernsthaftes Gespräch mit meiner Kirche, ob ich mir denn tatsächlich vorstellen könne, als Pfarrerin zu arbeiten angesichts der Zwillinge, die ich erwartete. Mitarbeiten könne ich ja ehrenamtlich gern.

Irgendwann schaffte ich es zu einer halben Stelle. Aber dann kam das vierte Kind. Ich habe mich kaum getraut, das zu beichten. Ein freundlicher Nachbar sagte, jetzt könnten wir ja vom Kindergeld leben, und ein anderer fragte, ob das ökologisch verantwortlich sei angesichts der Entwicklung der Weltbevölkerung. Und nachdem ich endlich eine volle Stelle ergatterte, mit fast 34, wurden immer wieder meine Kinder als „Problem" thematisiert.

Ich kann nicht fassen, dass meine Töchter heute mit den gleichen Fragen zu kämpfen haben. Lasst doch endlich die Mütter und auch die Väter frei entscheiden! Aber gebt ihnen auch alle Möglichkeiten, das zu tun, ohne ständig von Finanznot oder später von Altersarmut bedroht zu sein.

Vor einigen Jahren saß ich zu einer solchen Debatte in der Talkshow „Tacheles" und dachte seufzend: Da sind wir offensichtlich in den letzten dreißig Jahren keinen Schritt weitergekommen! Warum verbeißt sich unsere Gesellschaft derart in dieses Thema? Um Wahlfreiheit geht es doch. Wir könnten eine Gesellschaft sein, in der jede Frau gern und getrost ein Kind bekommt, weil sie sich von der Gesellschaft darin bestärkt fühlt. Und weil es die Möglichkeit gibt, berufstätig zu sein oder nicht, weil es vielfältige und gut ausgestattete Betreuungseinrichtungen mit kompetenten Erzieherinnen und Erziehern gibt, weil Arbeitgeber Flexibilität ermöglichen und Kinder nicht als Störfaktor wahrgenommen werden, dessen Belastung in Dezibel gemessen wird.

Während über das Betreuungsgeld politisch gestritten wird, stockt der Ausbau der Krippenplätze. Anders als viele sagen, geht es gar nicht darum, *jedes* Kind zu betreuen, aber noch nicht einmal für jedes dritte ist ein Platz vorhanden. Und dann geht es doch nicht nur um einen Platz. Es geht um optimale Betreuung! Erzieherinnen müssen gut ausgebildet und gut bezahlt sein! Es geht nicht einfach nur um Kitaplätze, sondern um Orte, an denen es Kindern gut geht, sie liebevoll versorgt und gefördert werden, Einrichtungen, an die Eltern ihre Kinder auf Zeit vertrauensvoll abgeben können. Hier müsste viel mehr investiert werden!

Alle reden davon, dass mehr Kinder geboren werden sollen. Deshalb soll alles besser werden mit Blick auf Unterstützung. Aber Eltern sind in Not, weil sie keine Betreuungseinrichtungen finden. Kitas stöhnen darunter, dass sie unterbesetzt sind. Erzieherinnen streiken, weil sie so schlecht entlohnt werden. Und dann das: Bundesfinanzminister Schäuble will, so die Debatte im Herbst 2015, das Geld, das frei wird, weil das Betreuungsgeld gekippt wurde, nicht für Kitas zur Verfügung stellen. Stattdessen soll es für Mehrausgaben beim Elterngeld herhalten. Ich kann es nicht fassen: Die Elternzeit gilt doch als tolles Konzept und ist ja tatsächlich eine großartige Errungenschaft. Jetzt sind es angeblich zu viele Väter, die gerne bei ihren Kindern bleiben. Das erklärte Ziel allüberall ist, dass Kinder gut versorgt werden. Doch in Berlin ist zu erleben, wie Eltern sich bei Kitas bewerben müssen. Sie versprechen alles Mögliche, zum Beispiel samstags die Kita zu putzen oder Malkurse zu geben – damit ihr Kind unterkommt. Die Konkurrenz ist groß! Und Mütter, die mit dem zweiten Kind in Elternzeit gehen, werden selbst in ländlichen Regionen aufgefordert, ihr erstes Kind bitte aus der Kita zu nehmen, damit andere Eltern einen Platz bekommen.

Politiker reden immer wieder großspurig davon, dass es für jedes Kind ein Recht auf einen Kitaplatz gibt. Die Realität sieht völlig anders aus. Schon vor der Geburt suchen Eltern verzweifelt einen Platz.

Netzwerke

Wie sagt ein afrikanisches Sprichwort: „It takes a village to raise a child" – Es braucht ein ganzes Dorf, um ein Kind großzuziehen. Das muss unsere Gesellschaft neu lernen. Ja, Eltern schenken die Gene. Sie legen auch Glaubensfundamente, vermitteln Werte und eine Lebenshaltung. Das ist eine ungeheuer große Verantwortung. Eine enorme Leistung. Und eine wunderbare Aufgabe. Aber auch die Menschen ohne Kinder oder die Älteren, die schon Kinder erzogen haben, leisten einen unschätzbaren Beitrag. Die „Meme" – die Kultur, das Gedächtnis, die Bildung einer Gesellschaft sind hiermit gemeint. Der Zoologe Clinton Richard Dawkins führte den Begriff „Mem" für den Bereich Kultur analog zum Gen in der biologischen Evolution ein. Wir alle tragen dazu bei, Kindern in unserem Land diese Meme mitzugeben, ob wir Kinder haben oder nicht. Die Verantwortung der Eltern und die Verantwortung von uns allen, sie spielen zusammen. Wie wir einem Kind begegnen, im Zug, beim Einkaufen, im Restaurant, als Erzieherin oder Lehrer, als Nachbar oder Pfarrerin, das wird Kindern ein Gesamtgefühl von Willkommensein geben oder nicht.

Es geht um Netzwerke. „Dieses Kind braucht Deutschland" meint: Wir brauchen jedes Kind, jedes Kind braucht uns. Keines soll verloren gehen. Der renitente Junge, der die Kita auf den Kopf stellt, das junge Mädchen, das an Magersucht leidet, die vermeintlich coole Jugendliche, die kifft, der etwas abgedrehte Hauptschulabbrecher – sie alle sind wertvoll! Gott weiß das, er liebt sie ja ohnehin. Aber sie sollen auch spüren: Wir brauchen dich. Du bedeutest uns etwas. Wir wollen für dich da sein.

Wenn ich vom Engagement für Kinder in unserem Land spreche, dann sehe ich zunächst die biologischen Eltern, die sich für Kinder engagieren. Aber es geht auch um die Haltung einer Gesellschaft insgesamt, die ihre Zukunft auf Kinder baut. Wer nur Börsenkurse im Blick hat, kann tief fallen. Aber wer im eigenen Leben an kommende Generationen denkt, lebt wahrhaftig nachhaltig. So spielen Elternschaft und gesellschaftliches Engagement für Kinder ineinander und nicht gegeneinander.

Unsere egomanische, ökonomiefixierte Gesellschaft muss neu lernen: Die Zukunft liegt im Verletzlichen, im Kind. Das ist christlich gesehen die zentrale Lektion. Selbst Gott kommt als Kind verletzlich zur Welt. Die Zukunft der Menschheit, so glauben wir, wird in dem Kind, das in Bethlehem geboren wurde, sichtbar.

Alles, was wir für so entscheidend halten, hält gar nicht stand, wenn es ernst wird im Leben. Wenn wir krank werden, wenn wir sterben, dann stürzen all unsere Sicherheiten zusammen, die uns angepriesen werden. Dann zählen Glaube, Liebe, Hoffnung, diese drei. Aber die Liebe ist die Größte unter ihnen. Die Liebe, die wir als Eltern einem Kind gegeben haben. Die Liebe, die wir als Nachbarin oder Lehrer, als Ausbilderin oder Pastor, als Erzieherin oder

Pate in ein Kind investiert haben, sie ist eine Investition in die Zukunft. Da hinterlassen wir eine Spur im Leben. Wir geben die Meme weiter, den Glauben, die Kultur, die Werte, die wir selbst ererbt haben von unseren leiblichen und geistlichen Vätern und Müttern.

Ein Letztes: Ich finde, wir müssen in unserer Gesellschaft auch einen anderen Umgang mit Bewertungen und Benotungen finden. In Berlin habe ich letzten Sommer einen Jungen schluchzend mit seinem großen Ranzen an der Bushaltestelle getroffen. Als ich ihn ansprach, sagte er: „Ich bin sitzen geblieben. Das wird ganz schlimm zu Hause!" Er tat mir so leid, am liebsten wäre ich mit ihm nach Hause gefahren und hätte mit seinen Eltern gesprochen. Was sind denn schon Noten? Stützt euer Kind, es braucht euch doch gerade jetzt! Der arme Kerl, wie wird er sich fühlen in diesen Sommerferien? Voller Angst, als Versager in einer neuen Klasse zu landen?

Eine 13-Jährige hat einmal bei einer Veranstaltung gesagt: „Es gibt so viele verschiedene Kinder, aber nur sechs Noten. Wer hat sich das eigentlich ausgedacht?" Ja, wer will einen Menschen nach sechs Zahlen bewerten? Müssten Kinder nicht eher eine Beurteilung bekommen, in der es heißt: Du hast schon große Fortschritte gemacht, weil du immer weniger Fehler machst. Aber daran kannst du arbeiten, das traue ich dir zu!

Kinder bekommen ein Blatt Papier, auf dem steht, dass sie nicht gut genug sind. Gut genug für was? Und wer will das beurteilen? Studien haben erwiesen, dass Noten überhaupt nicht objektiv sind. Das gilt nicht nur für Deutschaufsätze, sondern auch für Mathearbeiten. Die gleiche Arbeit wird von Lehrern ganz unterschiedlich bewertet. Das wissen wir ja auch von denen, die in Zeitungen so furchtbar gerne „Kopfnoten" vergeben. In meiner Schulzeit waren das „Fleiß", „Ordnung", „Aufmerksamkeit" und „Betragen".

Das wurde abgeschafft, heute gibt es in manchen Bundesländern Noten für „Sozialverhalten" und „Arbeitsverhalten". Ach ja, solche Kopfnoten würden manche gern für die Führungskräfte unseres Landes vergeben. Aber Vorsicht! Noten sagen auch etwas über diejenigen, die beurteilen. Das sehen wir doch bspw. auch bei der WM. Da urteilt mancher gemütlich im Sessel, wie ein Spieler der Nationalelf sich in den aufreibenden Spielminuten hätte verhalten sollen. Den würde ich gern mal für zwei Halbzeiten mit Verlängerung unter Kamerabeobachtung auf den Rasen schicken.

Ulrich Weber, Personalvorstand der Deutschen Bahn, hat in derselben Veranstaltung, in der die 13-Jährige nach dem Sinn von Noten fragte, erklärt, die DB berücksichtige Schulnoten bei der Einstellung nicht mehr. Sie mache sich ein Bild von den Bewerbern unabhängig davon. Und neulich hätte ein Verantwortlicher gesagt: „Den Unterlagen nach hätte ich den nie genommen. Aber im Betrieb ist er einer der Besten." Das finde ich menschengerecht.

Entlasten wir die Kinder vom Notenstress. Nehmen wir sie wahr mit ihren Stärken. Denn: „Jedes Kind braucht Deutschland." Diese Kampagne meinte ja nicht nur, dass wir starke Kinder brauchen, sondern diese Kinder auch uns, damit sie stark werden. Noten sagen nichts über den Wert eines Menschen. Also: Stärken wir die Kinder. Eltern, seid nachsichtig! Lehrerinnen und Lehrer, seht das Kind und nicht nur die Leistung. Und Ausbildungsbetriebe und Universitäten: Guckt euch die jungen Leute an und nicht das Papier.

Ermutigung zur Erziehung
Eltern sollten jede mögliche Unterstützung erhalten. Viele sind offensichtlich selbst hilflos, sie brauchen einerseits Erziehungsberatung, andererseits muss auch auf die Erziehungspflicht hingewiesen werden. Eine Grundschullehrerin erzählte mir, ein Junge

sei an einem Montag völlig ausgerastet. Am Ende kam heraus, dass er am Samstag mit seiner Schwester gestritten hatte und zur Strafe den ganzen Sonntag in einen dunklen Raum eingesperrt wurde und kein Geräusch machen durfte – und das im Jahr 2012! Eine Kindertagesstättenleiterin sagte, Montage seien die schwersten Tage, da hätten die Kinder derart viele Stunden allein vor dem Fernseher hinter sich, dass sie kaum fähig wären, mit anderen zu spielen. Wir machen es uns aber zu einfach, wenn wir die Eltern verurteilen. Die Frage ist doch: Wie können wir ihnen helfen, wirklich zu erziehen, und den Kindern die Chance eröffnen, eigenständige, denkende, freie Menschen zu werden?

Gewaltfreie Erziehung

Unsere Kinder zu starken Persönlichkeiten zu erziehen, darum muss es doch Eltern wie der Gesellschaft insgesamt gehen. Der Satz: „Ein Klaps auf den Po hat noch niemandem geschadet" ist schlicht falsch. In der Erziehung geht es darum dass Kinder einen respektvollen Umgang miteinander auf Augenhöhe lernen. Manche sagen, das ist naiv! Ich weiß aus eigener Erfahrung mit vier Töchtern sehr wohl: Kinder können dich absolut an eine Grenzen bringen. Du bist todmüde von einem langen Tag, sie sollen bitte, bitte schlafen – aber sie treiben nur Unsinn. Da kommen Eltern ans Ende der Kraft, möchten am liebsten einmal ausholen und dem Ganzen ein Ende machen. Oder du hast endlich alles aufgeräumt, Besuch soll kommen, die Tafel ist schön gedeckt. Da schüttet ein Kind den Kakaobecher quer über den Esstisch. Oder das Kind macht schlicht nicht, was du willst – da wäre es am einfachsten, sich mit der eigenen körperlichen Überlegenheit durchzusetzen.

Eltern dürfen doch darüber reden, wie das so ist, wie hilflos, gestresst und überfordert sie sich manchmal fühlen. Und sie sollten Strategien entwickeln. Mir hat manchmal geholfen, gegen die

Garagentür zu treten und laut Sch... zu sagen. Auch kein feiner Zug, ich weiß. Aber besser, als den eigenen Frust am Kind auszulassen. Wenn es nicht schlafen will – was ist strafbar daran? Der verschüttete Kakao – wem ist denn noch nie ein Missgeschick passiert? Falls es meine Pläne nicht so gut findet und ich will mich durchsetzen – reden wir darüber.

Wir müssen lernen, gewaltfrei zu erziehen, denn nur so gibt es Erziehung in Würde – auch für die Eltern. Sicher, leicht ist das nicht. Aber gerade mit dem Gefälle zwischen Erwachsenen und Kindern ist der Klaps eine enorme Demütigung. Sie können sich ja nicht wehren. Sie sind ausgeliefert, ohne Macht, die sie entgegensetzen könnten.

Es hat sehr lange gedauert, bis in Deutschland ein Gesetz verabschiedet wurde, das Kindern ein Recht auf gewaltfreie Erziehung zugesteht. In Paragraf 1631 BGB heißt es seit 2000: „Kinder haben ein Recht auf gewaltfreie Erziehung. Körperliche Bestrafungen, seelische Verletzungen und andere entwürdigende Maßnahmen sind unzulässig."
Das Gesetz war das Ergebnis von Erfahrungen und Studienergebnissen. Menschen haben berichtet, was Prügel und vermeintlich „kleinere" Erniedrigungen in ihrem Leben bedeutet haben – in der Familie und noch viel mehr in Kinderheimen. Und die Studien zeigen: Wer solche Erniedrigung erlebt, wird sie weitergeben. Kinder, die geschlagen werden, schlagen in der Regel als Erwachsene auch.
Und Eltern verlieren ihre eigene Würde, wenn sie ihre Überforderung gegen das Kind wenden. Ich finde großartig, dass die große Mehrheit der Kinder in Deutschland heute erklärt, dass sie gewaltfrei erzogen werden.

Wie notwendig die gesetzliche Regelung war, welcher lange Prozess dahinter stand, kann erahnen, wer den Film „Das weiße Band" gesehen hat. Beklemmend, wie Kinder ihren Eltern absolut ausgeliefert sind. Bedrückend, wie auch der wohlmeinende Pfarrer und seine Frau ihre Kinder züchtigen und demütigen. Am Ende des Films heißt es, hier sei die Generation herangewachsen, die auch im Nationalsozialismus mit Gehorsam statt mit Widerstand reagiert habe. „Grade, klare Menschen wär'n ein schönes Ziel ..."

Nach dem Zweiten Weltkrieg haben sich restriktive Erziehungsmethoden fortgesetzt. Ausgeliefert waren ihnen am schutzlosesten Kinder in Erziehungsheimen. Sie wurden aus nichtigsten Gründen dorthin verfrachtet. Demütigung, Schläge, Hunger, Gewalt bis zu sexuellem Missbrauch und Vergewaltigung mussten sie erleben. Auch in kirchlichen Heimen. Das hat mich besonders deprimiert. Wenn wir als Christen glauben, dass Gott selbst Kind war, wie kann da jemand bewusst ein Kind schikanieren und erniedrigen. Ein langer, bitterer Prozess der Aufarbeitung begann. Die Opfer sind bis heute verletzt. Viel zu lange durften sie ihre Geschichten nicht erzählen.

In meiner Zeit als Landesbischöfin in Hannover habe ich mit mehreren Opfern gesprochen. Besonders anrührend war eine Begegnung in Ostfriesland. Ich war zu einer Veranstaltung dort, und die Einladenden sagten etwas vorsichtig, da sei ein Mann, der mich sprechen wolle, aber sie wüssten nicht ... Ich bin zu ihm gegangen, und dieser alte Mann mit von Arbeit rauen Händen hatte Tränen in den Augen, drückte mich und sagte, er habe seine Kinderheimzeit aus Scham immer verschwiegen, als er aber einen Artikel von mir dazu gelesen habe, hätte er seinen Kindern alles erzählt und fühle sich viel freier.

Die Opfer haben geschwiegen, aus Scham, und auch, weil

niemand sie hören wollte. Das ist eine Verdoppelung des Unrechts. Und es ist gut, dass endlich aufgearbeitet wurde – zumindest soweit das noch möglich ist –, auch wenn sicher nicht für alle zufriedenstellend. Wiederum: Raum für Versöhnung entsteht, wenn Opfer gehört werden und Täter ihre Schuld bekennen. Das ist für alle Beteiligten ein schwerer Prozess, Versöhnung braucht Zeit und Kraft, da müssen Wahrheiten ausgesprochen werden, die für alle nicht leicht zu hören und zu ertragen sind. Versöhnung braucht auch Schutzräume, denn Verletzungen, Vertrauensbruch, Eingestehen von Schuld und Suche nach Vergebung berühren die persönlichsten Gefühle von Menschen. Aber ich habe immer wieder gesehen, dass es gelingen kann. Das gibt Hoffnung auf Zukunft, denke ich.

Alleinerziehende

Wie können wir als Gesellschaft besonders alleinerziehende Frauen unterstützen und ihnen Erziehungslast abnehmen? Da sind die Arbeitgeber, auch die Kirche als Arbeitgeberin, die flexible Arbeitszeiten möglich machen können. Bis heute haben Frauen Angst, dem Arbeitgeber die Schwangerschaft zu verkünden, weil das natürlich für den Betrieb oder die Einrichtung Belastungen mit sich bringt. Sich da zu freuen, die Schwangere zu entlasten, vielfältige Angebote zu machen, wie der Arbeitsplatz erhalten werden kann, das kann stärken! Und es geht wieder um die Politik, um flexible Betreuungsangebote. Aber auch jenseits der Arbeitswelt ist viel Unterstützung möglich, durch Treffpunkte, Nachbarschaftshilfe, ehrenamtliche Großeltern. Aber vor allem durch eine kinderfreundliche Gesellschaft!

Ein Skandal, über den wenig gesprochen wird, ist auch, dass fast 50 Prozent aller Väter keinen oder nicht den vollen Unterhalt zahlen. Das heißt, sie wälzen die Verantwortung nicht nur in der Betreuung und Erziehung, sondern auch finanziell auf die Mütter ab. Weniger als zehn Prozent aller Alleinerziehenden sind Väter. Über die „Frauenfrage" wird viel diskutiert. Sie scheint manchen dadurch erledigt, dass Frauen Kanzlerin, Richterin, Bischöfin werden können. Darüber lässt sich diskutieren. Aber die „Mutterfrage" ist definitiv nicht geklärt! Wie vereinbaren, ohne verurteilt zu werden, wie wählen, ohne kategorisiert zu werden, wie entscheiden ohne ethische Konflikte? Hier brauchen wir viel mehr gesellschaftliche und auch kirchliche Debatte! Vielleicht müssen wir zuallererst aufhören zu urteilen. Ob Frau Nahles nach der Geburt alsbald wieder berufstätig ist, das ist allein ihre Entscheidung beziehungsweise ihre Entscheidung und die ihres Mannes. Ob Frau von der Leyen eine Haushälterin beschäftigt oder nicht – wen geht das etwas an? Aber schaue ich bei der Nachbarin vorbei und frage, ob ich die Kinder mal zwei Stunden mitnehmen soll zum Spielplatz, das wäre was! Lesepatenschaften übernehmen, ehrenamtliche Großmutter sein, mit den Kindern von nebenan in den Zoo gehen, dem kleinen Jungen der Migrantenfamilie helfen, Deutsch zu lernen – es braucht viele kleine Schritte zur Entlastung, aber sie sind auch auf vielfältige Weise möglich.

Jesus und die Kinder

Aus theologischer Sicht ist das sogenannte „Kinderevangelium" besonders wichtig. Beim Evangelisten Markus heißt es: *„Und sie brachten Kinder zu ihm, damit er sie anrühre. Die Jünger aber fuhren sie an. Als es aber Jesus sah, wurde er unwillig und sprach zu ihnen: Lasst die Kinder zu mir kommen und wehret ihnen nicht; denn solchen gehört das Reich Gottes. Wahrlich, ich sage euch: Wer das Reich Gottes nicht empfängt wie ein Kind, der wird nicht hineinkommen. Und er herzte sie und legte die Hände auf sie und segnete sie"* (Mk 10,13–15).

Vor den Augen der Jünger, die gerade um den höchsten Rang streiten, umarmt Jesus Kinder. Als Erwachsener musste er in die

Knie gehen, um diese Umarmung möglich zu machen. Die Kindersegnung ist damit eine Provokation für ein statusorientiertes Denken. Die Szene zeigt auch, dass die Jünger mit dieser Vorgabe Jesu hadern. Explizite Aufmerksamkeit für Kinder, die in Jesu Zeiten in der Gesellschaft als unbedeutend angesehen wurden, wird ihnen verwehrt, die doch gerade mit wichtigen Fragen befasst sind – ein Affront! Kinder wurden damals kaum als Subjekte wahrgenommen. Wir sehen das schon daran, dass sie im Neuen Testament sehr selten explizit erwähnt werden; sie sind „mit gemeint". Wann immer aber von einer Menschenmenge die Rede ist, waren ganz gewiss auch Kinder darunter.

An diesem Bibeltext ist aber auch interessant, dass Kinder als Subjekte von Glauben und Theologie vorgestellt werden. In theologischen und kirchlichen Überlegungen sind Kinder meist diejenigen, die noch *werden* müssen, die erzogen werden, die gebildet werden, die Objekt unseres Handelns und Denkens sind. In dem bei Markus wie Lukas überlieferten Satz „Wer das Reich Gottes nicht empfängt wie ein Kind, der wird nicht hineinkommen" sind Kinder Vorbilder für Erwachsene. Der kindliche Zugang zum Reich Gottes, zum Glauben wird nicht als defizitär dargestellt, sondern als geradezu vorbildlich. In der Art und Weise, wie Kinder sich bedingungslos anvertrauen, wie sie mit allergrößter Offenheit ohne jeden Hintergedanken ein Geschenk annehmen können, gilt es, den Glauben anzunehmen. Wir können also nicht nur etwas für Kinder tun, sondern auch von Kindern lernen. Das habe ich immer wieder erlebt. Sie sprechen unbefangen von Gott, Glauben, Leben und Tod, sie fragen unbefangen und können uns zu neuen Einsichten verhelfen – wenn wir denn zuhören.

Machbarkeit

Auf einer Bahnfahrt setzte sich ein Mann neben mich und fragte, ob er kurz mit mir über eine persönliche Frage sprechen dürfte.

Es gehe um eine Frage, die ihn enorm umtreibe. Seine Schwiegertochter war nach der Geburt des ersten Kindes an Brustkrebs erkrankt und befand sich in Hormontherapie. Diese Behandlung dauert fünf Jahre und in dieser Zeit ist eine Schwangerschaft nicht möglich. Nach den fünf Jahren wäre sie aber mit 45 zu alt für ein zweites Kind, das sich beide sehnlichst wünschten. Nun hatten sie während eines USA-Aufenthaltes Ei- und Samenzellen einfrieren lassen und überlegten, ob sie diese nach einer In-vitro-Befruchtung einer Leihmutter einsetzen lassen sollten, um das Kind dann nach der Geburt nach Deutschland zu holen – ihr leibliches Kind. „Die Büchse der Pandora ist geöffnet", sagte der Mann. Ein sehr engagierter Vater, der mit seinen Kindern wie mit der ganzen Familie über das Dilemma im Gespräch war. Aber was für eine Herausforderung für eine Familie! Wie entscheiden, was verantwortbar ist?

Wie urteilt die Theologin, war die Frage. Ich hatte immer Mühe, Ethik als ehernes Gesetz zu sehen, das eindeutige Antworten auf völlig unterschiedliche persönliche Situationen gibt. Angesichts der sich verändernden Realität und der jeweils persönlichen Umstände müssen wir unsere Grundsätze immer wieder hinterfragen. Das gilt auch, wenn derzeit diskutiert wird, ob es ethisch verantwortbar ist, dass eine Untersuchung in der frühen Schwangerschaft die Diagnose Down-Syndrom klärt. Soll das verboten werden, weil sonst Behinderung zusätzlich stigmatisiert wird? Das ist eine nachvollziehbare Position, die klar und überzeugend beispielsweise von Behindertenverbänden vertreten wird. Oder ist es eine Hilfe für werdende Eltern, weil sie so die Entscheidung für oder gegen das Kind frühzeitig und nicht erst nach der 24. Schwangerschaftswoche treffen können? Für mich bleibt das eine ethische Zerreißprobe, die niemand so einfach von einem hohen Ross herunter entscheiden kann. Einerseits: Wer schützt diese Kinder in den ersten Wochen ihres Lebens, denn es ist Leben, ein Mensch ist vollständig angelegt! Andererseits: Niemand kann den Eltern die Frage abnehmen, ob sie die Kraft haben, ein Kind mit Behinderung großzuziehen. Gewiss, es gibt Studien, dass solche Eltern bewusster leben und lieben, aber wer will urteilen, ja, verurteilen?

Ähnliche Auseinandersetzungen gibt es um die Präimplantationsdiagnostik, die Frage, ob bei einer In-vitro-Fertilisation die im Reagenzglas befruchteten Embryonen auf schwere Erbkrankheiten untersucht werden dürfen, um nur solche Embryonen in die Gebärmutter einzupflanzen, die keine genetischen Schäden tragen. Kritiker sagen, da gehe es um einen Machbarkeitswahn, den zwanghaften Wunsch nach einem gesunden Kind. Befürworter fragen, warum das denn nicht sinnvoll sein soll, wenn es Eltern und Kindern unendlich viel Leid, ggf. auch eine Spätabtreibung ersparen kann. Auch das ist eine nachvollziehbare Position von Familien, die erlebt haben, welches Leid eine schwere genetische Erkrankung mit sich bringt. Nach einer Debatte hierüber in einem kirchlichen Gremium, in dem mehrheitlich klar eine ablehnende Position eingenommen wurde, gab es Gespräche über die persönlichen Gefühle. Und die zeigten wesentlich mehr Unbehagen als das Papier, über das wir sprachen. Wenn es um meine Töchter ginge, wäre ich gewiss wie jener Vater hin- und hergerissen.

Ich kann keine Frau verurteilen, die nicht weiß, wie sie die Kraft finden soll, mit einem behinderten Kind zu leben. Und ich bewundere Frauen, die täglich genau dafür die Kraft finden. Ich kann kein Paar verurteilen, das weiß, dass schwere Krankheiten die Familie seit Generationen belasten, und dem eigenen Kind Leid ersparen will. Und ich bewundere ein Paar, das sich bewusst entscheidet, sein Kind zu bekommen, auch wenn es nicht der „Norm" entspricht.

Was mich stört, ist diese Vorstellung, wir hätten alles im Griff.

Jedes dritte Baby in Deutschland kommt inzwischen per Kaiserschnitt zur Welt, vor 20 Jahren war es noch jedes sechste.[54] Da scheint ein Kaiserschnitt offenbar effektiver, schmerzfreier, besser geplant werden zu können, für die Familie wie für die Klinik. Aber es geht etwas verloren vom „Wunder" der Geburt. Das lässt sich eben nicht planen, da kommt es dreimal zu Fehlalarm, da platzt eine Fruchtblase zu früh, da dauert es 20 Stunden. Aber es ist ein Wunder, so habe ich es zumindest jedes Mal erlebt. Wo ein Kaiserschnitt notwendig ist, da ist er ein Segen. Wo die Geburt zum absolut kontrollierten Routinevorgang wird, geht etwas von der Vielfalt des Lebens verloren.

Abtreibung

Abtreibungen kann ich nicht einfach so befürworten, weil sie Leben zerstören. Aber ich kann mit dem Kompromiss in unserem Land sehr gut leben, dass sie bis zum Ende des dritten Monats der Schwangerschaft nicht strafrechtlich verfolgt werden. Es hat in der Geschichte immer ungewollte Schwangerschaften gegeben und bis heute sterben Frauen an illegalen Abtreibungen. Dass im Jahr 2012 in Irland eine 31-jährige Frau an Schwangerschaftskomplikationen sterben musste, weil Ärzte sich geweigert haben, den Fötus abzutreiben, ist kaum begreiflich.

Am besten wäre doch, Männer und Frauen würden offener über Verhütung sprechen, damit die Frage gar nicht erst aufkommt! Und noch besser wäre eine Gesellschaft, in der keine Frau das Gefühl hat, aus irgendeinem Grund ein Kind *nicht* bekommen zu können. Nie aber wird auszuschließen sein, dass eine Frau sich gegen das Kind entscheidet. Und dann ist es besser, dass sie ohne Angst eine Klinik aufsuchen kann. Ein Kind verändert dein Leben für immer. Wenn es Frauen gibt, die nicht sehen, wie sie diese

54 Claudia Becker, „Trendgeburt Kaiserschnitt", in: „Berliner Morgenpost", 20. März 2012.

Veränderung bewältigen sollen, wer will urteilen? Ich kann mir nicht vorstellen, dass eine Frau leichtfertig abtreibt, wie es so manches Mal unterstellt wird. Das sind ungeheuer schwierige Fragen. Natürlich brauchen wir in unserem Land eine Gesetzgebung, die werdendes Leben schützt. Aber schon bei der Abtreibungsdebatte wird doch deutlich: Einen Schutz gegen die Mutter kann es nicht geben! Gleichzeitig sind mehr als 100 000 Abtreibungen im Jahr in Deutschland eine belastende Zahl, die wir nicht einfach ignorieren können. Hinter jeder Abtreibung steht ja eine Situation, in der eine Frau überzeugt ist, ein Kind nicht bekommen zu können.

Warum ist eigentlich immer eine Frau die Schuldige? Vor einigen Jahren habe ich mich in Südafrika mit den Bischöfen der dortigen lutherischen Kirchen getroffen. In einem Gottesdienst blieben beim Abendmahl zwei ganz junge Frauen mit ihren Säuglingen in der Bank sitzen. Ich dachte in meiner Naivität, dass jemand ihnen die Kinder abnehmen sollte, damit sie in Ruhe teilnehmen konnten. Aber dann wurde klar: Sie waren für einige Zeit vom Abendmahl ausgeschlossen, weil diese Kinder unehelich geboren worden waren. Mich hat das empört und es hat zu Diskussionen geführt. Ist denn nicht der Mut, zu einer unehelichen Schwangerschaft zu stehen, großartig? Ist uns nicht jedes Kind willkommen? Hat Jesus nicht auch „Sünder" an seinen Tisch eingeladen? Und wo überhaupt sind die Väter dieser Kinder? Ein solches kirchliches Verhalten kann ich nicht nachvollziehen, auch den theologischen Grund sehe ich nicht! Gottes gute Gebote werden übertreten, immer wieder durch Ehebruch, Diebstahl, Lüge, Begehren, Gewalt. Das führt zu Verletzungen, schädigt die Einzelnen wie auch die Gemeinschaft! Aber wer wollte allen Ernstes erklären, er oder sie stehe über allem, habe nie Fehler begangen, Gebote übertreten oder Versuchung gespürt?

Unser Glaube sagt nun gerade, dass wir vor Gott Schuld

bekennen, beichten können und dass es Neuanfänge gibt. Genau das ermöglicht die Freiheit eines Christenmenschen: Trotz der Erkenntnis eigener Schuld aufrechten Hauptes einen Neuanfang zu wagen und sich nicht für den Rest seiner Tage durch sein eigenes Leben zu quälen oder sein Leben gar selbst zu beenden. Wir werden „auch die Frau achten", die eine andere Entscheidung trifft heißt es in der Erklärung von EKD und Bischofskonferenz unter dem Titel „Gott ist ein Freund des Lebens" von 1989.[55] Nur wo wir eine solche Entscheidung achten, können wir offen und ohne Verurteilungen über Abtreibung sprechen, ja, auch über die Schuldgefühle, die eine Abtreibung oft erzeugt.

Vor einiger Zeit wurde die Schauspielerin Angelina Jolie von der Queen geadelt. Sie wurde nicht für ihre Arbeit als Schauspielerin geehrt, sondern für ihr Engagement als UN-Sonderbotschafterin gegen sexuelle Gewalt. Über dieses Thema wird ungern geredet, wenn vom Krieg gesprochen wird.

Vergewaltigung ist immer eine traumatische Erfahrung. Im Krieg aber wird Vergewaltigung brutal als Waffe eingesetzt, um den Gegner systematisch zu demütigen, zu zerstören. Das erste Mal wurde öffentlich darüber im Jugoslawienkrieg gesprochen. 1992 habe ich mit einer Kirchendelegation ein Lager von Frauen in Kroatien besucht, die Vergewaltigung erlebt hatten. Ich erinnere mich an Dalila. Sie erzählte, wie eines Nachts die Tür ihrer Wohnung eingetreten wurde und eine Horde Männer ihren Mann fesselten, ihre beiden Kinder mit dem Gewehr in die Ecke drängten und sie auf dem Boden ihres Wohnzimmers vergewaltigten. Sie hörte das Schreien ihrer Kinder, sie sah die entsetzten Augen ihres Mannes und wollte nur noch sterben. Ich konnte kaum ertragen, diese Geschichten zu hören.

55 Gott ist ein Freund des Lebens, Gütersloh 1989.

Solche Vergewaltigungen sind Instrument der Kriegsführung. Ganze Gemeinschaften werden demoralisiert. Ehen zerbrechen unter dieser Belastung: Ich konnte meine Frau nicht schützen. Mein Mann hat mich nicht geschützt. Manches Mal werden bewusst die Genitalien der Frauen verstümmelt, damit Frauen keine Kinder mehr bekommen können. Und wenn Frauen durch eine solche Vergewaltigung schwanger werden, tun sie alles, um das Kind abzutreiben, oder geben es nach der Geburt zur Adoption frei. Mit dem Kind eines Täters zu leben, halten sie nicht aus.

Wir wissen, dass auf dem Tahirplatz in Kairo Frauen mitten in der Menge vergewaltigt wurden. In Syrien ist Vergewaltigung Waffe im Bürgerkrieg. In Minuva im Kongo gab es 2012 Massenvergewaltigungen. Ein Soldat sagt: „Wir konnten tun, was wir wollten. Da haben wir beschlossen: Jeder von uns vergewaltigt 10 Frauen und Kinder." Viele Frauen schweigen aus Scham oder die Erinnerung schnürt ihnen die Kehle zu. Die Täter kommen meist ungeschoren davon. Ich frage mich: Wie kommen diese Männer zurück zu ihren Ehefrauen und Familien? Solche brutale Gewalt gegenüber Wehrlosen verändert auch die Täter. Und das verändert dann eine Gesellschaft insgesamt.

Das Gute ist: Wir reden heute darüber. Die Opfer schweigen nicht mehr. Ich höre immer wieder aus Altenheimen, dass bei vielen Frauen in unserem Land die traumatisierenden Vergewaltigungserfahrungen aus dem Zweiten Weltkrieg ganz am Ende ihres Lebens wieder an die Oberfläche kommen. Sie konnten nicht darüber reden, weil das Thema tabu war. Aber nur das Darüberreden kann den Opfern helfen und die Täter bloßstellen. Und: Die Frauen klagen an! Allerdings ist es schwer. Von 39 Soldaten, die nach den Vergewaltigungen von Minuva angeklagt wurden, wurden 37 im Mai dieses Jahres freigesprochen.

Ich weiß nicht, wie eine Frau nach solchen Erfahrungen weiterleben kann. Und für mich ist nachvollziehbar, dass eine Frau das

Kind einer Vergewaltigung nicht austragen will oder nicht lieben kann. Eine furchtbare Situation.

Es braucht Prominente wie Angelina Jolie, solche Skandale öffentlich zu machen, weil die Opfer mit ihrem Leid allein bleiben, nicht gehört und nicht gesehen werden.

Verhütung

„Seid fruchtbar und mehret euch und füllet die Erde und machet sie euch untertan" (1. Mose 1,28) – mit diesem Segenszuspruch endet der erste Schöpfungsbericht. Zur Zeit der Entstehung des Textes vor weit über 2000 Jahren war es wichtig, dass die Menschen sich vermehrten; das Volk Israel sollte und wollte wachsen. Heute dagegen ist die Erde überfüllt. Zwischen 1980 und 2005, also in einem Vierteljahrhundert, ist die Weltbevölkerung um die Hälfte von gut 4,4 Milliarden auf über 6,5 Milliarden angewachsen, das entspricht etwa dem Dreifachen der gesamten Bevölkerung Europas! 2016 hat die Weltbevölkerung die Zahl von 7,4 Milliarden erreicht. Zwar wird inzwischen eine Abnahme der Zuwachsrate erwartet, trotzdem wird die Weltbevölkerung bis 2050 auf mehr als neun Milliarden anwachsen. Das alles ist Statistik. Eine bedrängende Statistik, die unsere Erde an den Rand der Belastbarkeit bringt. Und die gerade für viele Frauen eben nicht Segen, sondern wahrhaftig Fluch bedeutet. Ja, jedes Kind soll geliebt sein und willkommen, jedes Kind ist ein Geschenk Gottes! Aber welche Frau will denn ein weiteres Kind gebären, von dem sie weiß, dass sie es nicht wird ernähren können? Jedes Jahr sterben mehr als 300 000 Frauen an den Folgen von Schwangerschaft oder Geburt – 99 Prozent von ihnen in den armen Ländern des Südens. Bitter klingt es da: „Seid fruchtbar und mehret euch."

Ein Blickkontakt ist mir in Erinnerung geblieben. Ich war zu Besuch in einem evangelischen Krankenhaus im Westen Äthiopiens. Auf der gynäkologischen Station lag in einem Zimmer mit 15 anderen eine Frau, deren neuntes Kind quer gelegen hatte. Nach zwei Tagen Wehen ist sie in einem achtstündigen Marsch auf einem Esel dorthin gebracht worden. Das Kind war bereits tot, und die Frau hatte so viel Blut verloren, dass der Arzt meinte, es stehe 50:50 für sie. Sie sah mich an, ich habe kurz ihre Hand gehalten. Nein, das ist nicht gerecht. Keine Verhütungsmittel, keine ausreichende Ernährung, keine medizinische Versorgung. Ein Mitarbeiter sagte, es gäbe ein äthiopisches Sprichwort: „Wenn du an Wiedergeburt glaubst, dann hoffe darauf, nicht als Esel oder Frau in Äthiopien wiedergeboren zu werden." In so einem Sprichwort konkretisieren sich unsere Urteile über andere Menschen und in einer Frage wie Verhütung. Die schon erwähnte Kultur der Barmherzigkeit muss den ganzen Menschen mit der je eigenen Lebensrealität in den Blick nehmen.

Ich wünsche mir, dass Menschen Lust auf Kinder haben, gern mit ihnen leben, ihnen Zukunft eröffnen können. Jede Frau sollte Zugang zu Verhütungsmitteln haben, um Sexualität als gute Gabe Gottes leben zu können und nur schwanger zu werden, wenn sie sich auf ein Kind freut. Die Stiftung Weltbevölkerung setzt sich klar dafür ein. Diese individuelle Frage hängt mit den gravierenden Herausforderungen zusammen, vor die uns das dramatische Bevölkerungswachstum stellt, denn es wird die Ungerechtigkeit zwischen den Kontinenten mit Blick auf die Ressourcenverteilung verschärfen. Und so hängen Frauenrechte und Entwicklung eng zusammen. Die Welthungerhilfe fasst plastisch zusammen: Ein Schuljahr mehr bedeutet für ein Mädchen 15 Prozent mehr Einkommen und zehn Prozent weniger Kinder. Das alles wirkt sich selbstverständlich auch auf die Stellung von Frauen in der Gesellschaft, aber auch in der Familie aus.

Babyklappen

Immer wieder brandet in diesem Zusammenhang die Debatte um sogenannte Babyklappen auf, die ich lieber Babykörbchen nenne in Anlehnung an die Geschichte der Aussetzung des kleinen Mose durch seine Mutter, als sie das Kind in Gefahr sah. Eine anrührende Geschichte, in der die Schwester Mirjam den Bruder beobachtet, bis sie weiß, dass er sicher untergekommen ist. Die Tochter des Pharao holt ihn aus dem Wasser, und Mirjam vermittelt zwischen Adoptivmutter und leiblicher Mutter, sodass die leibliche Mutter den Jungen sogar noch offiziell stillen kann.

In Anlehnung an diese biblische Geschichte haben wir in Hannover 2001 das „Netzwerk Mirjam" gegründet, in dem ein Babykörbchen Teil des Angebotes ist. Damals hatte sich die römisch-katholische Kirche offiziell aus der Schwangerschaftskonfliktberatung insofern verabschiedet, als sie keine Beratungsscheine als Nachweis mehr ausstellte, die bei einer Abtreibung genutzt werden könnten. Nach Gesprächen mit Schwangerschaftskonfliktberaterinnen war ich entschieden dafür, einen anderen Weg zu gehen, der zeigt, dass Beratung mit Schein nicht heißt, keine Angebote für das Leben zu machen. Das „Netzwerk Mirjam" ist ein solches Angebot und besteht aus 24 Stunden Notfallberatung am Telefon, Adoptionsvermittlung, diakonischer Beratung, anonymer Geburt, Unterbringung bis zur Geburt, Babykörbchen. Für mich ist das ein bis heute überzeugendes Modell: den Frauen jeweils die Hilfe anbieten, die sie brauchen, wenn die Schwangerschaft für sie eine Belastung ist. Auch das wird aber kritisiert. So kritisiert Matthias Kamann in der WELT Ministerin Schröder, weil sie einen Kompromiss gesucht hat mit Befürwortern von anonymer Geburt und Babyklappen, sie sei „vor dem gutmenschlichen Moralismus der Klappenlobbyisten eingeknickt"[56]. Da ist

---

56 Matthias Kamann, „Inkonsequente Ministerin", in: „DIE WELT", 19. Dezember 12, S. 3.

er wieder, der Gutmenschenvorwurf, der von oben herab erhoben wird gegenüber denen, die vor Ort in realen Situationen nach Lösungen suchen.

Es geht darum, sich über Kinder zu freuen, weil sie ein Segen sind. Und hinzusehen, wo Kinder leiden und Eltern überfordert sind. Respekt vor dem zu haben, was Eltern leisten. Beim Propheten Joel (3,1) heißt es: *„Und nach diesem will ich meinen Geist ausgießen über alles Fleisch, und eure Söhne und Töchter sollen weissagen, eure Alten sollen Träume haben, und eure Jünglinge sollen Gesichte sehen."* Das finde ich ungeheuer spannend. Wo Jung und Alt zusammenleben, verändern sich die festgelegten Muster. Da können die Jungen weise sein. Und das erleben wir doch manches Mal nach dem Motto: „Kindermund tut Wahrheit kund." Gut, wenn wir uns davon noch überraschen lassen. Aber auch die Alten dürfen noch neu denken und träumen, anstatt auf ihre Rolle festgelegt zu sein. Und „Gesichte sehen" heißt ja wohl, es gibt noch Visionen für die Zukunft, Hoffnung auf Veränderung, ja, auf Weltverbessern. Es ist ein Segen, wenn Junge und Alte, Kinder und Familien, Kinderlose und Alleinerziehende zusammenleben. Die Vielfalt macht den Reichtum aus. Und die muss nicht ein Gegeneinander bedeuten, sondern kann als Miteinander gestaltet werden. Aber ohne Kinder ist ein Land arm, kinderarm, in der Tat.

8. Von der Würde des Sterbens

Friedhöfe sind wunderbare Orte des Friedens, wir können darüber schlendern, Grabinschriften lesen, nachsinnen, wer da wohl welches Leben gelebt hat. Dabei kann der Mensch zur Ruhe finden.

Friedhöfe benötigen immer weniger Platz – zum einen, weil es immer mehr Urnenbestattungen gibt, zum anderen, weil viele ihre Asche anonym verstreuen lassen. Sie wollen niemandem mit der Grabpflege zur Last fallen oder sind schlicht allein. Das ist traurig!

Der Theologe Fulbert Steffensky hat einmal gesagt: „Heimat ist da, wo wir die Namen der Toten kennen". Das finde ich sehr eindrücklich. Verstorbene würdig zu bestatten, war schon in den ersten christlichen Gemeinden ein Zeichen für die Würde jedes Menschen, ganz gleich ob reich oder arm. Eine angemessene Beerdigung wurde zum siebten Werk der Barmherzigkeit erklärt.

Unsere Bestattungskultur sagt auch etwas über die Kultur in unserem Land insgesamt. Da fühlen sich Menschen nur noch als Last, obwohl es doch inzwischen Grabfelder gibt, die übermäht werden können und nun wirklich keine große Pflege brauchen. Zumindest werden so aber die Namen der Menschen erinnert. Gewiss, Menschen können auch trauern, ohne ein Grab zu besuchen. Aber es geht um unsere Erinnerungskultur insgesamt.

Wie wurde darum gerungen, dass es Soldatenfriedhöfe gibt, damit die jungen Männer, die in den beiden Weltkriegen ihr Leben ließen, auch im so genannten Feindesland würdig bestattet wurden! In Frankreich wurde dazu ein wunderbares internationales Mahnmal eröffnet. Es liegt bei Arras, in einer Gegend, in der es im Ersten Weltkrieg Zehntausende Tote gab. Gestaltet wurde ein Oval aus aufrechten Stelen. Der Architekt Philippe Prost dachte dabei an eine Menschenkette, einen Ring des Gedenkens. Auf den Stelen sind die Namen von 579 606 Toten zu lesen – alphabetisch geordnet, ganz gleich ob es sich um Franzosen, Deutsche, Kanadier, Russen oder andere Nationalitäten handelt. (Unter jedem Buchstaben blieb Platz, weil noch immer Tote gefunden werden.) Das finde ich sehr anrührend. Die Namen werden erinnert, auch wenn nicht alle ein Grab gefunden haben.

Am Toten- oder auch Ewigkeitssonntag erinnern wir in den Gottesdiensten an die Verstorbenen der letzten zwölf Monate, ihre Namen werden verlesen. Dieses Erinnern ist gute Tradition. Ich hoffe, wir können sie auch auf unseren Friedhöfen erhalten. Es tut gut, diese stille Zeit des Nachdenkens und des Gedenkens nicht zu übergehen.

Lebensklugheit

„Lehre uns bedenken, dass wir sterben müssen, auf dass wir klug werden", formuliert der Psalmist (Ps 90,12). Das ist eine tiefe biblische Weisheit. Wer der eigenen Endlichkeit nicht ausweicht, lebt bewusster. Und wer das Sterben nicht verdrängt, hat einen tieferen Blick auf das Leben.

Bestattungskultur ist dabei ein wichtiger Aspekt. So gibt es seit einigen Jahren in Bremen die Messe „Leben und Tod", die Fragen wie Vorsorge, Begleitung und Trauer mit Ausstellern präsentiert und das Thema mit Vorträgen und Seminaren vertieft. Bei einem Besuch konnte ich erleben, wie eine solche Messe Gespräche in Gang bringt, zum Nachdenken anregt und Menschen ermutigt, über das eigene Sterben nachzudenken. Warum haben wir Angst, darüber zu sprechen? Ich habe oft erlebt, dass Verwandte beim Tod eines nahen Angehörigen völlig überfordert waren, in dieser existenziellen Situation Entscheidungen zu treffen: Organspende ja oder nein, Sarg oder Feuerbestattung, große Beerdigung oder stille Trauerfeier? Es war niemals darüber gesprochen worden und eine große Hilflosigkeit griff um sich. Wie entscheiden?

Anonymer einerseits, individueller andererseits

Derzeit gibt es zwei Tendenzen. Die eine ist die Anonymisierung: Immer mehr Menschen wünschen, dass ihre Asche verstreut wird, sei es auf einem Friedhof, in einem Friedwald oder auf See. Sie wollen keine Spur hinterlassen oder auch anderen schlicht nicht mit Grabpflege zur Last fallen. Das finde ich abgrundtief traurig. Einen Ort zu haben, einen Namen zu erinnern, das ist Teil christlicher Kultur. Wenn wir alle Toten anonym verscharren, sagt das auch etwas über unsere Beziehungen als Lebende aus! Solange das Grab meines Vaters noch da war, bin ich ab und an hingegangen, wenn es die Reiseroute ermöglichte, und habe ihm eine rote Rose aufs Grab gelegt. Ich habe dann dort gestanden und mich erinnert. Ich bin mit ihm in einen inneren Dialog getreten. Und es tat gut.

Wir brauchen Orte der Erinnerung. Ein Friedhof erzählt so viel. Über einen Ort und seine Geschichte, über Sturmfluten oder Epidemien, die Familien zerstörten. Er macht die Verstorbenen zum Teil des Lebens.

Eine besondere Herausforderung sind heute sogenannte Sozialbestattungen. Menschen, die allein zurückbleiben oder deren Angehörige sich eine Bestattung nicht leisten können, werden immer öfter anonym verscharrt. Einzelne Kirchengemeinden machen es sich inzwischen zur Aufgabe, für eine würdige Trauerfeier und Bestattung zu sorgen. Damit stehen sie in guter Tradition. Im Christentum gehörte es von Anfang an dazu, Menschen würdig zu bestatten. Schon Josef von Arimathäa stellt in der biblischen Erzählung sein Grab zur Verfügung, damit Jesus mit Würde bestattet werden konnte nach diesem so grauenvollen Sterben.

Im Urchristentum war es ein Kennzeichen der ersten Gemeinden, dass jeder, auch der Sklave und die Rechtlose, von der Gemeinde, zu der er gehörte, eine solche Bestattung erhielt. Sie gilt als siebtes Werk der Barmherzigkeit. Es gehört in christlicher Tradition zu unseren Pflichten, auch unbekannte Tote zu waschen, zu kleiden und zu bestatten. Und das hat ganz neu an Aktualität gewonnen.

Die andere Tendenz in der Bestattungskultur ist die Individualisierung. Bestattungsagenturen ermöglichen, bei den Toten zu bleiben und den Sarg selbst zu bemalen, und Friedhofsordnungen öffnen sich für persönliche Grabgestaltung. Das ist einerseits sehr positiv. Warum sollen alle im üblichen Eichensarg bestattet werden? Als einer meiner besten Freunde mit 45 Jahren starb, hat seine Frau einen grünen Sarg ausgesucht – beide hatten das vorher abgesprochen. Im Dorf sorgte das durchaus für Irritation. Aber es passte und war gut so. Wenn eine Frau einen bestimmten Schmuck liebte, warum soll ihr Sarg nicht mit Swarowski-Steinen geschmückt sein – dieses Modell hat jenen Wettbewerb gewonnen, auch wenn ich es als Jurymitglied nicht auf den ersten Platz gesetzt hätte. Die Trauerfeier ist zwar kein Event, aber Individualität hört mit dem Sterben nicht auf. Das kann zu Kuriositäten führen, die auch angesichts des Todes schmunzeln lassen. Ich denke da an den Ohlsdorfer Friedhof: „Du stehst noch hier und ich bin hin. Bald bist du dort, wo ich schon bin."[57] Als Pfarrerin war ich manchmal überrascht, wie wenig Gedanken sich Angehörige, die zum Trauergespräch kamen, über den Tod gemacht hatten. Das wird dann oft zur Last, weil nicht gesagt wurde, was noch gesagt oder geklärt hätte werden sollen.

Beide Tendenzen zeigen sich auch in Traueranzeigen. Einige Sterbefälle werden gar nicht angezeigt oder erst nachträglich,

---

57 Vgl. Hier liegen meine Gebeine, ich wollt' es wären deine. Grabinschriften für alle Fälle, gesammelt von Erno Hansing, Bremen 1996, S. 27.

wenn die Beerdigung schon stattgefunden hat: „Die Trauerfeier fand im engsten Familienkreis statt." Aber eine Beerdigung ist der Punkt, an dem auch dem Verstorbenen fernstehende Personen Abschied nehmen können. In etlichen Traueranzeigen steht heute, von Beileidsbekundungen am Grab bäten die Angehörigen abzusehen. Doch das ist ja auch der Ort, an dem das Beileid ausgedrückt werden kann. Klar ist in vielen Traueranzeigen auch nicht, was ihre Funktion ist. Soll Trauer ausgedrückt werden, wird der Verstorbene angesprochen: „Du fehlst uns", oder: „Danke für die schönen Jahre. Gute Reise!" Oft wird auch der kleine Prinz von Saint-Exupéry zitiert: „Wenn du bei Nacht den Himmel anschaust, wird es dir sein, als lachten alle Sterne, weil ich auf einem von ihnen wohne, weil ich auf einem von ihnen lache."[58]

Immer seltener werden – jedenfalls in Berlin – Bibelverse herangezogen, die aber doch etwas über Auferstehungsglauben aussagen. Ich denke da an Psalm 27, Vers 1: *Der Herr ist mein Licht und mein Heil; vor wem sollte ich mich fürchten? Der Herr ist meines Lebens Kraft; vor wem sollte mir grauen?* Oder das Jesus-Wort: *„Ich bin die Auferstehung und das Leben. Wer an mich glaubt, der wird leben, auch wenn er stirbt"* (Joh 11,25). Oder schlicht: *„Fürchte dich nicht!"*, ein Wort, das wie ein *cantus firmus* immer wieder aus der Bibel klingt. Solche Zuversicht kann der Glaube ausdrücken, und es ist traurig, wenn sie Menschen samt der Rituale von Trauer und Tod abhandenkommt. Für mich ist christlicher Glaube kein „Opium des Volkes", mit dem Menschen sich betäuben, die das Leben nicht ertragen und Angst vor dem Sterben haben. Er ermutigt gerade zum Hinsehen. Natürlich kann ich gegen den Tod aufbegehren, er hat seinen eigenen Schrecken. Aber er ist Teil des Lebens. Der Tod ist für Menschen, die an Gott glauben, kein Punkt, sondern ein Doppelpunkt, kein Exitus als endgültiges

---

58 Antoine de Saint-Exupéry, Der kleine Prinz, Oldenburg 2000, S. 116.

Ende, sondern ein Introitus, ein Übergang in eine neue Existenz, von der wir allerdings nicht wissen, wie sie aussehen mag. Oder, mit Heinz Zahrnt gesprochen: „Der Tod ist kein hoffnungsloser Fall!"

Wir brauchen Rituale

Wie sehr Rituale uns Halt geben, habe ich oft erlebt. Besonders in Erinnerung geblieben ist mir ein Gottesdienst aus Anlass eines Busunglücks in der Nähe von Hannover, bei dem 20 Menschen verbrannt sind. Die Marktkirche in Hannover wurde von Angehörigen, Einsatzkräften und auch Menschen, die sich schlicht betroffen fühlten, besucht. Auch eine Reihe junger Mädchen saß darunter, die herzzerreißend schluchzten, denn eine Mitschülerin war unter den Toten. Sie war mit den Großeltern auf einer Ausflugsfahrt gewesen und ebenfalls verbrannt. Die Mädchen waren dort ohne Angehörige oder Lehrerin, sie fühlten sich in dieser Kirche offensichtlich fremd und hatten keine Form für ihre Gefühle, ihre Angst und Trauer. Ich ging dann zu ihnen und sagte, jede könne eine der bereitstehenden Kerzen entzünden, auf die Altarstufen stellen und still an ihre Freundin denken. Das tun zu können, was ich Gebet nennen würde, hat auf einmal eine große Ruhe ausgestrahlt. Die Hilflosigkeit wurde durchbrochen durch das Ritual, die Lähmung durchbrochen durch die Geste.

Besonders gilt das oft für einen Tod, auf den wir uns nicht vorbereiten konnten. „Plötzlich und unerwartet." Das tut weh, das lässt sich auch nicht wegdiskutieren. Als junge Pfarrerin stand ich am offenen Sarg eines fünfjährigen Mädchens. Ein Infekt, unklar, was die Ursache war. Marie-Louise hatte ihre Barbie-Puppe in der einen und ein paar Schneeglöckchen in der anderen Hand. Mir fielen keine Worte ein, aber gemeinsam mit Eltern und Großeltern konnte ich das Vaterunser beten. Da wurde mir klar, dass wir gerade in einer Situation von Schock Halt finden in Worten, die größer und älter sind als wir selbst, in Ritualen, die Trauer wie Freude Form geben, weil wir spontan keine Form dafür haben.

Bei alledem zeigt sich aber eines: Wir können den Tod nicht bagatellisieren. Einmal war ich am Ewigkeitssonntag zu Gast in der Talkshow bei Günther Jauch, in der todkranke Männer auf sehr tapfere, ja nahezu gelassene Weise über den eigenen Tod sprechen konnten. Das war einerseits wichtig. Andererseits ging mir ein Vers der Dichterin Mascha Kaléko durch den Sinn: „Den eigenen Tod, den stirbt man nur, mit dem Tod der anderen muss man leben". Es ist schwer, Abschied zu nehmen. Der Verlust, die Trauer, sie brauchen Raum und Zeit. Fritz Roth, einer der Teilnehmenden, starb wenige Wochen später im Advent. Er war zuversichtlich im Angesicht des Todes. Ich hoffe, seine Angehörigen konnten in dieser Zuversicht auch Abschied nehmen …

Das Sterben von Menschen, die wir lieben, auch das eigene Sterben – da geht es um tiefste emotionale Herausforderungen! Niemand kann sich täglich mit der eigenen Endlichkeit konfrontieren, wir weichen aus, das ist menschlich. Und trotzdem ist es wichtig, darüber nachzudenken. Gerade der medizinische Fortschritt macht es ja paradoxerweise notwendig zu klären, wie ich sterben will. Das Sterben ist so individuell wie eine Geburt, so habe ich es erlebt. Aber mir war wichtig zu klären, was eine Patientenverfügung und eine Betreuungsvollmacht klären können: keine lebensverlängernden Maßnahmen, wenn der Sterbeprozess einsetzt, und die Vollmacht zu entscheiden, wenn ich nicht mehr entscheiden kann, für Menschen, denen ich vertraue. Wir haben das im Freundeskreis geregelt und notariell auf Gegenseitigkeit festgelegt. Die Gespräche, die wir darüber geführt haben, waren wichtig, bewegend, haben Freundschaften vertieft. Und auch meine Kinder sind darüber informiert, sie wissen, was ich mir im Todesfall wünsche. Manches Mal habe ich erlebt, dass unter dem Schock eines plötzlichen Todes die Frage im Raum stand: Was hätte die Mutter gewollt? Dass im Todesfall zügig Entscheidungen über Anzeige, Trauerfeier und Bestattung zu treffen sind, überfordert viele, die unter dem Schock des Verlustes stehen. Da kann es im Nachhinein Zweifel geben: War das im Sinne der Verstorbenen? Waren alle informiert?

Sterbehilfe und Sterbebegleitung, Palliativmedizin und Hospiz

Ich werde sterben. Sie werden sterben. Wenn dieses ganz banale Wissen zur persönlichen Botschaft wird, ist das gar nicht so einfach. Wie will ich denn sterben? Die meisten Deutschen möchten gern zu Hause den letzten Atemzug tun (76 %), am liebsten im Kreise der Familie. Die Realität ist, dass die meisten das in einem Krankenhaus tun (46 %).

840 000 Menschen sterben jedes Jahr in unserem Land. Es ist gut, dass der Bundestag die Palliativmedizin und die Hospizbewegung gestärkt hat. Ich wünsche mir, dass Menschen schmerzfrei und liebevoll umsorgt aus dem Leben gehen – wie ich ja glaube, ist das keine Sackgasse, sondern ein Übergang hin zu Gott.

Dazu gehört auch, dass wir alle uns frühzeitig überlegen, wie wir sterben wollen. Viele Menschen haben Angst, an Schläuchen zwanghaft am Leben gehalten zu werden. Das kann eine Patientenverfügung verhindern, in der ich erklärt habe: Ich will nicht durch eine Magensonde ernährt werden und auch nicht endlos im Wachkoma am Leben gehalten werden. Dazu kommt eine Betreuungsvollmacht, damit jemand, dem ich vertraue, das durchsetzen kann, wenn es mir nicht mehr möglich ist.

Auch über die sogenannte „aktive Sterbehilfe" hat der Bundestag vorgestern entschieden. Vereine, die das kommerziell anbieten, wurden verboten. Ärzte aber können im Vertrauensverhältnis Sterbehilfe praktizieren und auch nahe Verwandte und Angehörige. Wenn das Leid unerträglich wird, muss es diesen

Ausweg geben. Aber er soll nicht Normalfall werden, schon gar nicht gegen Geld. Denn sonst kämen sicher schnell manche alten Menschen unter Druck: „Na, ist es nicht an der Zeit?"

Bei all den Debatten ist auch klar: Jedes Sterben ist ganz individuell, keines wie das andere. Aber alleinlassen dürfen wir die Sterbenden nicht! Also: Sprechen wir darüber, wie wir sterben wollen. *„Lehre uns bedenken, dass wir sterben müssen, auf dass wir klug werden"* (Ps 90,2).

Ich finde absolut inakzeptabel, dass Organisationen wie „Dignitas" oder „Exit" Sterbehilfe kommerziell betreiben; das ist ein Geschäft mit der Verzweiflung von Menschen. Gleichzeitig denke ich, dass wir den Wunsch von Menschen nicht ignorieren können, die selbstbestimmt sterben wollen, denen daran liegt, individuell zu entscheiden, dass sie nicht mehr die Kraft haben, den Sterbeprozess durchzustehen und ihn verkürzen wollen.

Da geht es zuallererst um Palliativmedizin. Wie gut, dass sie endlich in Ausbildung und Praxis thematisiert wird – bei Weitem noch nicht in ausreichendem Umfang. Mich hat beeindruckt, dass es ehrenamtliche Initiativen, die auf Spenden angewiesen sind, waren, die diese Bewegung in Gang gesetzt haben. Ich erinnere mich gut an die Einweihung der ersten „Palliativbetten" im Friederikenstift Hannover – alles auf Spendenbasis, bis schließlich die erste Krankenkasse diese Schmerzlinderung angesichts des Todes in ihren offiziellen Leistungskatalog aufgenommen hat. *Pallium* ist das lateinische Wort für einen schützenden Mantel. Gute Schmerzmedizin kann diesen schützenden Mantel um Sterbende legen. Sollte die Schmerzlinderung eine Verkürzung der Lebenszeit am Lebensende zur Folge haben, so ist das ethisch für niemanden verwerflich.

Die Auseinandersetzungen um Sterbehilfe werden der individuellen Situation selten gerecht. Statt von „aktiver Sterbehilfe" ist nun von „Tötung auf Verlangen" die Rede. Beides meint, dass ein anderer Mensch aktiv das Sterben herbeiführt. Und das ist strafbar in unserem Land. Indirekte Sterbehilfe dagegen bedeutet, in Kauf zu nehmen, dass schmerzlindernde Medikamente bei einem unheilbar kranken Menschen das Leben verkürzen. Passive Sterbehilfe schließlich meint, dass bei einem unheilbar kranken Menschen auf lebensverlängernde Maßnahmen verzichtet wird, was auch bedeuten kann, dass medizinische Apparate abgeschaltet werden. Beides ist ebenso wenig strafbar wie „Beihilfe zum Suizid", also das „Besorgen" eines tödlichen Medikaments, das ein Patient selbst einnimmt. Was Letzteres für das ärztliche Berufsrecht bedeutet, ist unter Ärzten höchst umstritten. Ende 2010 erst wurden die Grundsätze der Bundesärztekammer gelockert, im Jahr darauf von der Ärztekammer wieder verschärft. Das zeigt, wie schwer die Frage zu beurteilen ist.

Dankbar bin ich, dass es inzwischen einen Konsens über Sterbebegleitung gibt, die indirekte und passive Sterbehilfe einschließt. Und dass immer mehr Menschen bewusst eine Patientenverfügung ausfüllen, womit sie Angehörigen und Pflegenden klare Hinweise auf ihren Willen geben. Niemand wird heute gegen seinen – mutmaßlichen – Willen zwangsweise am Leben erhalten. Viele Menschen in unserem Land haben aber Angst, am Ende ihres Lebens lange leiden zu müssen und nicht selbstbestimmt sterben zu dürfen. Das ist ein großes ethisches Dilemma. Ich verstehe den Wunsch gut, denn ich kann mir vorstellen, in einer Situation zu sein, in der ich nicht länger kämpfen, sondern in Frieden sterben will.

Aber ich sehe auch eine Gefahr: Wird Tötung auf Verlangen erlaubt, verändert sich eine Gesellschaft. Wird nicht manchem alten Menschen unter Umständen nahegelegt, es sei jetzt an der Zeit? Oder hat vielleicht jemand das Gefühl, er falle so sehr zur Last, dass nun eine Entscheidung anstehe? Wird ein Leben, das Schmerz und Leid kennt, als unwertes Leben angesehen? Das ist ein enormes ethisches Dilemma, denn eine solche Haltung kann Tür und Tor zu der Sichtweise öffnen, dass all diejenigen, die nicht mithalten können, nicht leistungsfähig sind, mit körperlichen und psychischen Erkrankungen oder Behinderungen zu kämpfen haben, eigentlich nur eine Belastung darstellen. Das ist ein erschreckendes Menschenbild. Deutschland hat in der Zeit des Nationalsozialismus erlebt, wohin das führt: in Aussonderung, Absonderung, Ermordung.

Herausgefordert durch den Tod

Auch Ärztinnen, Ärzte und Pflegekräfte sind ja oft überfordert. Lernt ein angehender Arzt, wie er die Nachricht von einer tödlichen Erkrankung überbringt? Nach meiner Erfahrung offenbar nicht. In Trauergesprächen wurden immer wieder Situationen geschildert, bei denen auf dem Flur oder schnell mal in der Abstellkammer hastig hervorgebracht wurde, da sei nichts zu machen. Wie kann der Arzt oder die Ärztin zu den wartenden Angehörigen gehen und lapidar erklären, dass der Patient nicht zu retten war? An diese Situation werden die Angehörigen sich ein Leben lang erinnern! Dafür muss Zeit, Raum, Sensibilität sein, das muss eingefordert werden, auch im Klinikbetrieb! Darf eine Pflegerin mehr Zeit bei einem Menschen verbringen, der den letzten Weg antreten muss? Soweit ich weiß, ist das im Dienstplan nicht vorgesehen. Ebenso wie Angehörige haben auch Pflegekräfte eine große Belastung zu meistern. Es ist gut und wichtig, dass es in vielen Krankenhäusern inzwischen „Konsilien" gibt, Beratungsgremien bei ethischen Grenzsituationen, oder auch Ethikkommissionen. Auch Ärztinnen und Ärzte sowie Pflegekräfte brauchen Begleitung, Seelsorge, Supervision. Hier kann nicht alles bleiben, wie es ist; Sterben und Tod brauchen ihren eigenen Raum. Der Mensch steht im Mittelpunkt, nicht die Effektivität und der Zeitdruck der Leistungsgesellschaft!

Das gilt übrigens auch für Polizisten und Pfarrerinnen, Polizistinnen und Pfarrer. In meiner ersten Gemeinde verunglückten vier Männer auf der Heimfahrt von der Nachtschicht bei einem Unfall mit einem LKW tödlich. Zwei der Toten waren aus meiner Gemeinde, und die Polizeidienststelle fragte an, ob ich den Kollegen beim Überbringen der Nachricht begleiten würde. Ich war Ende 20, der Polizist noch jünger. Wir hatten es beide nicht gelernt und konnten uns nur auf unsere Intuition verlassen. Ich habe das als schrecklich schwer erlebt. Vergessen werde ich nicht, dass die Angehörigen offenbar an unseren Gesichtern schnell erfassten, dass etwas Furchtbares passiert war. Die Mutter des einen Mannes saß im Garten und putzte gerade Bohnen. Sie ließ das Messer sinken und wurde aschfahl im Gesicht. Die Ehefrau des anderen begegnete uns auf ihrem Weg zum Arbeitsplatz. Sie schaute mich an und schrie. Das ist nicht leicht zu verkraften. Deshalb ist es gut, dass es inzwischen Notfallseelsorgerinnen und -seelsorger gibt, die Unfallopfer, aber eben auch die Einsatzkräfte betreuen, denn diese haben Bilder vor Augen, die sich nicht so leicht verdrängen lassen.

Wann immer ich aber Menschen erlebt habe, die mit dem eigenen Sterben bewusst umgehen, war ich tief beeindruckt. Es geht doch auch um meine eigene „Klugheit", von der der Psalmbeter spricht. Kann ich hinschauen? Bin ich bereit zu begreifen, dass meine Zeit begrenzt ist? Wie will ich bewusst leben in den Jahren, die mir noch zur Verfügung stehen? Und wie will ich sterben? Als Pfarrerin bin ich immer wieder Menschen begegnet, die sich gefragt haben: „Was hätte meine Mutter jetzt entschieden?" – „Was hätte mein Mann gewollt?" Weil zu wenig darüber gesprochen wurde, war das unklar.

Reden über Sterben und Tod
Vor einiger Zeit schrieb mir eine Ärztin eine E-Mail. Ihre Patientin befinde sich in der Endphase des Sterbens, habe meine Bücher

gelesen, und ihr größter Wunsch sei, mich einmal zu sprechen. Sie wolle nicht aufdringlich sein, frage aber an, ob ich sie nicht anrufen könne. Den Gedanken, eine völlig fremde Frau anzurufen, die im Sterben liegt, fand ich zunächst belastend. Nach zwei Tagen habe ich es aber abends in aller Ruhe getan. Ihre Freundin ging ans Telefon und reichte mich weiter. Ich habe mit dieser Frau, die in meinem Alter war, gut sprechen können. Sie war tapfer, gelöst, hatte fast so etwas wie Glaubensheiterkeit, von der der Liederdichter Spitta einmal sprach. Da war Trauer um das, was ungelebt bleiben würde, aber auch große Gefasstheit, Dankbarkeit und Gottvertrauen. So ein Gespräch kann ich nicht „einfach wegstecken", es ist bewegend, anrührend, es geht nach. Ein paar Wochen später schrieb mir ihre Freundin, die Dame, die ich angerufen hatte, sei friedlich in ihrem Beisein eingeschlafen und habe sich ungeheuer gefreut, mit mir gesprochen zu haben. Mich hat das eher beschämt, denn wie wenig ist so ein Gespräch angesichts einer derart existenziellen Situation. Aber ich konnte mich auch daran freuen, dass unter Christen solche Gespräche möglich sind.

Solche Erfahrungen machen Mut: Geht bewusst auf die Sterbenden zu. Begleitet sie! Wagt es, Kinder und Jugendliche einzubeziehen! Das möchte ich gern in den Raum rufen, der so leer und verzagt und tabuisiert ist. Es ist ein gewaltiges Ereignis im Leben eines Menschen, einen Sterbenden zu begleiten, das vergisst niemand. Dafür braucht es aber Zeit, dafür müssen wir Prioritäten setzen, vielleicht beruflich, auf jeden Fall innerlich und zeitlich. Dafür braucht es Respekt mit Blick auf Angehörige, Pflegende, Ärztinnen und Ärzte. Und dafür braucht es eine Gesprächskultur, in der wir das Sterben ins Leben holen.

Kürzlich saß eine Frau bei mir auf dem Balkon, die erst die Mutter und dann den Bruder verloren hatte. Sie brauchte keine großen

Worte, sie brauchte Zeit, miteinander Schweigen, einen geschützten Raum zum Weinen und das Gefühl, sich für all das nicht entschuldigen zu müssen. Es geht um gegenseitige Seelsorge, die Menschen in ihrer Trauer ernst nimmt und sie nicht gleich wieder mit „Reiß dich zusammen", „Wird schon wieder", „Geht vorbei" beschwichtigt oder zum Verstecken ihrer Gefühle drängt.

Der Tod hat ja auch eine zarte, ja, erlösende Seite. Vor vielen Jahren habe ich in Bremerhaven eine Ausstellung unter dem Titel „Noch einmal leben vor dem Tod" eröffnet. Sie zeigte Bilder von Menschen, die kurz vor und kurz nach ihrem Sterben – mit ihrem Einverständnis! – fotografiert worden waren.[59] Diese Bilder sind in einem Buch festgehalten. Sie sind wirklich bewegend, anrührend. Da sind alte Frauen und Männer, aber auch Junge, ja, Kinder zu sehen. Sie alle haben zugestimmt, so fotografiert zu werden. Was mich bewegt hat, insbesondere bei den großen Bildern der Ausstellung: Manches Mal wirken die Verstorbenen befreit. Da ist eine tiefe Ruhe, die all die Kämpfe und das Ringen vergessen machen.

Und ich habe als Pfarrerin erlebt, dass auch die Angehörigen lernen müssen, jemanden sterben zu lassen. Bei einer alten Dame tat mir besonders weh, dass ihre Kinder sie noch ins Krankenhaus bringen ließen, als es auf das Ende zuging, weil sie Angst hatten, irgendetwas zu versäumen. Statt friedlich zu Hause einzuschlafen, lag sie also in einem Dreibettzimmer im Klinikbett. Diese Aufregung hätte ich ihr gern erspart. Früher war gewiss nicht alles besser. Aber Sterben und Tod waren Teil des Lebens und haben die Menschen nicht gleich in Panik versetzt. Zu Hause sterben zu dürfen, nicht durch die Hand eines anderen, sondern an der Hand eines anderen, das ist ein Segen.

---

59 Vgl. Beate Lakotta, Walter Schels, Noch einmal leben vor dem Tod, München 2004.

Belastungen

Viele Familien sind mit der Pflege am Lebensende überlastet. Wer nimmt denn wahr, was das heißt, wenn die sterbende Mutter mehrfach nachts ruft? Welcher Arbeitgeber gewährt eine Auszeit für die letzte Lebensphase des Ehepartners? Gut, inzwischen gibt es bei den besseren Arbeitgebern bis zu vier Tage „Sonderurlaub" im Todesfall eines nahen Angehörigen. Aber das reicht bei Weitem nicht aus! Eine Gesellschaft, die auf die Würde der Menschen Wert legt, wird viel mehr Raum schaffen müssen. Wenn eine Schwangere sechs Wochen vor der Geburt und acht Wochen danach Mutterschutz hat, warum sollte das nicht auch für diejenigen möglich sein, die Sterbende begleiten?

Deshalb ist es großartig, dass immer mehr Menschen sich in der ambulanten Hospizbewegung engagieren und die Pflegenden unterstützen. Ebenso sind Hospize wunderbare Einrichtungen und sie werden gegen manches Vorurteil immer offener angenommen. Als ich das erste Hospiz in Ostfriesland, in Leer, eingeweiht habe, wurde erzählt, dass alle Anwohner sich über den Bau gefreut und mehr als 1000 Menschen einen Tag der offenen Tür genutzt hatten, sich das Hospiz anzuschauen. So holen wir die Sterbenden wieder in unsere Mitte, selbst wenn sie nicht zu Hause sterben können. Beim Uhlhorn Hospiz in Hannover konnte ich bei zwei Sommerfesten erleben, wie Mitarbeitende, Angehörige, Unterstützende und Sterbende miteinander ein Fest des Lebens gefeiert haben, mitten in Trauer und Tod.

Wenn Kinder sterben

Zwei Begegnungen für die ZDF-Sendung „Mitten im Leben" haben mich zu diesem Thema tief berührt. Bei der einen ging es um eine Familie, deren Drillinge viel zu früh auf die Welt gekommen waren und auf der Neonatalstation der Charité um ihr Leben kämpften. Beide Eltern mussten erst eine Tochter, dann einen

Sohn beim Sterben begleiten. Der dritte Junge überlebte mit Behinderungen. Wie viel Kraft kostet das! Wie mit der Trauer weiterleben, als Paar, aber auch als Eltern. Sie hatten sogar den Mut zu einer weiteren Schwangerschaft; ein zweiter Junge wurde gesund geboren. Ich habe die Familie bewundert, besonders die Mutter, die so viel Schmerz zu ertragen hatte. Als wir zum Grab der Kinder gingen, sagte der Vater: „Sie sind Teil der Familie. Ich habe vier Kinder, nicht zwei."

Die andere Begegnung war die mit einer alleinerziehenden Mutter. Ihr Sohn kam gesund zur Welt, aber als er drei Jahre alt war, wurde bei ihm ein Gehirntumor diagnostiziert, der lebensbedrohlich ist. Der Vater des Kindes verließ sie. Seitdem kämpft sie allein um das Leben ihres Sohnes, der heute 13 ist. Manchmal kann sie nicht mehr kämpfen, weil sie nach so vielen Jahren erschöpft ist, und das Kinderhospiz Sonnenhof in Berlin entlastet sie dann. Aber zu sehen, wie sehr sie ihren Sohn liebt, das ist bewegend. Im Gespräch erzählte sie mir: „Ich bin so dankbar, dass er nicht als Kleinkind gestorben ist, sondern dass ich ihn so lange erleben durfte."

Im Sonnenhof der Björn Schulz Stiftung in Berlin werden schwerstbehinderte Kinder mit ihren Eltern umsorgt; da gibt es Kinderlachen und Freundlichkeit bei allem Schmerz. Und beim Kinderhospiz in Syke war anrührend zu sehen, wie Eltern ihre Kinder auf dem letzten Weg begleiteten, und oft waren auch deren Geschwister dabei.

Wir alle haben Angst vor dem Sterben, vielleicht noch mehr Angst vor dem Tod derer, die wir lieben, als vor dem eigenen. Aber im Sterben, konfrontiert mit dem Sterben, wächst auch Liebe, entsteht Lebenstiefe und paradoxerweise Zärtlichkeit. Eine Frau, die mir von ihrer Angst vor dem Tod der Mutter erzählt hatte, schrieb mir hinterher: „Es war ein tief bewegendes Erlebnis. Ich hatte das Gefühl, meine Mutter hat mich ins Leben hineinbegleitet, und jetzt sitze ich hier, halte ihre Hand und begleite sie aus diesem Leben hinaus." Und eine Freundin sagte: „So viele Jahre habe ich mit meiner Mutter gehadert und gekämpft und jetzt am Ende ihres Lebens empfinde ich eine ganz große zärtliche Liebe zu ihr."

Sterben tut weh

Ich will den Tod nicht schönreden. Er tut weh. Und nicht alle können in Frieden sterben. Aber er ist nicht nur Schrecken. Kürzlich schrieb mir eine Frau, sie habe mich einmal sehr kritisiert, als ich gesagt habe, der Tod sei der größte Feind des Menschen. Sie schickte mir ein Zitat von Dorothee Sölle aus ihrer „Mystik des Todes": „Jedes Lied, das wir singen, kommt und geht, jeder Sommerabend ist vergänglich, nicht ewig. Vergänglichkeit aber ist nicht unser größtes Unglück. Dass ein jegliches Ding seine Zeit hat (Pred 2), lehrt uns der alte Lehrer Tod. Der Kreislauf der Erde, der Rhythmus des Lebens, ist eine Bedingung für das, was wir Liebe nennen."[V] Ich weiß nicht mehr genau, ob ich das so gesagt habe, aber die Frau hat recht. Der Tod kann grausam sein, aber eben auch Erlösung bringen. Für einen sehr kranken Menschen, für einen sehr alten Menschen. Um es mit Paulus zu sagen: „Tod, wo ist dein Stachel?" Und doch tut es unendlich weh, einen Menschen zu verlieren, den wir lieben.

Suizid

Udo Reiter hat sich im Oktober 2014 auf der Terrasse seines Hauses erschossen. Viele hat die Meldung mit Trauer erfüllt. Eine Woche zuvor hatten wir bei Maybrit Illner nebeneinander in der Talkrunde gesessen in freundlichem Gespräch, trotz unterschiedlicher Standpunkte. Der ehemalige Intendant des MDR, der seit vielen Jahren im Rollstuhl saß, hatte vor einiger Zeit in einem Artikel sehr drastisch geschrieben: „Ich möchte mir nicht den Nahrungsersatz mit Kanülen oben einfüllen und die Exkremente mit Gummihandschuhen unten wieder herausholen lassen. Ich möchte nicht vertrotteln und als freundlicher oder bösartiger Idiot vor mich hindämmern. Und ich möchte ganz allein entscheiden, wann es so weit ist und ich nicht mehr will, ohne Bevormundung …"

Ich konnte das nachvollziehen. Aber ich habe ihm auch widersprochen. Soll denn niemand mehr auf andere angewiesen sein? Was, wenn in unserer Gesellschaft keiner mehr erträgt, gepflegt zu werden? Wir können doch nicht sagen, dass jeder, der etwas „vertrottelt", keinen Sinn im Leben mehr hat. Wer will denn sagen, was lebenswertes Leben ist?

Die meisten Deutschen wollen selbst entscheiden, wann sie sterben. Das ist verständlich. Aber müssen wir uns nicht auch fragen, was das für uns alle miteinander bedeutet? Heißt es dann nicht bald: Oma, wir haben dich lieb, aber jetzt ist es Zeit zu gehen! Oder: Nun ist ihre Versorgung so teuer geworden, dass wir das nicht mehr aufbringen können! Viele, die auf Betreuung und Pflege angewiesen sind, haben doch jetzt schon das Gefühl, sie fallen anderen zur Last.

Am schlimmsten ist es wohl, wenn ein solcher Mensch sich selbst das Leben nimmt, ohne dass wir geahnt hätten, dass er solche Gedanken hegt.

Ich finde, wir brauchen weniger neue Gesetze als mehr Geduld mit der Schwäche des Alters, der Krankheit, der Pflegebedürftigkeit und auch mit den Sterbenden. Und reden sollten wir über das Sterben! Haben Sie eine Patientenverfügung und eine Betreuungsvollmacht? Dann können Sie nämlich selbst entscheiden, ob Sie durch eine Magensonde ernährt werden oder nicht. Oder wie lange Sie im Wachkoma gehalten werden. Aus Angst verdrängen viele das eigene Sterben und könnten doch viel mehr selbst bestimmen, als sie denken.

Ich wünsche mir, dass niemand so allein stirbt wie Udo Reiter. Rund 10 000 Menschen nehmen sich in unserem Land jedes Jahr das Leben. Die meisten tun das aus einer Depression heraus, viele aus Einsamkeit, andere aus Angst vor Alzheimer, Demenz, Pflegebedürftigkeit. Auf das Miteinander in unserem Land wirft das ein trauriges Licht.

In jener Talkshow war auch ein Mann, der toll findet, dass er anderen den Freitod ermöglicht. Udo Reiter sagte zu mir: „Von dem möchte ich nicht in den Tod befördert werden", und wir haben tatsächlich darüber zusammen gelacht. Dann hat er mir zugestimmt: Kein Mensch sollte durch die Hand eines anderen sterben, sondern an der Hand eines anderen. Nun hat sich Udo Reiter ganz allein das Leben genommen. Er hat sich offenbar sehr einsam gefühlt. Wie traurig und bedrückend! Es wäre schön, wenn er noch bei uns wäre.

Manches Mal heißt es, je mehr darüber berichtet werde, desto höher der Nachahmungseffekt. Vielleicht müssen wir aber mehr darüber sprechen, wie viel Leid ein Suizid mit sich bringt, damit diese enorm hohe Zahl sich verringert. Tabuisierung scheint mir nicht der richtige Weg. Wir müssen darüber reden, hinschauen und fragen, welche Ängste, ja, welche abgrundtiefe Einsamkeit hinter solchen Entscheidungen steckt. Aber auch trösten, wenn es so kommt. Teresa Enke hat nach dem Suizid ihres Mannes viele Menschen angerührt, als sie sagte, sie habe gehofft, ihre gegenseitige Liebe könne die Depression ihres Mannes besiegen, sie müsse nun aber sehen, dass das nicht möglich war.

Offenheit statt Tabuisierung

Nein, es ist nicht so leicht, einen inneren Frieden mit Sterben und Tod zu finden. Aber wenn wir darüber reden, können wir ihm ein wenig von dem Schrecken nehmen. Je mehr wir das Thema verdrängen, tabuisieren, vor Angst verschweigen, desto größer wird seine Macht. Wie will ich sterben, was kann ich regeln? Darüber können wir doch sprechen! Wenn wir darüber sprechen, wird aber auch deutlich, was rein menschlich noch zu klären ist. Am schlimmsten waren für mich Trauergespräche und Beerdigungen, bei denen klar war: Hätten alle Beteiligten gewusst, dass es ans Sterben geht, hätten sie sich mit so manchem vielleicht noch versöhnen können. Unversöhnt sterben ist eine große Belastung. Mir war daher bei Trauerfeiern immer wichtig, im Gebet auch genau das auszusprechen: Dankbarkeit für das Gute, aber auch gegenseitiges Verzeihen, wo wir einander etwas schuldig geblieben sind. Und damit einher geht auch immer eine Ermutigung zum Leben.

Dass unser Leben begrenzt ist, macht es ja letzten Endes so kostbar. Kindheit und Jugend sind nicht wiederholbar. Und wer alt wird, kann nicht vor dem Gedanken an das Ende davonlaufen, das wäre doch Selbstbetrug. Für eine Sendung zum Thema „Sterbehilfe" hatte das Fernsehteam eine Straßenumfrage gedreht. Befragt wurde auch ein Mann, der eine alte Dame im Rollstuhl schob. Ob er mit ihr schon einmal übers Sterben gesprochen habe. „Du lieber Himmel, meine Mutter ist 89, da redet man doch über so was noch nicht!", sagte er. Schade, dachte ich, es wäre ein wichtiges Gespräch. Nicht jeden Tag, aber doch in Klarheit.

Niemand kann sich ständig mit dem Tod befassen. Aber es ist wichtig, dass wir den Tod nicht tabuisieren, sondern darüber sprechen. Nicht nur darüber, wie wir sterben wollen oder wie die Beerdigung ablaufen soll. Noch mehr müssen wir die persönlichen Fragen ansprechen: Was glaube ich eigentlich – ist der Tod ein absolutes Ende oder ein neuer Anfang? Was bedeutet mir der Glaube an die Auferstehung von den Toten? Ein Auflösen hinein in die Unendlichkeit Gottes? Oder Individualität gemäß dem Jesajawort: *„Ich habe dich bei deinem Namen gerufen, du bist mein"* (43,1).

Ich kann über dieses Thema nicht ohne Gottvertrauen nachdenken. Wie ein Leben nach dem Tod aussehen wird, weiß ich nicht, die Bibel sagt nicht viel darüber. Aber sie verspricht: *„Und er wird bei ihnen wohnen und sie werden sein Volk sein, und er selbst, Gott mit ihnen, wird ihr Gott sein; und Gott wird abwischen alle Tränen von ihren Augen, und der Tod wird nicht mehr sein, noch Leid noch Geschrei noch Schmerz wird mehr sein; denn das Erste ist vergangen"* (Offb 21,3b–4). Diese Hoffnung kann mir Halt und Orientierung geben. Der Tod ist für mich daher ein Schritt auf dem Weg zu Gott hin, keine Sackgasse. Wenn der Arzt sagt: Exitus, dann sagen wir: Introitus. Gott segne deinen Ausgang und Eingang. Der Mensch behält auch im Sterben Würde und der Tod hat nicht das letzte Wort. Das ist bei allen Debatten entscheidend.

Abschied in Frieden und Würde

Die schwerste Beerdigung meines Lebens war die meines Freundes Thomas. Wir hatten viel zusammen erlebt. Unsere Familien waren befreundet, er war mit seiner Frau Pate meiner jüngsten Tochter, ich hatte seine jüngste Tochter getauft. Viele Sommerurlaube haben wir miteinander verbracht, seit vielen Jahren gemeinsam Silvester gefeiert. Und dann rief mich seine Frau an: Krebs, Metastasen, katastrophale Diagnose. 13 Monate später starb er im Alter von 45 Jahren.

Mich hat beeindruckt, wie diese Familie mit Diagnose, Sterben und Trauer umgegangen ist. Thomas war nie ein großer Kirchgänger, ein Christ eben wie viele andere auch. Aber angesichts des eigenen Sterbens hat er seinen Glauben überzeugend gelebt. Er hat mit seiner Frau intensiv darüber gesprochen. Von seinen Töchtern, Eltern, anderen Verwandten hat er sich bewusst verabschiedet. Mit mir hat er seine Beerdigung besprochen. Nachdem er zu Hause im Beisein seiner Frau und seiner Kinder gestorben war, stellte seine Frau Kerzen auf. Wir segneten ihn gemeinsam aus und er verließ im Sarg sein Haus. Die Trauerfeier war sehr anrührend.

Die Trauer der Familie ist nicht kleinzureden, sie dauert bis heute an. Aber gleichzeitig ist da ein tiefer Friede, weil alles besprochen war, niemand den Tod verdrängt hat, sondern ein Abschied in Würde möglich wurde. Dazu müssen wir ermutigen, statt das Sterben zu tabuisieren. Dann sagen wir eben nicht Ja und Amen zum Sterben, sondern bäumen uns auf: Ich möchte bewusst sterben, ich will die Hand anderer halten, wenn sie ihren letzten Weg gehen, und mich nicht abwenden. Wer stirbt, soll nicht abgeschoben werden in Zimmer 23, sondern mitten im Leben den letzten Weg gehen, begleitet durch die Lebenden und mit der ihm eigenen Würde.

9. In guten wie in schweren Tagen

Vor einiger Zeit wurde ich im Bekanntenkreis um eine Trauung gebeten. Das Traugespräch war gut und intensiv, aber ich verlor ein wenig den Überblick über die Familienverhältnisse. Um nichts Falsches zu sagen, bat ich das Brautpaar, mir in einer Mail noch einmal Namen und Zusammenhänge aufzuschreiben. Er hatte eine Tochter aus erster Ehe, die wiederum bereits ein Kind hatte; sie hatte zwei Kinder aus erster Ehe und beide erwarteten ein gemeinsames Kind. Die Braut schrieb mir: „Uff, vielleicht schwer zu verstehen, aber wir sind Familie!"

Familie

Mich hat das beschäftigt: „Uff, aber wir sind Familie." Irgendwie erinnert das doch an die Geschichten im hebräischen Teil der Bibel. Abraham und Sarah im Konflikt mit Hagar und Ismael und dem Ringen um den gemeinsamen Sohn Isaak. Jakob und Esau, die Zwillinge, deren Eltern für je einen von ihnen Position beziehen und die sich erst spät versöhnen. Josef und seine Brüder und die Schwester Dina. König David und seine Frauen und seine Kinder. Uff, aber es ist Familie! Und ganz offensichtlich ist Familie nicht erst seit heute ein weiter Begriff.

Wenn wir um eigene Positionen ringen, wann immer wir uns fragen, wie wir glaubwürdig leben können, spielen unsere Beziehungen eine gewichtige Rolle!

Bei einer anderen Trauung war ich kürzlich beim anschließenden Essen überrascht, dass die Gäste zwischen drei unterschiedlichen Menüs wählen konnten: „mit Fleisch, vegetarisch, vegan". Eine Familie, die viel diskutiert hat! Bei den Kindern und ihren Partnerinnen und Partnern gab es einige, die sich bewusst für eine vegane oder vegetarische Ernährung entschieden haben, weil die Massentierhaltung sie abstößt und sie sich gefragt haben, welche Schlussfolgerungen sie aus ihrer Empörung eigentlich ziehen müssten. In dieser Familie gibt es aber auch Landwirte, die selbstbewusst ihre Betriebe führen. Natürlich ist das Thema in einer Familie, da gibt es auch Konflikte! Oder denken wir an die vielen Debatten um Kriegsdienstverweigerung. Das ist zurzeit nicht mehr aktuell, aber als ich jung war, führte das viele Familien zu heftigen Auseinandersetzungen. Da hatte der Vater „gedient" und fühlte sich durch den Sohn provoziert, der sich für den Zivildienst entschied. Ich erinnere mich an eine Situation, als meine Tochter mich in der Küche damit konfrontierte, dass ich Kaffee gekauft hatte, der nicht aus fairem Handel stammte – sie hatte recht!

Mehr als Ja und Amen – zu unseren Grundhaltungen im Leben kommen wir doch nicht individuell, sondern im Miteinander, durch die Erziehung, durch die Anmahnung der jüngeren Generation, durch Diskussionen im Freundeskreis, Diskussionen in der Kirchengemeinde. Beziehungen können entscheidend dafür sein, dass wir an Positionen festhalten und nicht bei der ersten Kritik einknicken.

Meine eigene Familie ist groß und weit verzweigt. Wir sind zwölf Cousinen und Cousins – alle Enkel einer Großmutter. Meine Mutter hat zehn Enkelkinder und inzwischen vier Urenkel. Eine meiner Cousinen hat neun Kinder und 37 Enkel! Sehr nah war ich in den vergangenen 30 Jahren einem Cousin meiner Mutter und seiner großen Familie von fünf Kindern und elf Enkeln. Mit einer meiner Cousinen war ich kürzlich in Berlin zum Frühstück verabredet, und es war sehr vergnüglich, darüber zu reden, wer sich an was und an wen und an welche Ereignisse erinnert, und zu versuchen, einen Überblick darüber zu schaffen, wer eigentlich wo ist und was tut. Vielfältig, manchmal spannungsvoll, nicht immer nachvollziehbar. Uff, aber es ist Familie!

Jesus weist, so erzählt es das Matthäusevangelium, einmal seine Geburtsfamilie zurück, indem er auf Freundinnen und Freunde verweist:

Und es kamen seine Mutter und seine Brüder und standen draußen, schickten zu ihm und ließen ihn rufen. Und das Volk saß um ihn. Und sie sprachen zu ihm: Siehe, deine Mutter und deine Brüder und deine Schwestern draußen fragen nach dir. Und er antwortete ihnen und sprach: Wer ist meine Mutter und meine Brüder? Und er sah ringsum auf die, die um ihn im Kreise saßen, und sprach: Siehe, das ist meine Mutter und das sind meine Brüder! Denn wer Gottes Willen tut, der ist mein Bruder und meine Schwester und meine Mutter.

(Mk 3,31–35)

Als Mutter fand ich diese Bibelstelle manchmal sehr hart. Sicher, es gibt Phasen der Auseinandersetzung, auch Zeiten, in denen Abstand notwendig ist. Und doch zeigt sich: „Blut ist dicker als Wasser", wie ein altes Sprichwort sagt. Natürlich können sich Familien auf entsetzliche Weise zerstreiten. Aber wesentlich häufiger halten sie auch über Differenzen hinweg zusammen. Sie ringen darum, Erinnerungen zu heilen, Konflikte zu bewältigen, Zukunft möglich zu machen, füreinander einzustehen. Und ohne Großeltern wüsste so manche junge Familie nicht ein noch aus.

(Ehe-)Paare

Ich beneide Paare, die ein Leben lang zusammenbleiben. Das ist der Wunsch der meisten Menschen, denke ich: einen Partner oder eine Partnerin zu finden, mit dem oder der ich so vertraut werde, dass ich die Höhen und die Tiefen des Lebens miteinander bestehen kann. Wer das erleben darf, kann nur dankbar sein. Ich habe in den mehr als zehn Jahren als Landesbischöfin vielen

Paaren mit einer Urkunde zur goldenen, diamantenen oder eisernen Hochzeit gratuliert. Es ist doch nicht so, als gäbe es das nicht mehr! Und wie schön ist es für Kinder und Enkel, wenn die Eltern beieinander sind, wenn sie die Großeltern gemeinsam besuchen können. Wir können Paare nur ermutigen, die Höhen und Tiefen durchzustehen, sich nicht vorschnell abzuwenden und der Versuchung zu widerstehen, die meint, mit einem anderen Mann, einer anderen Frau oder auch allein ein besseres Leben, eine tiefere Liebe zu finden. Es geht um Vertrauen zueinander, das auch Differenzen bewältigt, ja, sogar einen Vertrauensbruch überstehen kann. Liebe erweist sich doch nicht in guten Zeiten, das wäre allzu einfach. In schweren Tagen bewährt sie sich, in Zeiten der Auseinandersetzung, der Entfremdung, der Differenz und der Verletzung. Der christliche Glaube kann Paare ermutigen, weil er von Scheitern und Versagen weiß, von der Möglichkeit von Vergebung und Neuanfang, ja, auch von der Kraft des Gebets!

Manchmal finde ich merkwürdig, wie lange Paare zögern, bevor sie heiraten. Da leben sie schon acht Jahre zusammen in einer Wohnung, haben gemeinsam Küche und Möbel angeschafft und entschließen sich dann zum Eheversprechen. Hier haben sich die Verhältnisse wirklich innerhalb weniger Jahrzehnte umgekehrt. Es stellt sich die Frage: Wie lange will ich eigentlich testen, bevor ich „sicher" bin? Zum anderen: Welche Veränderung bringt denn die Hochzeit noch mit sich? Eigentlich seid ihr doch schon eine Art „altes Ehepaar"! Geht es hier um die Angst vor Verbindlichkeit, die eine Ehe als öffentlicher Schritt bedeutet? Wir stehen vor Staat und Kirche, vor der Gesellschaft und der versammelten Gemeinde zueinander.

Aber eine Heirat gibt der Liebe keinen „Kick". Es geht darum, die „Gezeiten der Liebe" auszuhalten, einen Begriff, den Anne Morrow Lindbergh geprägt hat. Sie schreibt: „Wenn man jemanden liebt, so liebt man ihn nicht die ganze Zeit, nicht Stunde um

Stunde auf die gleiche Weise. Das ist unmöglich. Es wäre sogar eine Lüge, wollte man diesen Eindruck erwecken. Und doch ist es genau das, was die meisten von uns fordern. Wir haben so wenig Vertrauen in die Gezeiten des Lebens, der Liebe, der Beziehungen. Wir jubeln der steigenden Flut entgegen und wehren uns erschrocken gegen die Ebbe. Wir haben Angst, sie würde nie zurückkehren. Wir verlangen Beständigkeit, Haltbarkeit und Fortdauer; und die einzig mögliche Fortdauer des Lebens wie der Liebe liegt im Wachstum, im täglichen Auf und Ab – in der Freiheit; einer Freiheit im Sinne von Tänzern, die sich kaum berühren und doch Partner in der gleichen Bewegung sind."[VI]

Eine schöne Beschreibung! Ein bisschen kitschig vielleicht, aber sie ermutigt, Veränderungen auszuhalten. Im Partner oder in der Partnerin nicht permanent die Quelle des eigenen Lebensglücks zu suchen. Auszuhalten, dass es Zeiten der Ebbe gibt, und wissen, dass die Flut wiederkommt. Das kann schmerzhaft sein, Kraft und Tränen kosten, aber es lohnt sich. Ich persönlich beneide Paare, deren Ehe die Gezeiten übersteht.

Und doch sind Ehen und Beziehungen insgesamt anfälliger geworden für Trennungsfragen. Es gibt viele Gründe dafür: Die Menschen werden älter, die Angst vor Existenznot wird geringer – vor allem, weil viele Frauen ein eigenes Einkommen haben –, und die Diskriminierung, als „geschieden" zu gelten, ist nahezu getilgt. Dennoch tut Trennung weh. Ich denke, vor diesem Hintergrund erweist sich das sechste Gebot – „Du sollst nicht ehebrechen" – als gute und heilsame Wegweisung. Auch heute ist Ehebruch Vertrauensbruch und somit keine Lappalie, sondern stürzt Paare, ihre Kinder, ihr Umfeld in tiefe Auseinandersetzungen und Verletzungen. „Treue" erscheint manchen im Zeitalter von „Freundschaft plus" als veralteter Begriff. Aber Treue hat zuallererst mit Vertrauen zu tun und erst an zweiter Stelle mit Sexualität. Wenn zwei Menschen einander vertrauen, bereit sind, Tiefen und Höhen zu teilen, ist das eine gewichtige Lebensentscheidung. Das ist doch auch der Grund, warum uns eine Trauung mit dem Versprechen, einander zu lieben und zu ehren, bis der Tod uns scheidet, so bewegt! Wenn zwei Menschen das einander zusagen, bin ich auch als Pfarrerin berührt. Sie mögen an diesem Versprechen scheitern, wie wir an so vielem scheitern. Aber sie sind entschlossen, gewillt, für den Rest ihres Lebens zueinanderzuhalten, und das allein zählt. Das verdient allen Respekt und alle Unterstützung.

Kinder

Zuallererst geht es um Paare, die Kraft brauchen, zueinanderzustehen und die „Gezeiten der Liebe" durchzustehen. Auch zu realisieren, dass sie sich verändern werden, je einzeln als Personen, aber auch im Miteinander. Ebenso wichtig sind Kinder, die verlässliche Strukturen brauchen. Am besten und schönsten ist es für Kinder ganz gewiss, mit beiden Eltern aufzuwachsen und zu spüren: „Ich bin erwünscht, wir halten zusammen." Aber auch wo die Beziehung der Eltern zerbricht, ist doch entscheidend: „Sie hassen sich nicht, sie wollen beide mein Bestes!" Paare mögen ihre Beziehung beenden, aber sie bleiben Eltern (wenn sie denn Kinder haben). Ich finde es entsetzlich, wenn Menschen, die sich einst geliebt haben, das alles vergessen und ihre Verletzungen auf ein Kind übertragen!

Wenn es zu einer Trennung kommt, was auch immer die Gründe sein mögen, geht es darum, sich in Würde und gegenseitigem Respekt zu trennen. Als Landesbischöfin habe ich einmal vorgeschlagen, eine Art Scheidungsritual zu ermöglichen. Diese Anregung wurde schnell verrissen und gern missverstanden, nach dem Motto: Bischöfin will Scheidungen segnen. Mir ging es um etwas anderes: Wenn der Gottesdienst der Ort ist, an dem Menschen sich zusagen, ein Leben lang zueinanderzustehen, sollte es auch einen kirchlichen Ort geben, an dem sie sich gegenseitig eingestehen: „Wir beide sind daran gescheitert. Vor Gott haben wir dieses Versprechen gegeben und vor Gott wollen wir das Scheitern bringen." Ich denke immer noch, es könnte heilsam sein, so etwas zu tun. Das könnte helfen, die Verletzungen zu heilen, die in jeder Trennung entstehen, so gut diese auch bewältigt werden mag. Es gibt schlicht Schmerz, Trauer, Tränen, die nicht einfach wegrationalisiert werden können.

Die Liebe zu meinen Töchtern ist die größte, die ich empfinden kann. Eigene Kinder zu haben hat mich emotional immer überwältigt. Dabei will ich nicht infrage stellen, dass auch Menschen ohne eigene Kinder lieben können! Das habe ich oft gesehen und erlebt. Aber trotzdem bleibt die Liebe zum eigenen Kind ein besonderes Gefühl.

Verwandtschaft endet nicht. Deshalb kann ich nicht begreifen, dass sich Eltern und Kinder, Geschwister untereinander derart zerstreiten. Es tut gut, Familie zu haben. Und Familie hat jeder, weil wir alle Eltern haben. Ganz gleich wie viele „Uffs" wir setzen mögen: Es bleibt meine Familie.

Freundschaft

Was für Paare gilt, das gilt in vieler Hinsicht auch für Freundschaften. Oft, so meine ich, werden Freundschaften unterbewertet. In Zeiten von Facebook und anderen sozialen Netzwerken wird der Begriff „Freundschaft" geradezu leichtfertig benutzt. Mir aber bedeutet Freundschaft neben der Familie viel. Meine beste Freundin kenne ich seit 26 Jahren. Damals war ich Pfarrfrau, hatte gerade Zwillinge bekommen, und sie lud mich auf dem Dorf zu einem kleinen Familienfest ein. Wir haben in den folgenden Jahren viele Feste gefeiert. Ich habe ihre zweite Tochter getauft, sie wurde Patentante meiner vierten Tochter, wir sind in Urlaub gefahren, haben miteinander Silvester gefeiert, ich habe ihren Mann beerdigt, sie ist gekommen, als mein Rücktritt anstand: Freud und

Leid, Höhen und Tiefen im wahrsten Sinne des Wortes. Durch solche Erfahrungen können Freunde uns manchmal näher kommen als die Familie. Meine Freundin und ihre Töchter sind daher für mich Teil der Familie.

Ich habe aber auch erlebt, dass Freundschaften enden. Weil Verletzungen zu tief gehen oder Missverständnisse zu sehr schmerzen. Etwa wenn die eine meint, die andere sei zu dominant mit ihren Lebensdramen. Oder wenn Kinderhaben und Kinderlosigkeit zu extrem unterschiedlichen Lebensentwürfen führen. Und gleichzeitig will ich ein Lob der Freundschaft singen! Wie karg wäre das Leben ohne Freundschaften! Großartig finde ich auch, wie neue Freundschaft wachsen kann an neuem Ort, manchmal völlig unerwartet. Da ist auf einmal eine Person, der ich spontan vertraue und mein Herz ausschütte – und mein Vertrauen wird nicht enttäuscht. Das ist doch das Wagnis: mich öffnen, ohne Angst haben zu müssen, dass das Gesagte weitergetratscht, gar öffentlich gemacht wird. Beziehungen sind immer das Wagnis von Vertrauen. Ich möchte es weiter wagen können, auch wenn ich enttäuscht worden bin.

Freundschaft ist keinesfalls etwas so Oberflächliches, wie Facebook vermuten lässt, wo viele Hunderte von „Freunden" haben. In den Jahren, in denen ich mich intensiv für meine Doktorarbeit mit der ökumenischen Bewegung befasst habe, wurde mir klar, dass die Freundschaften der ersten Ökumeniker – George Bell, Willem Visser'tHooft, Dietrich Bonhoeffer, Nathan Söderblom – viele der nationalen und konfessionellen Konflikte überwinden halfen. Oft scheint eine Art „Theologie der Freundschaft" mehr Grenzen zu überwinden als lange Diskussionen und Traktate, weil Menschen einander schlicht mögen und es wagen, einander zu vertrauen.

Seit 1983 bin ich mit einer Amerikanerin befreundet. Wir haben uns kennengelernt, als ich Jugenddelegierte der EKD bei der Vollversammlung des Ökumenischen Rates der Kirchen in Vancouver war. Sie war 1975 Jugenddelegierte ihrer Methodistischen Kirche der USA in Nairobi gewesen und in gewisser Weise meine Vorgängerin. Als 1991 in Canberra die Frage anstand, ob ich mich in den Exekutivausschuss des Ökumenischen Rates wählen lassen und von ihr den Vorsitz der Kommission für Gerechtigkeit, Frieden und Bewahrung der Schöpfung übernehmen würde, stand sie mir entscheidend bei. Ich hatte große Zweifel, da ich mit dem vierten Kind schwanger war. Das würde einer Wahl entgegenstehen, dachte ich. Doch Jan sagte: „Who should know?" – wen geht es etwas an?

Wir sind Freundinnen über fast dreißig Jahre hinweg. Am Tag nach meinem Rücktritt als Ratsvorsitzende der EKD rief sie mich an und sagte: „Margot, now is the time to come to Georgia!" Sie war inzwischen Dekanin der Theologischen Fakultät der Emory-Universität in Atlanta und gab mir die Möglichkeit, dort vier Monate zu lernen, zu lehren und Abstand zu gewinnen. Es war eine gute Zeit und ein gutes Miteinander.

Single

Beklagt wird heute zunehmend die sogenannte Single-Gesellschaft. Aber wer allein lebt, muss weder einsam noch beziehungslos sein! Ich finde es schwierig, wenn eine Hierarchie von sinnvollen Lebensentwürfen vorgegeben wird. Da muss jeder einen Partner, eine Partnerin finden, um glücklich zu sein. Wie viele Paare aber sind unglücklich! Und wie anstrengend sind Partnersuchen bei Agenturen wie „parship" oder „elitepartner.de"! Da treffen sich zwei Menschen nicht spontan und können deshalb nicht unbefangen erleben, wie sie sich gegenseitig wahrnehmen, sondern stehen schon beim ersten Treffen unter dem Druck:

Könnte der andere oder die andere „passend" sein für eine ernsthafte Beziehung? Das ist nur belastend, denke ich.

Homosexuelle Beziehungen

In den Kirchen wird immer wieder heftig diskutiert, was es bedeutet, dass es ganz offensichtlich Menschen gibt, die gleichgeschlechtlich lieben. Als ich 1999 zur Bischöfin gewählt wurde, war ich sofort konfrontiert mit der Frage, wie ich zum Thema „Homosexualität" stünde. Das war eine heftige Herausforderung, weil es zuallererst nicht um Menschen und ihr Leben ging, sondern um den Schlagabtausch zwischen „richtig" und „falsch". Ich erinnere mich, dass ich gebeten wurde, zu einem Treffen zu kommen; ich würde abgeholt, es gehe um schwierige Themen. Am Ende stellte sich heraus, dass es um Mitarbeiterinnen der Landeskirche ging, die in lesbischen Partnerschaften lebten, aber allergrößte Angst hatten, das könne publik werden. Keine wollte mir ihren Namen nennen. Mich hat das unruhig gemacht: Darf es denn solche Angst geben in der Kirche? Wer will denn urteilen über die Liebe eines Menschen?

Später gab es einen runden Tisch, an dem alle offiziellen Gremien der Landeskirche vertreten waren und ebenso Vertreter der Gemeinschaften, die aus ihrem Bibelverständnis heraus homosexuelle Liebe ablehnen, aber auch Menschen, die selbst homosexuell lieben. Es wurde kein Konsens gefunden. Aber die Beteiligten gelangten am Ende zu der Position: Wir achten einander als Christen, auch wenn wir verschiedener Auffassung sind. Das hielt ich für eine gut protestantische Position. Seit 2010 gibt es ein Pfarrerdienstrecht der EKD, das dies offiziell ermöglicht.

Deutlich ist: Alles sieht immer ganz anders aus, wenn es nicht um den Schlagabtausch mit Bibelzitaten geht, sondern um konkrete Menschen. Ich denke an einen Pfarrer, der darum bat, seine Lebenspartnerschaft eintragen und mit seinem Partner im

Pfarrhaus leben zu dürfen. Es gab mancherlei Bedenken, vor allem, weil es um eine sehr ländliche Region ging. Aber der Kirchenvorstand stellte sich geschlossen hinter den Pastor und sagte, das sei doch allen schon lange klar. Sie begleiteten ihren Pastor gemeinsam mit seinem Partner zum Standesamt und feierten die Eintragung der Lebenspartnerschaft. Mehr als Ja und Amen heißt auch: nicht alles von oben herab regeln, sondern den Menschen sehen! Hinschauen, wer da ist, und nicht urteilen, was zu sein hat. Bischof Desmond Tutu hat das in aller Freiheit immer wieder gesagt, und das war besonders mutig und gewichtig im afrikanischen Kontext, in dem die Kirchen die Politik dabei unterstützen, Homosexualität mit rigoroser Härte zu ahnden: Warum sollte Gott Menschen nicht lieben, die homosexuell lieben?

Sexualität

Das Thema „Sexualität" ist in den Kirchen immer wieder nur mühsam zu besprechen. Die letzte offizielle Äußerung der EKD hierzu stammt aus dem Jahr 1971! Mir ist wichtig, dass wir theologisch argumentieren. Isolde Karle hat das für mich am überzeugendsten getan. Die praktische Theologin aus Bochum sieht im Christentum eine Überwindung der Geschlechterdifferenz[60]. Paulus schreibt an die Galater: *„Denn ihr seid alle durch den Glauben Gottes Kinder in Christus Jesus. Denn ihr alle, die ihr auf Christus getauft seid, habt Christus angezogen. Hier ist nicht Jude noch Grieche, hier ist nicht Sklave noch Freier, hier ist nicht Mann noch Frau; denn ihr seid allesamt einer in Christus Jesus"* (3,26–28).

Es geht in allen Beziehungen um Respekt. Begegnung auf Augenhöhe, gegenseitiges Einvernehmen sind die Grundlagen einer sexuellen Beziehung, darauf kommt es entscheidend an. Wo Gewalt, Erniedrigung, Demütigung vorherrschen, kann von Liebe

---

60 Vgl. Isolde Karle, Da ist nicht mehr Mann noch Frau ... Theologie jenseits der Geschlechterdifferenz, Gütersloh 2006.

und sinnvoller Beziehung keine Rede sein. Wo zwei nicht aneinander wachsen, sondern sich gegenseitig oder einseitig kleinmachen, sehe ich Gottes Segen nicht am Werk. Zu wünschen ist, dass Menschen zueinanderstehen, den Mut haben, Ja zueinander zu sagen. Ich habe Paare kennengelernt, bei denen ich nicht verstanden habe, warum sie sich trennen, denen ich mehr Ausdauer gewünscht hätte, um ihre Verbindung zu kämpfen. Aber ich habe auch Paare erlebt, bei denen offensichtlich war, dass ihnen der gegenseitige Respekt abhandengekommen war und eine Trennung lebensdienlicher wäre als ein Zusammenleben unter dem Druck gesellschaftlicher oder familiärer Erwartungen.

Prostitution

Die Koalition hat sich im Februar 2016 endlich auf ein neues Prostitutionsgesetz geeinigt. Das gut gemeinte Gesetz von 2002, das Prostituierte zu selbstständigen Sexarbeiterinnen erklärte, hat dazu geführt, dass es heute 44 sozialversicherte Prostituierte gibt, aber eine Kontrolle der Bordelle und der Schutz der Frauen auf der Strecke bleiben. Deutschland gilt als Bordell Europas.

Die Gewerkschaft ver.di geht von 400 000 Frauen aus, die in Deutschland als Prostituierte jeden Tag mehr als eine Million Freier „bedienen". Mehr als zwei Drittel der meist jungen Frauen sind Ausländerinnen. Die Umsätze der deutschen Sexindustrie werden auf 14 Milliarden Euro geschätzt! Es heißt: „Je jünger die Frauen, desto besser für die Zuhälter". Deshalb solle im neuen Gesetz eine Altersgrenze von 21 Jahren eingeführt werden. Das ist doch das Mindeste, denke ich. Andere meinen: Dann werde es schlimmer, jüngere Frauen würden dann unter noch schrecklicheren Bedingungen gezwungen anzuschaffen.

Immer mehr „Flatrate-Bordelle" öffnen. Das bedeutet: Ein Mann zahlt einmal Eintritt und kann mit so vielen Frauen Sexualkontakt haben, wie er will. Viele Männer nehmen Viagra, um voll auf ihre Kosten zu kommen, und beschweren sich, dass die Frauen nicht lang genug durchhalten. In der Elendsprostitution fordern Männer Sex ohne Kondom – gegen jede Vernunft!

Sicher, Prostitution hat es immer gegeben, weil Frauen in verzweifelten Lagen nicht wissen, wie sie sonst für sich und ihre Familien sorgen sollen. Aber könnten wir nicht endlich zu freien Beziehungen von Männern und Frauen kommen? Die evangelische Kirche sagt: „Sexualität ist eine gute Gabe Gottes". Aber sie sagt auch, es geht um die drei Vs: Verantwortung, Verlässlichkeit, Vertrauen. Da sollten zwei Menschen sich auf Augenhöhe begegnen und nicht auf Eurobasis.

Ich respektiere Frauen, die als Prostituierte arbeiten. Sie haben auch mein Mitgefühl, wenn ich sie so stehen sehe, fast unbekleidet wartend in Wind und Wetter. Und ich frage mich, was das für Männer sind, die für Sex bezahlen und dabei Frauen demütigen.

Mir geht es darum, die Frauen zu stärken, die in der Sexindustrie geschändet werden, ohne Rechte, ohne jemanden, der für sie eintritt. Und das Mindeste, das wir von Freiern erwarten sollten, ist: Wenn eine Frau Angst zeigt, kein Deutsch spricht, offensichtlich minderjährig ist, Zeichen von Gewalt durch blaue Flecken zu sehen sind, müssen sie das anzeigen! Da geht es nicht um Spaß, sondern um pure Gewalt. Und dagegen müssen wir alle vorgehen! Um Details mag gerungen werden. Der Schutz der Frauen aber ist in diesem Fall das erste Gebot.

Mut zur Beziehung

Es geht um Verbindlichkeit! Dieses „anything goes" – „Alles ist möglich" – macht Menschen einsam. Sicher, die Zusage einer Ehe, einer Freundschaft, der Mut zu Kindern, zu einer Partnerschaft, sie binden uns. Aber sie entlasten uns auch, weil sie unserem

261

Leben einen Rahmen geben, auf den wir uns verlassen können. Weil sie uns Halt geben in den Stürmen des Lebens. Manchmal habe ich den Eindruck, dass viele in unserer Gesellschaft vor Verbindlichkeit davonlaufen. Allzu oft wird in Karriere, Status, Aussehen investiert. Und in Ablenkung: Eine Studie hat ergeben, dass jeder Deutsche in seinem Leben durchschnittlich 27 000 Euro für Partys ausgibt, zweimal im Monat ausgiebig feiert. 58 Prozent derer, die ausgehen, investieren bis zu 50 Euro pro Nacht, 12 Prozent mehr als 100 Euro ...

Aber auch Beziehungen brauchen Investitionen. Und am Ende sind es die Beziehungen – Ehe, Freundschaft, Partnerschaft, Menschen, die dir etwas bedeuten –, die dich wirklich tragen. Ich habe das persönlich gespürt, als an dem Tag, an dem sozusagen mein ganzes bisheriges berufliches Leben mit meinem Rücktritt zusammenbrach, in der ersten Reihe meine vier Töchter und meine beste Freundin mit ihrer Tochter saßen. Das war der Halt, den ich brauchte und der weiter getragen hat als alles, was beruflich so wichtig für mich war.

Die Frage ist, ob Menschen den Mut haben, in Beziehungen, Familie, Freundschaft zu investieren. Allzu viele laufen davor weg. Liebe zu Kindern, Liebe in der Ehe, Liebe als Paar, Freundschaft – es geht doch darum, in unserer mobilen, heterogenen, vielfältigen Welt verlässliche Bindungen zu schaffen! Es geht darum, dass wir anderen vertrauen können, dass wir wissen: Wenn ich Beistand brauche, bist du da! Für mich sind Familie, Liebe und Freundschaft Grundelemente einer Lebenszusage. Ich existiere nicht einsam in einem abgeschotteten Lebensraum, sondern ich lebe in Beziehungen, die mich tragen und halten in guten und in schweren Tagen. Und ich werde alles tun, um dieses Vertrauen zurückzugeben in guten und in schlechten Zeiten.

10. Das ist unser Land

Ein Freund hat mich einmal damit aufgezogen, dass ich gesagt habe, ich müsste eigentlich nicht in Urlaub fahren, weil es doch in Deutschland so schön ist. Allerdings bin ich oft und viel in andere Länder in Urlaub gefahren, wenn die Familienkasse das möglich machte. Vor allem in Frankreich war ich viele Male mit meinen Kindern. Für den Ökumenischen Rat der Kirchen durfte ich viele Länder bereisen, zu Konferenzen und um Partnerkirchen zu besuchen. Ich denke da an Erfahrungen, die ich in Bolivien, Chile, Brasilien und Argentinien, in Simbabwe, Südafrika und Kenia, in Nord- und Südkorea, China und Indonesien sammeln konnte. Ich bin meiner Kirche dankbar für diese Chance der Horizonterweiterung.

Irritationen

Dennoch hatte ich nie Fernweh. Ich bin dankbar, als Frau nach 1945 in Westdeutschland geboren zu sein, mit all den Freiheiten und Entwicklungschancen, die mir das eröffnet. Ein paarmal war ich aber irritiert, als ich von außen einen Blick auf unser Land werfen konnte:

1974 kam ich zu einem Schuljahr, für das ich ein Stipendium gewonnen hatte, an ein Internat in den USA. Im Fernsehen lief die Serie „Hogan's Heroes", in der clevere amerikanische Soldaten tumbe, fette Nazis überlisteten, und ich wurde als „Kraut" bezeichnet. Ich traf Jüdinnen und Juden, die mich nach meiner Haltung zum Holocaust befragten. Ich war 16 und musste eine eigene Haltung zur Nazi-Vergangenheit meines Landes finden. Gleichzeitig wurde deutlich: Jedes Land muss die eigene Geschichte kritisch beleuchten, was etwa in den USA gar nicht so einfach ist.

In jenem Jahr endete der Vietnamkrieg, und ich habe erlebt, wie schwer es war, darüber überhaupt zu diskutieren. 1978 war ich zum ersten Mal in Yad Vashem, der Holocaustgedenkstätte in Jerusalem. Ich war abgrundtief beschämt. Als eine andere Gruppe an uns vorbeiging, habe ich englisch gesprochen. Nach 60 Jahren christlich-jüdischem Dialog kann ich offen zu dieser Geschichte stehen. Ich schäme mich für die Geschichte meines Landes, aber sie ist Teil meiner Geschichte. Die Opfer wurden und werden gehört. Die Täternation hat Schuld bekannt und sich zu ihrer Verantwortung gestellt. Nur so kann Versöhnung in Gang kommen. Aber sie braucht Zeit, Engagement und Geduld auf allen Seiten.

Die „Woche der Brüderlichkeit" dient seit 1952 dem jüdisch-christlichen Dialog sowie der Erinnerung an den Holocaust. Nun werden manche denken: Ist das denn noch nötig? Ist nicht alles gesagt zum Mord an den Juden in der Zeit des Nationalsozialismus? Gewiss, Deutschland, auch die Kirchen in unserem Land haben sich mit ihrer Schuld auseinandergesetzt. Aber wie gründlich kann das gewesen sein, wenn noch immer und schnell Vorurteilen Raum gegeben wird? Erst neulich habe ich gehört, die Banken seien doch alle in jüdischer Hand und die sogenannte „Lügenpresse" auch. Und es gibt vermehrt Vorfälle, die Angst machen: Schändung jüdischer Friedhöfe, Schmierereien an Synagogen, Angriffe auf Männer, die eine Kippa tragen.

Es gibt keine Normalität für Menschen jüdischen Glaubens in Deutschland, solange ihre Einrichtungen von Polizisten bewacht werden müssen. Oft sehe ich das in Berlin und denke: Haben wir denn wirklich nichts gelernt? Beschämend ist das!

Ja, ich weiß, auch Martin Luther war Antijudaist, im heutigen Sinne würden wir sogar sagen, er war Antisemit. Das heißt, er hat Juden nicht nur abgelehnt, weil sie Jesus nicht als Messias sehen, sondern auch rassistische Vorurteile gehabt. Aber unsere Kirche hat ihr Versagen erkannt. Erst letzten November hat sich die Synode der Evangelischen Kirche in Deutschland von Luthers „Judenschriften" klar distanziert.

Ich wünsche mir, dass Jüdinnen und Juden sich in unserem Land frei bewegen können und sich sicher fühlen. Dass ein Mann unbehelligt eine Kippa tragen kann und Synagogen keine Bewachung brauchen. Ob der Antisemitismus politisch von rechts oder links kommt, ob von hier aufgewachsenen Deutschen oder von Flüchtlingen oder Islamisten, er darf keinen Raum bekommen. Das anzumahnen steht heute auf der Tagesordnung – leider noch immer.

Zu ihrem 75. Geburtstag habe ich meine Mutter 1997 eingeladen, in ihre alte Heimat nach Hinterpommern zu fahren. Sie war seit 1945 nicht dort gewesen. Ich selbst war überrascht, wie nah das war – keine drei Stunden von Berlin! Wir mussten die richtige Abzweigung erst finden, weil der polnische Name so anders klang.

Die polnische Familie, die heute im Haus meiner Großeltern lebt, hat uns sehr freundlich eingeladen hereinzukommen. Meine Mutter war gerührt, den alten Kachelofen noch wieder zu sehen, an dem sie als Kind so oft gesessen hatte. Vor allem aber erkannte sie die Bäume wieder, die ihre Kindheit geprägt hatten. Da war der Weg in den Pilzwald, da die kleine Straße zum Bahnhof, zu dem sie geradelt waren, um den Zug nach Köslin zur Schule zu erreichen. Am Ende sagte sie: „Das war schön, aber Heimat ist doch heute woanders!"

Was eigentlich ist Heimat? Ist es der Ort, an dem ich geboren bin, der Ort, an dem ich derzeit lebe, meine Kultur, das Land in dem ich aufwachse? Es ist gut zu fragen, wo ich verwurzelt bin. In jedem Menschen steckt so eine Sehnsucht nach Beheimatung, denke ich. Und meist spüren wir auch, wie wichtig es ist, eine solche Verwurzelung zu haben. Zunächst tief in mir selbst zu wissen, wer ich bin, was mich antreibt im Leben und wo ich Halt finde. Zum anderen aber auch mich mit anderen zu beheimaten, Menschen zu wissen, die mich lieben, ohne Vorbehalt. Menschen, von denen ich mich angenommen weiß und die mir Heimat bieten in den Stürmen des Lebens, eine offene Tür im realen oder im übertragenen Sinne.

Wo es auch sei. Vielleicht drückt das am schönsten aus, was die Erfahrungen von Heimatvertriebenen, Flüchtlingen, Auswanderern, Ausgewiesenen schildern: Heimat findest du, wenn du in dir selbst Wurzeln hast. Du musst wissen, wer du bist, wofür du stehst, woran du glaubst. Besieg deine Angst vorm Weggehen, vor Veränderung. Hab den Mut, neue Wege zu gehen. Du stehst fest, auch wenn sich alles verändert. Du nimmst deine Werte mit, deinen Glauben, deine Überzeugungen, deine Lieben, auch wenn sie nicht körperlich bei dir sind. Und so kannst du dich anlehnen wie an das Grab deiner Mutter – was für ein wunderbarer Gedanke. Du kannst dich geliebt wissen, dich selbst lieben, annehmen, wo immer du zu Hause bist, weil du Heimat kennst.

Stolz darf sein

Ich bin stolz darauf, dass sich in Deutschland eine stabile Demokratie entwickelt hat – und dass es gerade die Kirchen in der DDR waren, die den Ruf „Keine Gewalt!" aus den Kirchen hinaus auf die Straßen von Leipzig, Dresden und Ostberlin getragen haben. Dass die Vereinigung der beiden deutschen Staaten 1989 trotz aller Schwierigkeiten insgesamt gelungen ist. Auch wenn es Verletzungen und Kränkungen gab, vor allem auf ostdeutscher Seite: Es ist fast ein Wunder, dass nach so vielen Jahren der gewaltsamen Trennung in zwei Staaten ein Wir-Gefühl wächst. Als wir vor einiger Zeit des 25-jährigen Jubiläums des Mauerfalls gedachten, haben sich die meisten, die 1989 bewusst erlebt haben, erinnert, wo wir waren damals, als wir mit offenem Mund staunten und dachten: Das kann doch nicht wahr sein!

Spannungen hin oder her. Allein in Berlin waren Hunderttausende dabei, als der Jahrestag gefeiert wurde. 8000 illuminierte Ballons markierten in der Stadt eine über 15 Kilometer lange „Lichtgrenze" entlang Bornholmer Straße, Brandenburger Tor, Checkpoint Charlie bis zur Oberbaumbrücke. Das erinnerte auch an die Kerzen, mit denen vor 25 Jahren Hunderttausende auf die Straßen gingen in Leipzig, Dresden und Ostberlin.

Bei allen notwendigen und wichtigen Auseinandersetzungen um Eurokrise und Hartz-IV-Sätze gibt es bei uns ein funktionierendes Rechtssystem, auf das sich Menschen verlassen können. Wenn wir allein nach Russland, geschweige denn in den Rest der Welt blicken, dann stellen wir fest, dass das schon viel ist! Zudem: Niemand fällt hier ganz und gar aus der Grundversorgung heraus, die ein Mensch zum Leben braucht. Es gibt eine soziale Absicherung, auch wenn wir darüber streiten können, ob sie ausreicht. Auch das ist viel, wenn wir allein in die USA, geschweige denn in den Rest der Welt schauen! Dafür, dass jedes Kind zur Schule gehen und jeder Mensch ein Krankenhaus aufsuchen kann und alle Obdach haben, zahle ich auch gern Steuern. Und ich bin dankbar, dass sich niemand, der reicher ist als andere, mit Stacheldrahtzaun, Kameras und Wächtern vor möglichen Überfällen abschotten muss. Manchmal fehlt in unserem Land eine unbefangene Freude an dieser Realität.

Wenn wir die Geschichte unseres Landes sehen, mahnt sie uns mit Blick auf aktuelle Missstände wie Kinder- und Altersarmut oder Asylsituation. Aber wir können auch stolz darauf sein, wie sich Demokratie und Miteinander entwickelt haben.

Teil einer Gemeinschaft

Gegenüber all der Empörung darüber, was wir Deutschen alles zu leisten hätten für andere, ärmere europäische Länder (ich erinnere an die Griechenlanddebatte) oder Flüchtlinge aus Syrien und Afghanistan, müsste sich eine Welle der Dankbarkeit erheben. Unser Land hat tiefe Schuld auf sich geladen. Es hat im letzten Jahrhundert Europa mit zwei entsetzlichen Kriegen überzogen, lag am Ende selbst buchstäblich in Trümmern und hat durch die Großzügigkeit und Weitsicht vor allem auch der US-Amerikaner eine gigantische Chance bekommen. Auch 1989 wurde unserem Land eine große Chance gegeben zusammenzuwachsen. Da müssten wir doch die Allerersten sein, die daraus gelernt haben und großzügig gegenüber denjenigen Ländern sein, die heute in Europa mit heftigen Problemen wie Verschuldung und hoher Jugendarbeitslosigkeit kämpfen. Eine andere Perspektive brauchen wir! Auch hier geht es doch um eine Gemeinschaft, in der mal die einen, mal die anderen jeweils Gebende und Nehmende sind!

Was für eine Arroganz auch, sich für fleißiger zu halten als andere. Ich schätze deutschen Fleiß und deutsche Disziplin, aber ich habe wahrhaftig Menschen in Indien und in Kenia erlebt, die mehr arbeiten – sieben Tage die Woche mit hoher Disziplin und geringstem Einkommen!

Manchmal habe ich den Eindruck, wir können uns einfach nicht darüber freuen, dass aus einer von Gewalt, Krieg und Vernichtung geprägten Geschichte eine gefestigte demokratische Gesellschaft gewachsen ist. Wenn das kein Grund zum Feiern ist! „Jeder Stoß ein Franzos", wurde noch im Ersten Weltkrieg skandiert. Heute ist die Freundschaft zwischen Deutschland und Frankreich selbst durch unterschiedlichste Regierungskonstellationen nicht infrage gestellt. Das macht doch Hoffnung, wenn wir einen Blick auf viele Konfliktregionen der Welt werfen: Aus Konflikt kann

Miteinander, ja, friedliche Koexistenz, sogar freundschaftliches Miteinander wachsen. Wir könnten uns daran freuen und dem Modellcharakter zuweisen! Dass die Europäische Union den Friedensnobelpreis 2012 erhalten hat, liegt auf genau dieser Linie. Sie ist ein erstaunliches Friedensprojekt, das Hoffnung macht für Regionen dieser Erde, die unter Krieg und Bürgerkrieg leiden.

Schutz und Asyl

Wenn wir nun als Christinnen und Christen in diesem Land leben, wenn wir hier Freiheit wertschätzen und Bildung für alle möglich ist, dann haben wir auch die Pflicht, uns für den Segenskreislauf der Barmherzigkeit, für Gerechtigkeit, Frieden, die Bewahrung der Schöpfung, für Kinder und Alte, für belastbare Beziehungen einzusetzen. Es geht um die Herausforderung, zunächst in unserem Land gerechte Bedingungen für möglichst alle zu schaffen, um von hier aus auch für andere einzutreten, Mut zu machen, dass ein Miteinander Verschiedener trotz aller Differenzen gelingen kann.

Fassungslos sehen wir die Bilder von Menschen, die bei uns Zuflucht suchen. Sie haben nur ihre Kleidung am Leib, tragen ihre völlig erschöpften Kinder in Richtung Sicherheit. Ja, wir wollen ihnen beistehen!

Vermehrt wird endlich die Frage nach Fluchtursachen gestellt. Und auch die haben mit uns zu tun! Nur drei Beispiele: Da ist der Krieg in Syrien. Was geht uns der grausame Diktator Assad an oder die Terroristen, die sich „Islamischer Staat" nennen? Noch 2001 wurde Assad als Staatsgast mit militärischen Ehren in Deutschland empfangen. Heute wird er von Russland und dem Iran unterstützt. Aber auch die USA haben Interessen im Konflikt, ebenso Saudi-Arabien. Experten sagen, in Syrien finde ein Stellvertreterkrieg statt. Wo bleibt die massive Diplomatie, die alle an einen Tisch ruft, damit endlich Frieden wachsen kann? Viele der Flüchtlinge, die jetzt zu uns kommen, leben schon seit Jahren in Lagern, etwa im Libanon. Sie hofften, bald heimkehren zu können. Es braucht einen großen diplomatischen Kraftakt, der alle Parteien an einen Tisch ruft, um den Krieg zu beenden. Deutschland könnte dazu einladen!

Wir liefern Waffen, auch in Kriegsgebiete, auch nach Saudi-Arabien. Diese Waffen werden benutzt, das ist nicht überraschend. Der Mittlere Osten ist die Region mit den höchsten Waffenimporten der Welt. Es gibt dort viel zu viele Waffen! Europa könnte sofort den Waffenexport stoppen.

Woher kommen all die Boote? Die EU zahlt nach dem Motto „Cash for Fish" jedes Jahr Millionenbeträge, damit europäische Fangflotten vor der Küste Afrikas fischen dürfen. Die einheimischen Fischer können mit ihren kleinen Booten gegenüber den riesigen Trawlern, ihre Existenz nicht sichern. Und so geben sie die Boote Schleusern oder werden selber welche. Wenn nun diese Boote versenkt werden sollen, wird doch die Ursache nicht bekämpft. Menschen müssen ein Auskommen in ihrem Land haben, um dort leben zu können.

Bei einer Tagung im Libanon erzählte mir der deutsche Pfarrer, wie er das letzte Mal die Gemeinde in Damaskus besucht hat – ein Abschied unter Tränen. Der Pfarrer aus Aleppo erzählte ihm damals, dass er seine Kirche wieder aufbauen möchte: „Die Menschen dort brauchen doch irgendeinen Hoffnungsfunken". Er hatte mit ansehen müssen, wie fünf seiner Gemeindemitglieder von einer Bombe zerfetzt wurden. Der Mann ist traumatisiert und kennt doch Hoffnung.

Hunderttausende sind bereits im Krieg in Syrien und auf der Flucht davor gestorben. Zehntausende sind im umkämpften Aleppo eingeschlossen. Niemand weiß, wie Hilfe möglich sein soll, wenn alle Kriegsparteien nicht mal die tiefsten Gebote der Menschlichkeit beachten, nämlich Wasser und Essen zu diesen Menschen zu bringen.

Was können wir tun? Wir sind hilflos angesichts solchen Elends, das sich anscheinend immer und immer wieder wiederholt. Warum können wir das nicht verhindern? Das Mindeste, was wir tun können, ist, Flüchtlinge von dort bei uns aufnehmen. Sie brauchen Zuwendung und Liebe. Das Letzte, was sie brauchen, sind deutsche Debatten über Zuwanderung. Eine Frau aus Syrien sagte mir: „Danke, dass ihr Flüchtlinge aufnehmt in Deutschland." Offen gestanden habe ich mich geschämt. Der Libanon mit etwas mehr als vier Millionen Einwohnern hat 1,5 Millionen Flüchtlinge aus Syrien aufgenommen. Niemand, den ich getroffen habe, hat geklagt. Es war eher die Sorge da: Wie wird das im Sommer werden, können wir genug Trinkwasser in die Flüchtlingslager bringen? Was können wir tun, damit die Kinder unterrichtet werden, damit es Gesundheitsversorgung gibt?

In unserem Land mit 80 Millionen Einwohnern müssten wir rund 30 Millionen Flüchtlinge aufnehmen, wenn wir handeln würden wie der Libanon. Ja, ich weiß, was manche jetzt denken: „Geht nicht", „warum wir", „die sollen bleiben, wo sie sind", „Wirtschaftsflüchtlinge". Aber denken wir nur einmal daran, es wäre unsere Tochter in Jarmuk, unser Sohn, unser Enkelkind, die fliehen müssten. Oh ja, wir würden sie aufnehmen! Deutschland hat es nach 1945 geschafft, Millionen Flüchtlinge aus dem Osten aufzunehmen. Ich weiß sehr wohl: Das war schwer, es gab Konflikte und Auseinandersetzungen. Aber es war möglich. Es geht doch gar nicht darum, Millionen aufzunehmen, sondern darum, Menschen in Würde Zuflucht zu geben. Ich lebe gern in diesem Land. Und ich möchte stolz darauf sein, dass wir das in aller Freiheit tun, statt diese unseligen Debatten zu führen oder gar gegen Flüchtlinge zu agieren. Gut, dass es auch in Tröglitz und im ganzen Land aufrichtige Menschen mit Haltung gibt. Danke.

Vor einiger Zeit habe ich auf YouTube ein Interview mit dem Rapper Fard zur Flüchtlingsdebatte gesehen. Ganz spontan kommt beim Interview ein kleiner Junge dazu, Niklas, vier Jahre. Er wird gefragt: „Im Kindergarten, sind da auch Ausländer?" Niklas sagt: „Nein, da sind Kinder!" Das hat mich wirklich angerührt. Niklas gibt die beste Antwort überhaupt!

Wenn wir doch klar diese Antwort geben würden: Sind das Ausländer? Nein, das sind Frauen, die endlich frei leben wollen! Sind das Flüchtlinge? Nein, das sind Väter, die alles tun, um ihre Familie zu retten! Sind das Sozialschmarotzer? Nein, das sind junge Männer, die arbeiten wollen, die eine Zukunftsperspektive suchen.

Wenn ich in Syrien leben würde, ich würde alles tun, um für meine Kinder Sicherheit zu finden! Und ich würde hoffen, dass ich irgendwie über das Mittelmeer komme, um aus dem Elend herauszukommen. Oder ich würde das Geld zusammenbetteln, damit meine Kinder irgendwo auf dieser Welt eine Perspektive finden.

Es sind nur Kinder! Sie sind traumatisiert, wenn sie hier ankommen nach Krieg, Vertreibung und Flucht. Das würde ich diesen grölenden Männerhorden vor Flüchtlingslagern gern sagen: Es sind Kinder, Frauen, Männer wie du und ich.

Wenn der Kanzlerin beim Besuch der Flüchtlingsunterkunft ein Schild mit der Aufschrift „Volksverräter" entgegengehalten wird, von welchem Volk ist denn da die Rede? Ich bin gern Deutsche, aber ich möchte nicht zu einem Volk gehören, das Menschen in Not anpöbelt. Wo erwachsene Männer auf Kinder urinieren. Das völlig traumatisierte Familien mit Leuchtraketen zu Tode ängstigt. All das hatten wir schon in der Nazizeit. In der Folge hat damals das sogenannte „Deutsche Volk" nicht nur über ganz Europa, sondern auch über sich selbst nichts als Elend gebracht. Diese Pöbler beschämen unser Land in der ganzen Welt. Eigentlich mag ich nicht mit ihnen zusammenleben. Und doch werden wir mit ihnen reden müssen, damit sie wieder das werden, was sie hoffentlich doch sein wollen: Mitmenschen, mit denen es sich in einem freien Land in Frieden leben lässt. Also: Wenn Sie jemanden kennen, der bei Facebook gegen Flüchtlinge hetzt: Haben Sie den Mut und sprechen Sie ihn an! Wenn einer rumpöbelt gegen diejenigen, die Schutz und Zukunft für ihre Kinder suchen, müssen wir etwas dagegen unternehmen!

Ich weiß, wir können nicht die ganze Welt retten. Aber wir können Flüchtlingen offen und freundlich begegnen. Das ist das Mindeste!

Es geht darum, dass alle in Würde leben können. Jeder Mensch hat das Recht, zumindest die Grundbedürfnisse befriedigen zu können. Gerade erst hat das Bundesverfassungsgericht gerügt, dass sogenannte Asylbewerberinnen und -bewerber ein Drittel weniger Leistung als der „Hartz-IV-Satz" erhalten. Der aber gilt als Existenzminimum. Das Asylbewerberleistungsgesetz sieht außerdem vor, dass die Unterstützung möglichst durch Sachleistungen wie Essenspakete und Gutscheine erfolgt. Dazu gibt es ein „Taschengeld" von 40 Euro, eine Summe, die seit 1993 nicht erhöht wurde. Das soll Menschen abschrecken, nach Deutschland zu kommen. Unsere Verfassung aber sagt politisch Verfolgten Schutz und Asyl zu und jedem Menschen Würde. Dafür muss viel entschiedener eingetreten werden.

Das Schengener Abkommen torpediert den Globalisierungsgedanken, der so gern von der Wirtschaft gepriesen wird. Wir können nicht einfach Ja und Amen dazu sagen, wenn offenbar die Wohlhabenden vor denen geschützt werden sollen, die Hilfe erhoffen und Zukunft suchen. Eigentlich meint Globalisierung doch, Grenzen zu öffnen, möglichst viel zu reisen, andere Kulturen kennenzulernen, auch Märkte zu erschließen, insgesamt weltoffen zu sein. Aber wehe, die dort „Besuchten" wollen zu uns kommen! Dann sprechen Innenminister von einer „Einwanderung in unsere Sozialsysteme". Asyl findet im reichen Westen fast niemand mehr, Illegalität wächst, und es wird abgeschoben, auch wer integriert ist. Wer mit dem Flugzeug in Deutschland landet, erlebt doch immer wieder, dass es Menschen anderer Hautfarbe als weiß sind, die schärfer kontrolliert werden.

Dagegen gilt es, Einspruch zu erheben: Wenn eine offene Welt, dann für alle! Es kann keine einseitige Offenheit geben. Tourismus mag manches Positive bewirken. Aber wie empfangen wir Touristen aus Malawi oder Malaysia hier? In den Siebzigerjahren habe ich im Schwarzwald in den Semesterferien Kuckucksuhren verkauft. Die größte Touristengruppe waren die Amerikaner. Manchmal haben sie uns genervt, weil sie aus Zürich kommend Schweizer Franken als Bargeld in der Hand hatten, den deutschen Preis in Dollar umgerechnet wissen wollten und als Wechselgeld französische Franc wünschten, denn Paris war ihr nächstes Ziel. Heute sind im Schwarzwald chinesische und indische Touristen auf den ersten Plätzen der Besucherzahlen. Eine Umstellung! Anderes Essen muss angeboten werden, andere Sitten und Gebräuche sind beim Verkauf erst einmal zu begreifen und dann anzuwenden. Wir müssen umdenken!

Touristen sind ebenso willkommen wie Investoren – sie bringen Geld. Aber was ist mit den Flüchtlingen? Das ist ja nicht nur bei uns eine Herausforderung. Über Bischof Raúl Vera aus Saltillo im Norden Mexikos wird erzählt: „Zum Einstand bei einem Galadiner der konservativen Stadtelite fragte er, ob jemand zwei bedürftige Migranten aufnehmen könne, die Frau sei schwanger

und der Mann verletzt. Die Runde dachte, es gehe um Zentral-
amerikaner auf dem Weg in die USA – erst nach peinlich langem
Schweigen erbarmte sich ein Ehepaar aus Monterrey. Vera über-
reichte den beiden zwei Figuren einer Maria und eines lädierten
Jesus …"[61]

Da legt einer den Finger in die Wunde: Reden wir als Christinnen und Christen nur von Fremden, die zu schützen sind, von
Armut, die es zu bekämpfen gilt, oder tun wir all das? Ist unsere
Gesellschaft eine, die das Recht der Armen anerkennt, sich um
die ohne Obdach sorgt, oder sehen wir sie als Belastung?

Es kann doch nicht angehen, die Eliten, die mühsam in den
Ländern des Südens ausgebildet wurden, abzuwerben und gleichzeitig alle anderen auszuschließen, die in Not sind. Das wäre oder
ist eine neue Form von Rassismus – die Guten holen, die anderen
ausgrenzen. Und was ist mit denen, die hier eine Ausbildung bekommen haben?

Ich denke da an Ali. Sein Vater floh aus Angst vor Verhaftung
aus dem Iran nach Berlin, wo sein Bruder lebte. Seine Mutter
kam mit ihm hinterher, reiste aber über Griechenland ein. Daher wurde sie aus Deutschland ausgewiesen und lebte mit dem
Kind unter erbärmlichen Umständen in Griechenland. Der Vater erhielt einen Fremdenpass, um die beiden dort besuchen zu
können. Der Pass ermöglichte ihm, in Berlin einen Taxischein zu
machen und zu arbeiten. Um dem Sohn ein besseres Leben zu ermöglichen, holte er ihn nach Berlin. Dadurch verlor er aber den
Fremdenpass und die Arbeitserlaubnis. Ich habe erlebt, wie diese Familie weinend über Skype kommuniziert hat. Und ich war
erneut nicht stolz auf mein Land. Das war ich erst wieder, als ein
Gerichtsurteil nach zehn (!) Jahren erlaubte, dass Alis Mutter
nach Deutschland einreisen durfte, und sie alle gemeinsam eine

---

61 Peter Burghardt, „Der rebellische Bischof", in: „Süddeutsche Zeitung", 24./25. März 2012,
   S. 10.

Aufenthaltserlaubnis erhielten. Alis Vater sagte mir, er und seine Frau hätten zehn Jahre ihres Lebens, ihrer Ehe, für den Aufbau einer Existenz verloren. Und Ali darf nun zum Glück bleiben. Zum Glück für ihn, aber auch zum Glück für unser Land. Er spricht fließend Farsi, Deutsch, Griechisch und Englisch. Eine Fachkraft, die niemand aus dem Ausland anwerben muss, weil sie längst da ist. Gott sei Dank gehen einige wenige Flüchtlingsgeschichten auch heute noch gut aus für uns in unserem Land. Das ist unser Land und Ali und seine Eltern sind Bürger hier wie du und ich! Das ist keine Sozialromantik, sondern Fakt.

Vor einiger Zeit habe ich den Film zum Buch „Er ist wieder da" gesehen. Zum einen gibt es viel zu lachen. Hitler erwacht in Berlin. Drei Fußball spielende Jungen kommen auf ihn zu und sagen: „Ey, wat'n det für'n Opfer". Er macht eine steile Karriere bei einem Privatsender, tingelt durch Talkshows und erklärt seiner Sekretärin, dass er mit „Mein Führer" gegrüßt werden will – die junge Frau macht das ohne jede Nachfrage. Und Hitler wundert sich dass es „der Türke" bis Berlin geschafft hat.

Zum anderen sind gerade die Szenen verstörend, bei denen ganz normal scheinende Menschen mit dem als Hitler verkleideten Schauspieler Oliver Masucci ins Gespräch kommen und erklären, sie würden jederzeit mit ihm kämpfen, für ihr Vaterland sterben und ja, wenn Völker reinrassig bleiben wollen, dürften sie sich nicht vermischen. „Es war nicht alles schlecht" – dem stimmen viele zu. Wenige treten dem Spuk entgegen, aber viele wollen lachend ein Selfie mit „Hitler" machen.

Immer wieder verging mir das Lachen. Etwa, wenn Kreative gebeten werden, Judenwitze für eine Comedyshow zu erfinden. Was dabei rauskommt, ist unfassbarer Antisemitismus. Am Ende war es still im Kino. Es sind Pegida-Demonstranten zu sehen, die brüllen: „Wir sind das Volk." Ein Neonaziaufmarsch mit

Hitlergruß wird gezeigt. Junge Fußballfans brüllen „Deutschland" in die Kamera. Hitler fährt mit Frau Bellini (großartig gespielt von Katja Riemann) im offenen Wagen durch Berlin, die Menschen grüßen teils mit erhobenem rechten Arm, und er sagt: „Die Ausgangslage ist nicht schlecht."

Da kann einem schlecht werden. Und voller Unbehagen denkst du: Ja, das gibt es, Fremdenfeindlichkeit, Antisemitismus, Verunglimpfung der Demokratie, Angriffe auf die Medien à la „Lügenpresse". Das können wir nicht einfach ignorieren. Wir dürfen nicht hinnehmen, dass Demagogen die Unsicherheit der Menschen vor Fremden nutzen, um ein Klima der Angst zu erzeugen.

Flüchtlinge sind die eine Herausforderung, das Zusammenleben mit Menschen muslimischen Glaubens die andere. Ich finde den Streit darüber, ob nun der Islam zu Deutschland gehört, wie es der ehemalige Bundespräsident Wulff gesagt hat, oder ob nur die Muslime zu Deutschland gehören, wie es Bundespräsident Gauck umformuliert hat, merkwürdig. Mir ist schon klar, was gesagt werden soll: Der Islam hat die deutsche Kultur nicht geprägt, aber er ist dabei, es zu tun.

Ich bin froh, in einem Land zu leben, das die Religionsfreiheit achtet und auch die Freiheit, ohne Religion zu leben. Dass Christen wegen ihres Glaubens in aller Welt verfolgt werden, können sich manche gar nicht vorstellen in unserem so freien Land, in dem jeder glauben kann, was er will. In Nordkorea werden Christen massiv unterdrückt, ihnen drohen Zwangslager. In Nigeria bedroht die islamistische Sekte Boko Haram ihr Leben, in Syrien der sogenannte „Islamische Staat", aber auch in Somalia und im Irak fürchten sie um ihr Leben. Studien sagen, dass weltweit etwa 100 Millionen Christen wegen ihres Glaubens verfolgt werden! Und natürlich wünsche ich mir von Muslimen, dass sie in Nigeria, Indonesien oder der Türkei für die Religionsfreiheit von Christen eintreten! Aber ich kann einen Muslim, der hier in unserem Land lebt, ebenso wenig für Glaubensbrüder in Nigeria verantwortlich machen, wie ich als Christin verantwortlich sein will für den Rassismus in den USA, der die Trauung eines schwarzen Paares in einer „weißen" Kirche verbietet.[62] Im Dezember 2014 habe ich Bischof Damian besucht. Ich kenne ihn seit vielen Jahren, er ist ein immer fröhlicher, begeisternder und sehr gastfreundlicher Mensch. Vor vielen Jahren kam er als Arzt nach Deutschland, wurde dann koptischer Mönch und gründete vor 21 Jahren ein koptisches Kloster in Brenkhausen bei Höxter.

Koptisch, was ist das? Die koptische Kirche ist sehr alt. Der Überlieferung nach wurde sie schon im ersten Jahrhundert vom Evangelisten Markus gegründet, der im Jahr 63 als Märtyrer in Alexandria gestorben ist. Sie hat sogar einen Papst: Papst Tawadros II. heißt er und hat den Titel „Papst von Alexandria und Patriarch von ganz Afrika".

Bischof Damian war freundlich wie immer. Aber im Gespräch kam seine große Sorge um die Christen im Nahen Osten zum Ausdruck. Viele Kopten, die in Deutschland leben, haben Angst um ihre Familienangehörigen und Glaubensgeschwister, denn heute sind die Kopten in einer sehr schwierigen Situation. Im vergangenen Jahr wurden mehr als 100 Kirchen in Ägypten von radikalen Islamisten angegriffen, angezündet und zum Teil zerstört. Christen sind sich ihres Lebens nicht mehr sicher. Christlichen Frauen werden mitten im Bus die offenen Haare abgeschnitten. Viele haben Angst, einen Gottesdienst zu besuchen.

Das ist im ganzen Nahen Osten inzwischen so und das ist ein Trauerspiel. Christen waren seit den Zeiten Jesu dort präsent. Jetzt werden es immer weniger, sie verlassen zu Tausenden nicht nur Ägypten, sondern auch den Libanon, Israel, Palästina, Syrien und

---

62 Vgl. u.a. „Pastor in Mississippi will schwarzes Paar nicht trauen", http://www.stern.de/news2/aktuell/pastor-in-mississippi-will-schwarzes-paar-nicht-trauen-1866992.html.

den Irak. Selbst in der Türkei können sie ihren Glauben nicht frei leben.

Was können wir tun? Wir können die Christen dort stärken, indem wir sie besuchen, wie es gerade eine Delegation der evangelischen Kirche getan hat. Wir können Hilfsprojekte fördern. Wir können die Politik auffordern, das Thema Christenverfolgung anzusprechen, wenn sie mit Politikern aus der Region Kontakt haben.

Recht

Das Zusammenleben der Religionen in unserem Land kann vielfältig aussehen. Für alle Religionen aber gilt: Sie werden auf der Grundlage des geltenden Rechts ausgeübt. Regelungen der Scharia haben keinen Platz im deutschen Recht. Der vor fünf Jahren vom Erzbischof von Canterbury vorgebrachte Vorschlag, Teile der Scharia in das britische Rechtssystem einzuführen[63], hat mich fassungslos gemacht. Williams meinte, es sei faktisch bereits so, dass bestimmte Bedingungen der Scharia in Großbritannien praktiziert und anerkannt würden.

Dass es auch in Deutschland solche Ideen gibt, zeigte sich, als eine Mutter von zwei kleinen Kindern sich von ihrem sie brutal schlagenden Ehemann trennen wollte und einen Antrag auf vorzeitige Scheidung wegen Gewalt und Morddrohungen stellte. Unter Hinweis auf den Koran lehnte die Richterin ein Eilverfahren ab. „Die Ausübung des Züchtigungsrechts begründet keine unzumutbare Härte."[64] Es müsse schließlich berücksichtigt werden, dass beide Ehepartner aus dem marokkanischen Kulturkreis stammen …

---

63 Vgl. u.a. Thomas Kielinger, „Erzbischof von Canterbury will Scharia zulassen", in: „DIE WELT", 8. Februar 2008.
64 Christian Geyer, „Frankfurter Fehlurteil", in: „Frankfurter Allgemeine Zeitung", 22. März 2007.

Das kann nicht hingenommen werden. Gerade im Familienrecht, an das der Erzbischof dachte, hat das fatale Folgen für die Unversehrtheit und die Freiheit von Frauen, die in westlichen Demokratien bitter erkämpft wurden. Ich denke, der Islam gehört heute zu Deutschland, weil mehr als vier Millionen Menschen dieser Religionszugehörigkeit hier leben. Aber wer in unserem Land lebt, muss zuallererst das Recht dieses Landes respektieren. Und das ist bei der weit überwiegenden Mehrheit der Fall. Ausnahmefälle wie Zwangsverheiratung und sogenannte Ehrenmorde müssen vehement geahndet werden, das ist doch gar keine Frage. Und zwar nicht nur für „uns", sondern auch für „die", falls damit Menschen gemeint sind, die selbst einen Migrationshintergrund haben oder muslimischen Glaubens sind und in diesem Land für den Rechtsstaat eintreten. Es ist unser Land. Die herkömmliche deutsche Gesellschaft jedenfalls muss sich die Frage stellen, ob sie viel zu lange weggeschaut hat, ob das Recht auch für alle Geltung findet, auch für die sogenannten „Gastarbeiter" und ihre Familien.

Gemeinsames Ethos

Die Frage ist, ob wir nicht doch auch ein gemeinsames Ethos der Religionen entwickeln können. Es geht darum, in die Praxis herunterzubrechen, worüber sich der römisch-katholische Theologe Hans Küng seit Langem in seinem „Projekt Weltethos"[65] Gedanken macht. Er kommt zu dem Schluss, dass sich bei allen nicht zu unterschätzenden Unterschieden in Glauben, Lehre und Ritus auch Ähnlichkeiten, Konvergenzen, Übereinstimmungen zwischen den Weltreligionen feststellen lassen: Alle Menschen sind vor dieselben großen Fragen gestellt, die Urfragen nach dem Woher und Wohin von Welt und Mensch, nach der Bewältigung von Leid und Schuld, nach den Maßstäben des Lebens und Handelns,

---

65 Vgl. Hans Küng, Projekt Weltethos, München 1990.

dem Sinn von Leben und Sterben. Alle Religionen sind zugleich Heilsbotschaft und Heilsweg, alle Religionen vermitteln eine gläubige Lebenssicht, Lebenseinstellung und Lebensart, und sie vermitteln bei allen dogmatischen Unterschieden doch einige gemeinsame ethische Maßstäbe.

Vier unverrückbare Weisungen finden wir laut Küng in den großen religiösen und philosophischen Traditionen wieder:

1. Habt Ehrfurcht vor dem Leben. Die uralte Weisung: Du sollst nicht töten, in der heutigen Zeit verstanden als Verpflichtung auf eine Kultur der Gewaltlosigkeit und der Ehrfurcht vor allem Leben.

2. Handle gerecht und fair. Die uralte Weisung: Du sollst nicht stehlen, heute verstanden als Verpflichtung auf eine Kultur der Solidarität und eine gerechte Wirtschaftsordnung.

3. Rede und handle wahrhaftig. Die uralte Weisung: Du sollst nicht lügen, heutzutage verstanden als eine Verpflichtung auf eine Kultur der Toleranz und ein Leben in Wahrhaftigkeit.

4. Achtet und liebet einander. Die uralte Weisung: Du sollst Sexualität nicht missbrauchen, heute verstanden als eine Verpflichtung auf eine Kultur der Gleichberechtigung und die Partnerschaft von Mann und Frau.

Dabei geht es Küng nicht um eine Einheitsreligion, einen Religionencocktail oder einen Religionsersatz durch ein Ethos. Seine Vision hat Hans Küng in vier Grundüberzeugungen zusammengefasst:

- *kein Frieden unter den Nationen ohne Frieden unter den Religionen,*
- *kein Frieden unter den Religionen ohne Dialog zwischen den Religionen,*
- *kein Dialog zwischen den Religionen ohne globale ethische Maßstäbe,*

– kein Überleben unseres Globus ohne ein globales Ethos, ein Weltethos.

Dialog der Religionen

Der Dialog der Religionen ist eine zentrale Herausforderung für unser Land, ja, für unsere Welt. Im September 2012 wurde die deutsche Botschaft im Sudan angegriffen, weil in den USA ein islamfeindliches Video gezeigt wurde. In aller Welt brachen Diskussionen los: Gilt die Meinungsfreiheit, oder darf jeder alles zeigen, auch wenn es religiöse Gefühle bewusst verletzt? Muss hier nicht eine Grenze gezogen werden, weil öffentliches Ärgernis erregt wird? Eine sehr schwierige Debatte. Als Christinnen und Christen gehen wir mit Karikatur anders um. Unser Gott hat die tiefste öffentliche Schmähung und Verletzung erlebt, so glauben wir, als Gottes Sohn am Kreuz unter der ironisch gemeinten Inschrift „INRI" starb – „Jesus von Nazareth, König der Juden". Was könnte das Gottesbild tiefer infrage stellen? Wenn nun Provokateure, offenbar leider solche, die sich selbst als Christen verstehen, die tiefsten religiösen Gefühle von Muslimen verletzen, können wir uns nur entgegenstellen, indem wir die Provokation ins Leere laufen lassen. Zur Gelassenheit mahnen. Mit Menschen muslimischen Glaubens sprechen. In unserem Land deutlich machen, dass wir auf diese Provokation nicht eingehen!

Hier liegt mir an Klarheit und Ehrlichkeit, in der auch Irritierendes, Fremdes thematisiert werden kann. Wahrscheinlich haben wir den Dialog zwischen Christen und Muslimen zu lange einzelnen Interessierten überlassen. Es wird darum gehen, auch die Begegnung im Alltag zu suchen. Voraussetzung dafür ist aber, dass wir unsere eigene Religion, unseren eigenen Glauben kennen. Für mich ist Christus der Weg, die Wahrheit und das Leben und nicht der Gott, von dem Mohammed im Koran spricht. Aber ich werde dafür eintreten, dass Menschen in Deutschland ihren

Glauben in Freiheit ausüben können. Dazu gehört ein klares Ja zu den Grundlagen dieser Freiheit, unserer Verfassung. Aber es gehört dazu auch Interesse aneinander. In diesem Zusammenhang erinnere ich mich an einen Taxifahrer, der mich in Marburg abends nach einem Vortrag zum Hotel fuhr. Er hat zwei Töchter, eine studiert bereits, die andere geht aufs Gymnasium, ist aber mit 15 in einem schwierigen Alter. Wir sprachen vor dem Hotel noch eine ganze Weile miteinander. Der Mann will das Beste für seine Töchter und sorgt sich um ihre Zukunft. Genau wie ich. Er respektiert sie, ist stolz auf die erste Studentin in der Familie und froh, dass die beiden in unserem Land, in dem wir beide mit unseren Familien wohnen, ohne Zwänge aufwachsen können. Die gelingenden Geschichten werden zu wenig erzählt, denke ich.

Miteinander in Freiheit

Wollen wir uns denn von Angst treiben lassen? Eines ist klar: Migration wird in Zukunft ein noch stärkerer Faktor! Wir werden in einer Welt leben, in der Grenzen überschritten werden. Und angesichts der Alterspyramide in Deutschland können wir froh sein über Zuwanderung. Wir wollen doch ein weltoffenes Land sein. Unsere demografische Entwicklung macht darüber hinaus Zuwanderung notwendig, denn viele Bereiche unserer Wirtschaft und unseres Sozialsystems würden ohne Zugewanderte nicht funktionieren. Und es ist doch auch schön, in einem Land der Vielfalt zu leben! Dass es dabei Spannungen gibt und Reibungsverluste, ist nicht überraschend. Die Frage ist, wie wir damit umgehen.

Mir scheint der Begriff der Freiheit *der* Schlüsselbegriff zu sein. Nur wenn sie Religionsfreiheit, Glaubens- und Meinungsfreiheit bewusst bejahen, können Religionen einen Beitrag zur Konfliktentschärfung leisten. Da erwarte ich mir viel mehr Engagement von uns als Christinnen und Christen. Wir können uns nicht in vermeintliche Schonräume zurückziehen! Wir müssen hinausgehen, die Begegnung mit dem anderen suchen und die Freiheit offensiv verteidigen. O ja, die Meinungs-, Religions- und Gewissensfreiheit wurde so manches Mal gegen kirchliche Institutionen mit ihrem Machtgebaren und Beharrungsvermögen erkämpft. Aber letztlich ist es die Freiheit, die Luther entdeckte, an der Bibel gewonnen, im Gewissen geschärft. Darüber gilt es mit Menschen anderen Glaubens und ohne Glauben in unserem Land in einen offensiven Dialog zu treten! Und es ist doch auch spannend, einander kennenzulernen. Ein Muslim erzählte mir in Berlin kürzlich ausführlich von seinen Erfahrungen bei der Pilgerfahrt nach Mekka. Wie alle ein weißes Gewand anhaben und alle sozialen Differenzen darunter verschwinden. Wie am Morgen vier Millionen Menschen gleichzeitig beten, das es wie eine Auferstehungserfahrung sei. Das war ungeheuer spannend für mich, ich weiß viel zu wenig darüber.

Im Hebräerbrief heißt es: *„Gastfrei zu sein, vergesst nicht; denn dadurch haben einige ohne ihr Wissen Engel beherbergt"* (13,2). Die Zürcherbibel übersetzt: *„Die Liebe zu denen, die euch fremd sind, aber vergesst nicht."* Das heißt doch Offenheit für „Fremde", Gastfreundschaft, das sind christliche Grundeigenschaften. Mich bedrückt zutiefst, dass es über Jahre hinweg eine Mordserie gab, der Menschen türkischer oder griechischer Herkunft zum Opfer fielen, ohne dass ein rechtsradikaler Zusammenhang erkannt wurde. Wie blind waren wir denn? Oder wie verblendet wurden wir? Sind die anderen schuld, mit ihren angeblichen kriminellen Verbindungen? Es tut weh, dass hier nicht viel früher klar war: Das sind Mörder unter der Fahne der Neonazis!

Migration ist jedoch auch eine globale Herausforderung. Sie betrifft nicht nur Deutschland oder Europa, sie ist ein weltweites Phänomen. Dabei sollten wir die Verhältnismäßigkeit im Blick behalten: In den Staaten Westeuropas leben durchschnittlich acht bis zwölf Prozent Migrantinnen und Migranten, in den Golfstaaten gibt es 80 Prozent! Das heißt: Europa nimmt letzten Endes nur ein Minimum der Flüchtlinge der Welt auf. Das müsste klar kommuniziert werden. Restriktive Migrationsabwehr ist kein geeignetes Mittel, die Herausforderung als Gesellschaft anzunehmen. Mehr als 50 Prozent der EU-Mittel für Migrationsmanagement geht in die Bereiche Grenzschutz, Abschiebung oder auch an die Agentur Frontex ...

Eine junge Frau aus dem Iran konvertiert zum Christentum. Religionsfreiheit ist ein fundamentales Recht in unserem Land – im Iran stehen darauf drastische Strafen. Aber sie soll abgeschoben werden nach Italien, da ist sie schließlich zuerst angekommen in Europa. Die Kirchengemeinde, in der sie getauft wurde, in der sie Freunde gefunden und auch ein Arbeitsangebot erhalten hat, nimmt sie auf, will sie vor Abschiebung schützen.

Eine junge syrische Familie hat zu Hause alles verloren, aber sie soll zurück nach Bulgarien, dort ist sie schließlich angekommen in Europa, so will es das sogenannte „Dublin III Abkommen". Dort aber erleben Flüchtlinge Gefängnis, teils mit systematischem Nahrungs- und Flüssigkeitsentzug. Kirchengemeinden nehmen solche Menschen auf, weil sie es unwürdig finden, bedrohte Flüchtlinge jahrelang in Europa herumzuschicken. „Kirchenasyl" wird das genannt.

Stopp, sagt der Bundesinnenminister. Er lehne das auch als Christ fundamental und prinzipiell ab. Aber warum eigentlich? Es gibt sehr gute Erfahrungen mit dem sogenannten Kirchenasyl. Seit über dreißig Jahren schon haben die Kirchen dafür intern Regeln aufgestellt. Beispielsweise: Es kann nur um „Fälle" gehen, in denen die Bitte um Asyl berechtigt zu sein scheint. Und siehe da: In 90 Prozent der Fälle zeigt sich, dass die Zeit, die das

Kirchenasyl gibt, tatsächlich Zeit zur Prüfung bringt und dass am Ende ein gesicherter Aufenthaltsstatus steht.

Stopp, sagte auch der ehemalige Verteidigungsminister Franz Josef Jung. Es könne doch schließlich „kein gesondertes Kirchenrecht" geben. Nein, das fordern die Kirchen auch nicht. Die Praxis war stets, alle zuständigen Behörden zu informieren. Jetzt aber soll ein „Kirchenasyl" als „Untertauchen" gewertet werden. Es wären dann nicht mehr sechs Monate, die ein Mensch in unserem Land gelebt haben muss, um ein faires Verfahren hier zu erhalten, sondern mindestens 18 Monate – wenn überhaupt. Aber es geht nicht um Untertauchen, sondern darum, ein Verfahren für Härtefälle zu ermöglichen. In der Regel gelingt das auch, die Erfahrungen sind sehr gut.

Warum empören sich Politiker über das Kirchenasyl? Es handelt sich um sehr engagierte Gemeinden, die umsetzen wollen, was unsere Verfassung garantiert: Die Würde des Menschen ist unantastbar, denn sie sehen heute diese Würde angetastet. Ich bin stolz auf diese Menschen, ob katholisch oder evangelisch, ob kirchlich gebunden oder schlicht menschlich engagiert, die „das Flüchtlingsproblem" nicht mehr akzeptieren, sondern die einzelnen Menschen sehen mit ihren Namen und Geschichten. Die zuhören sich berühren lassen und sich einsetzen für die Rechte anderer. Und die auch sehen, dass wir in Deutschland solche Menschen gut aufnehmen könnten, brauchen wir doch Nachwuchs und Fachkräfte.

Wie heißt es in der Bibel: *„Ich bin ein Fremder gewesen und ihr habt mich aufgenommen"* (Mt 25,35). Das sagt wohlgemerkt Jesus über sich selbst ...

Migration ist manchmal Irritation, immer aber auch Chance: Reichtum an Kulturen, voneinander lernen, miteinander feiern und sich am Leben freuen. Begegnung ermöglichen, Foren schaffen, die transnationales Leben erleichtern und nicht erschweren. Eine Kenianerin sagte bei einer Podiumsdiskussion anlässlich des Weltflüchtlingstags 2011 in Berlin: „Ihr solltet verstehen, dass diejenigen, die sich auf den Weg machen, die Kreativen sind, die mit einer Sehnsucht nach Freiheit, die sie mit euch in Deutschland umsetzen wollen!"

Ich lebe gern in einem Land, das Vielfalt akzeptiert. Das gilt sowohl für kulturelle Herkunft als auch für Glaubensfragen und unterschiedliche ethische Standpunkte. Noch einmal: Entscheidend ist, dass das Recht die Grundlage für unser Zusammenleben ist. „Die Würde des Menschen ist unantastbar", wie es in unserer Verfassung heißt. Oder: „Mann und Frau sind gleichberechtigt." Diese Rechtsgrundsätze, die Generationen vor uns erkämpft haben, müssen immer wieder neu mit Leben gefüllt werden. Es geht um eine aktive Demokratie! Aufwachen, fragen, zur Wahl gehen, NPD-Parolen entgegentreten, Dialog mit Menschen anderen Glaubens, Schutz für Asylsuchende – das ist ja wohl das Mindeste, das wir in unserem Land tun können.

Während ich darüber nachdenke, geht mir das Lied „Democracy" von Leonhard Cohen durch den Sinn …

Zehn Ermutigungen
für Weltverbesserer

Am Ende geht es darum: Misch dich ein! Lebe dein Leben bewusst! Dein Glaube findet nicht hinter Kirchenmauern statt, sondern will sich in der Welt bewähren. Dabei sind wir freier, als wir oft meinen. Wir können uns von der Last der Erwartungen lösen und uns fragen, wie wir leben wollen, ja, wie wir am Ende unseres Lebens gelebt haben wollen.

Das beginnt damit, dass wir uns als Teil einer Gemeinschaft sehen, in der die Starken selbstverständlich für die Schwächeren eintreten und diese sich nicht dafür schämen müssen.

Dabei geht es aber auch um die großen Fragen von Gerechtigkeit, Frieden und Bewahrung der Schöpfung, darum, nachhaltig zu leben, damit nachfolgende Generationen auf dieser Erde eine Zukunft haben. Dazu können alle etwas beitragen in großen und in kleinen Schritten, wann immer wir nicht einfach Ja und Amen sagen und nicht alles so bleibt, wie es ist.

Das gilt auch im individuellen Bereich, wo Kinder geboren und erzogen werden, wo Alte in ihrer Leistungskraft nachlassen und sterben. Am Ende geht es um unser Land und um unsere Welt. Wir wollen mit den Menschen, die mit uns leben, unsere Umwelt gestalten und nicht gedrängt und getrieben werden von Egomanie oder vermeintlich Unveränderbarem. Wir können etwas tun und wir wollen ja die Welt verändern! Das ist gut so. Denn wir sind vor Gott für unser Leben verantwortlich. Ja, es geht um den Sinn unseres Lebens. Es geht um unser Gewissen, dem wir folgen wollen.

Und das schärft sich an der Bibel, die uns eine Kontrastgesellschaft aufzeigt, in der die Barmherzigen und Sanftmütigen und Friedensstifter selig gepriesen werden. Das bedeutet nicht hektischen Aktionismus, sondern aus der Ruhe und Tiefe des Glaubens heraus in der Welt zu handeln. Die Texte der Bibel können uns den Mut geben, nicht einfach nur Ja und Amen zu sagen, sondern Verantwortung zu übernehmen, eigene Positionen zu finden und auch gegen Widerstände durchzuhalten. Das gilt auch, wenn wir sehen müssen, dass Egoismus und Nationalismus sich wieder Raum brechen. Die Wahlerfolge der AfD in Deutschland, der Wahlsieg Donald Trumps, die Reden von Victor Orban, Marine le Pen, Recyp Erdogan oder Wladimir Putin – sie können schon deprimieren, weil da nichts von Fortschritt zu hören ist, sondern mit Angst Politik gemacht und Abschottung gepredigt wird. Auch angesichts dieser Entwicklung bleibt die Bibel für mich ein Mutmachbuch!

1. Dein Lebenssinn ist dir in Gottes Zuwendung schon zugesagt! Wage, selbst zu denken, Vorgefundenes zu hinterfragen, und bilde dir selbst deine Meinung, unabhängig vom Urteil anderer. Du bist freier, als du denkst, und kannst Haltung zeigen! Schärfe dein Gewissen an der Bibel, und gehe deinen Lebensweg voller Gottvertrauen und zugleich in Verantwortung vor Gott, anderen Menschen und dir selbst.

2. Du kannst aus der Spirale der Dauererschöpfung ausbrechen und der Last der Erwartungen entkommen. Halte an, entschleunige, und überlege neu, was du mit deinem Leben anfangen willst. Das ist gut für dich und für die, mit denen du lebst.

3. Es gibt einen Segenskreislauf der Barmherzigkeit. Er zeigt sich in gegenseitiger Wertschätzung, im Leben in Gemeinschaft und einer Kultur des Vertrauens. Der Bauplan der Welt leitet sich ab aus biblischen Hoffnungen auf ein Miteinander von Starken und Schwachen.

4. Gerechtigkeit eignet sich als Leitbild für die Welt, in der wir leben. Sie ist eine Frage der Beziehung zu Gott und zu anderen Menschen. Wir können diese Beziehungen so gestalten, dass wir einander in unserer Gemeinschaft gerecht werden.

Mit einer Ethik der Grenze, des Genugs, kann es ein gutes Leben für alle geben.

5. Zum Frieden gehört der Mut, Konflikte gewaltfrei zu lösen – im persönlichen Umfeld wie in internationalen Konflikten. Waffen sind keine Lösung, sondern das Problem. In den Seligpreisungen entwirft Jesus eine Kontrastgesellschaft, die für uns Provokation und Leitfaden sein kann, auch im politischen Handeln.

6. Wenn wir uns als Teil der Schöpfung verstehen, ist das einerseits eine Frage der Spiritualität. Gleichzeitig hat ein solches Selbst- und Weltverständnis im Alltag konkrete Konsequenzen, angefangen bei einer „Politik mit dem Einkaufskorb". Wir treffen täglich Entscheidungen, die weitreichende Auswirkungen haben.

7. Kinder sind eine Lebenslust. Das dürfen Eltern erleben, das kann eine Gesellschaft prägen. Kinder sind ein Segen, das sollen sie spüren und sich entfalten können. Da gilt es, gegen die Muster in den Köpfen anzutreten und flexible Freiräume zu schaffen, in denen Familie gestaltet werden kann.

8. Sterbende sind kein Tabu und der Tod ist kein hoffnungsloser Fall – wagen wir, darüber zu reden! Wie will ich sterben? Wie können Sterbende in Würde begleitet werden? Das sind Themen, denen wir nicht ausweichen dürfen.

9. Liebe und Beziehungen sind nicht statisch. Wer sich darauf einlässt, macht sich verletzbar. Aber es lohnt sich, in sie zu investieren, damit wir das Gewebe stärken, das unsere Gesellschaft zusammenhält. Da geht es um Ehe und Partnerschaft, aber auch um Freundschaft.

10. Es gibt kein „Die" und „Wir", sondern nur „Uns" in unserem Land. Hier können wir in einer Vielfalt von Kulturen und Religionen zusammenleben, wenn wir gemeinsam das Recht achten und die errungene Freiheit offensiv verteidigen.

Zuletzt

Wer etwas verändern möchte, ermattet manches Mal, weil es viele Widerstände gibt und weil der Alltag Lasten mit sich bringt und die Energie fehlt, etwas zu tun. Mit den Jahren tritt eine Erschöpfung ein. Bei einem Vortrag über Gerechtigkeit fragte mich ein Zuhörer: „Frau Käßmann, seit 30 Jahren engagiere ich mich jetzt, aber irgendwie wird alles immer schlimmer! Woher soll man denn die Hoffnung nehmen, dass es besser wird?" Diese Erschöpfung erinnert mich an den Propheten Elia. Er kämpft in seiner Zeit um den rechten Glauben, alles gibt er dafür, das eigene Volk von Irrwegen abzubringen. Irgendwann kann er nicht mehr. Er will nicht mehr leben. So legt er sich unter einen Wacholderbusch und wünscht sich den Tod herbei. Aber ein Engel kommt und es heißt: Er „rührte ihn an und sprach: Steh auf und iss! Denn du hast einen weiten Weg vor dir" (1. Kön 19,7). Ich finde, das ermutigt auch heute. Ja, es gibt Ermüdung, weil wir alle nicht eben schnell die Welt retten werden. Wir brauchen Zeiten für uns selbst, in denen wir Kraft schöpfen können. Im Glauben, im Gottesdienst, beim Pilgern und Schweigen können wir Kraftquellen erschließen. Wir dürfen uns auch selbst lieben und uns Gutes tun! Und wir können realistisch sein: Hier geht es um weite, ja, mühsame Wege! Aber sie können gegangen werden mit der Kraft der Hoffnung und der Zuversicht des Glaubens.

Dabei muss niemand Angst vor Versagen haben. Das Scheitern an den eigenen Ansprüchen, an Gottes Geboten, ist im christlichen Glauben eingebettet in das Wissen um Schuld und Vergebung, der Möglichkeit von Versöhnung und Neuanfang. Menschen können sich verändern, ja, können auch ihre Standpunkte verändern, wenn neue Erfahrungen und Kenntnisse sie dahin führen, auch das ist christliche Freiheit. „Tugenden", sagt der Philosophieprofessor Martin Seel, „sind heikle Balancen, die oft nur mit Mühe gehalten werden können."[66] Er sieht das „Spielfeld der Tugenden" als „Schauplatz einer Verbindung des individuell Guten mit dem sozial Gerechten. Das ist ja ihr Sinn: das eigene Leben so zu gestalten, dass man sich selbst und den anderen ins Auge sehen kann. Der Witz der Tugenden – und ihres für das Laster empfänglichen Widerstreits – besteht darin, für die Zwischentöne einer Moral der Selbstachtung und Selbstbestimmung hellhörig zu bleiben."[67] Seel fasst zusammen: „Ohne eine lebenslange Affäre mit der Tugend kein aussichtsreiches privates wie politisches Dasein."[68] Das fasst in säkularem Denken und säkularer Sprache zusammen, was ich als Christin in der Sprache des Glaubens auszudrücken versuche: Vor Gott verantwortliches Leben braucht das Ringen um Veränderung, Weltverbesserung im eigenen Leben und mit Blick auf die Gemeinschaft. Angst vor Scheitern darf uns nicht lähmen. Wir wissen ja, dass wir oft auch versagen, auch mit Blick auf unsere eigenen Ansprüche, etwa die Tugend der Barmherzigkeit nicht so leben, wie wir es wünschen, als Einzelne wie als Einrichtungen und Institution. In dieser Hinsicht gelten uns Worte des Reformators Martin Luther:

Es wird aber ein Mangel unter uns bleiben, dass wir es nicht vollkommen tun können, wie es Christus getan hat. Er ist die reine, helle Sonne, darin kein Nebel ist; dagegen ist unser Licht kaum wie ein angezündeter Strohhalm gegen diese Sonne. Dort ist ein glühender Backofen voll Feuers und vollkommener Liebe; dennoch ist er zufrieden, wenn wir nur ein Kerzlein anzünden und uns ein wenig stellen, als wollten wir die Liebe

66 Martin Seel, „Wie gut sollen wir sein?", in: „DIE ZEIT", Nr. 24, 6. Juni 2012 S. 54.
67 Ebd.
68 Ebd.

hervorleuchten und brennen lassen. Dies ist nun der Mangel,
den wir alle untereinander sehen und spüren; aber darum soll
beileibe niemand urteilen und sprechen: ,da ist nicht Chris-
tus'! (...) Er könnte uns wohl verdammen um unserer Torheit
willen; dennoch (...) wirft er uns (...) nicht hinweg, sondern
tröstet uns.[69]

Das ist ermutigend und tröstlich, soll aber nicht vertrösten. Ich
bin zutiefst davon überzeugt, dass Christinnen und Christen
einen entscheidenden Beitrag dazu leisten können, die Welt zu
verändern, indem sie einzeln, aber auch gemeinsam für den Frieden eintreten, Feindbilder überwinden, Dialoge führen und Vertrauen schaffen über die Grenzen von Nationen, Kulturen und
religiöser Überzeugung hinweg. Und das kann dann auch ein
Zeichen für diejenigen sein, die in unserer säkularen Welt nicht
an Gott glauben. In seinem Buch „Nachtzug nach Lissabon", das
der Schweizer Philosoph Peter Bieri unter dem Pseudonym Pascal
Mercier geschrieben hat, erklärt ein junger Mann, der sich selbst
von der Religion abgewandt hat, warum ihm christlicher Glaube
dennoch wichtig ist:

Ich möchte nicht in einer Welt ohne Kathedralen leben. Ich
brauche ihre Schönheit und Erhabenheit. Ich brauche sie gegen
die Gewöhnlichkeit der Welt. Ich will zu leuchtenden Kirchen-
fenstern hinaufsehen und mich blenden lassen von den unir-
dischen Farben. Ich brauche ihren Glanz. Ich brauche ihn ge-
gen die schmutzige Einheitsfarbe der Uniformen. Ich will mich
einhüllen lassen von der herben Kühle der Kirchen. Ich brau-
che ihr gebieterisches Schweigen. Ich brauche es gegen das geist-
lose Gebrüll des Kasernenhofes und das geistreiche Geschwätz

---

69 Martin Luther, Kirchenpostille. Sermon von der Beichte und dem Sakrament.

der Mitläufer. Ich will den rauschenden Klang der Orgel hören, diese Überschwemmung von überirdischen Tönen. Ich brauche ihn gegen die schrille Lächerlichkeit der Marschmusik. Ich liebe betende Menschen. Ich brauche ihren Ausblick. Ich brauche ihn gegen das Gift des Oberflächlichen und Gedankenlosen. (...) Ich brauche die Heiligkeit von Worten, die Erhabenheit großer Poesie. All das brauche ich. Doch nicht weniger brauche ich die Freiheit und die Feindschaft gegen alles Grausame. Denn das eine ist nichts ohne das andere.[VII]

Eine wunderbare Beschreibung des Zusammenhangs von Glauben und Handeln. Zwar tragen nach reformatorischem Verständnis gute Werke nichts zum Heil bei, aber die Erfahrung der Lebenszusage Gottes drängt Christinnen und Christen zum Handeln im Alltag der Welt. Darin setzt sich ihr Glaube um und gibt Zeugnis von dem, an den sie glauben. Und so beende ich dieses Buch, das mit dem Salzwort aus den Seligpreisungen beginnt, mit der Ergänzung durch das Lichtwort:

Ihr seid das Licht der Welt. Es kann die Stadt, die auf einem Berge liegt, nicht verborgen sein. Man zündet auch nicht ein Licht an und setzt es unter einen Scheffel, sondern auf einen Leuchter, so leuchtet es allen, die im Hause sind. So lasst euer Licht leuchten vor den Leuten, damit sie eure guten Werke sehen und euren Vater im Himmel preisen.

(Mt 5,14–16)

Margot Käßmann

Prof. Dr. theol., Dr. h.c., geb. 1958, ist evangelisch-lutherische Theologin und Pfarrerin. Sie war von 1999 bis 2010 Bischöfin der größten evangelischen Landeskirche in Hannover und 2009/2010 Ratsvorsitzende der Evangelischen Kirche in Deutschland. Davor war sie Gemeindepfarrerin, Studienleiterin der Evangelischen Akademie Hofgeismar und Generalsekretärin des Deutschen Evangelischen Kirchentages. Margot Käßmann ist Mutter von vier erwachsenen Töchtern.

Martin Glomm

Jahrgang 1964, Studium an der Hochschule für Gestaltung in Offenbach.

Stipendien des Frankfurter Künstlerhauses Mousonturm, des Künstlerhauses Schloss Wiepersdorf und der Akademie Schloss Solitude. Mehrere Buchveröffentlichungen und Ausstellungen.

Wir danken den Verlagen für die freundlicherweise erteilten Abdruckgenehmigungen:

I   Fulbert Steffensky, „Den Himmel anstimmen", in:
     „Andere Zeiten Magazin", 2/2008, S. 6–7, Verein Andere
     Zeiten (www.anderezeiten.de). © Fulbert Steffensky
II   Jürgen Moltmann, Ethik der Hoffnung, S. 219–220.
     © 2010, Gütersloher Verlagshaus, Gütersloh,
     in der Verlagsgruppe Random House GmbH
III Jörg Zink, Ruf in die Freiheit, S. 242.
     © 2007, Gütersloher Verlagshaus, Gütersloh,
     in der Verlagsgruppe Random House GmbH
IV   Umkehr zum Leben (EKD-Denkschrift), S. 107.
     © 2009, Gütersloher Verlagshaus, Gütersloh,
     in der Verlagsgruppe Random House GmbH
V   Dorothee Sölle: Mystik des Todes.
     © 2011 Verlag Herder GmbH, Freiburg im Breisgau
VI   Anne Morrow Lindbergh: Muscheln in meiner Hand.
     © 2012 Piper Verlag GmbH, München
VII Pascal Mercier: Nachtzug nach Lissabon. S. 118 ff.
     © 2004 Carl Hanser Verlag GmbH und Co. KG, München

Die Bibelzitate wurden der Lutherübersetzung entnommen,
revidierte Fassung von 1984. © 1984, Deutsche Bibelgesellschaft,
Stuttgart.

MIX
Papier aus verantwor-
tungsvollen Quellen
FSC® C014496

© 2017 adeo Verlag
in der Gerth Medien GmbH, Dillerberg 1, 35614 Asslar

Erweiterte und aktualisierte Neuausgabe März 2017
Bestell-Nr. 835130
ISBN 978-3-86334-130-5

Umschlaggestaltung: Gute Botschafter GmbH, Haltern am See
Autorenfoto: Steffen Roth, Berlin
Messerschnitte: Martin Glomm, Frankfurt
Lektorat und Buchgestaltung: Stefan Wiesner
Satz: Greiner & Reichel, Köln
Druck und Verarbeitung: GGP Media GmbH, Pößneck
Printed in Germany

www.adeo-verlag.de